kailash

Vivian Dittmar

Echter Wohlstand

Warum sich die Investition
in inneren Reichtum lohnt

Ein Plädoyer für neue Werte

kailash

MIX
Papier | Fördert gute Waldnutzung
FSC® C014496

Penguin Random House Verlagsgruppe FSC® N001967

4. Auflage

in der Penguin Random House Verlagsgruppe GmbH
Neumarkter Str. 28, 81673 München
Lektorat: Antje Korsmeier
Satz: Buch-Werkstatt GmbH, Bad Aibling
Umschlaggestaltung: Daniela Hofner, ki 36 Editorial Design, München
Foto der Autorin: Axel Hebenstreit
Abbildung auf Seite 173 nach Peter M. Senge, Bryan Smith, Nina Kruschwitz, Joe Laur, Sara Schley: Die notwendige Revolution. Wie Individuen und Organisationen zusammenarbeiten, um eine nachhaltige Welt zu schaffen. Heidelberg, Carl-Auer Verlag, 2011, S. 53, mit freundlicher Genehmigung des Verlags. Grafik: Flip Dalväg.
Druck und Bindung: GGP Media GmbH, Pößneck
Printed in Germany
ISBN 978-3-424-63214-9

www.kailash-verlag.de

Inhalt

Für meinen Vater,
in Liebe und Dankbarkeit

Einführung

Bald ist es fünfzig Jahre her, seit uns der legendäre Bericht an den Club of Rome zu den »Grenzen des Wachstums« darauf aufmerksam machte, dass es so nicht weitergehen kann. Nicht jede einzelne Vorhersage ist genau so eingetroffen, wie in dem Bericht postuliert, doch das ist nebensächlich. Viel wichtiger ist, dass wir es seit fünfzig Jahren versäumt haben, den entscheidenden Richtungswechsel zu vollziehen, der eine zukunftsfähige Zivilisation ermöglichen würde. Warum? Wie kann es sein, dass wir direkt auf eine Klippe zusteuern und dennoch nicht zu einer Kurskorrektur bereit sind?

Es gibt auf diese Frage sicher nicht nur eine Antwort, da sie sehr komplex ist. Unzählige Faktoren, Interessenskonflikte, Gewohnheiten, Annahmen, Verdrängungsmechanismen und vieles mehr spielen hier zusammen. Theoretisch können wir noch dreißig Jahre darüber diskutieren, praktisch fehlt uns die Zeit dafür. Gemein haben die vielen Ansätze, dass sie das Problem gerne verlagern: Unternehmen sehen die Verantwortung bei den Konsumierenden, Bürger bei den Politikerinnen und Politikern, die Jungen bei den Alten und umgekehrt. Viele meinen, jeder müsse eben bei sich anfangen – wohl wissend, dass den meisten das viel zu unbequem ist und ohnehin nur Sinn ergibt, wenn alle mitziehen. Also geschieht im Großen und Ganzen nichts, während weiter diskutiert wird. Und in gewisser Weise scheint das allen ganz recht zu sein, denn solange wir uns nicht einig sind, was es zu tun gilt, machen wir eben weiter wie bisher. Ja, klar, ein bisschen schlechtes Gewissen haben wir schon dabei, aber was soll ein Einzelner denn groß verändern?

Ich möchte mit diesem Buch zu einer neuen Betrachtungsweise einladen. Wie wäre es, wenn wir unseren Wohlstandsbegriff grundlegend hinterfragen? Könnte es nicht sein, dass vieles von dem, woran wir uns verzweifelt klammern, eigentlich überflüssig ist? Und könnte es nicht ebenso sein, dass unser einseitiges Streben nach materiellem Wohlstand uns zwingt, auf nicht-materielle Formen von Wohlstand zu verzichten, die für unser Wohlergehen und Glück jedoch von übergeordneter Bedeutung sind? Anders ausgedrückt: Was wäre, wenn wir die vielfältigen Krisen unserer Zeit nutzen würden für einen Kurswechsel hin zu mehr Lebensqualität? Und wie könnte das konkret aussehen?

Ich werde diesen Fragen nicht in Form von abstrakten, theoretischen Überlegungen nachgehen, sondern dich auf eine ganz persönliche Reise mitnehmen. Ich werde dir viel aus meinem Leben erzählen, das mich sehr unterschiedliche kulturelle und sozio-ökonomische Kontexte kennenlernen ließ. Vermutlich wirst du durch meine Augen das Thema Wohlstand aus anderen Perspektiven sehen lernen. Doch viel wichtiger als meine Erfahrungen wird deine eigene Reise sein. Wie reich ist dein Leben, jenseits von Kontostand und Statussymbolen? Wie kannst du dich vielleicht noch mehr auf echten Wohlstand ausrichten, um dieses kostbare Leben so schön wie möglich zu gestalten?

Doch ich greife vor. Ich möchte ganz am Anfang beginnen. Dort, wo alles für mich begann: bei meiner Auseinandersetzung mit dem Thema Wohlstand und meinem tiefen Ringen mit der Frage, was wirklicher Reichtum sein könnte. Bei mir begann sie mit einem kleinen balinesischen Mädchen, das ganz unverhofft in meinem Leben auftauchte und es von Grund auf veränderte.

Reich und arm

Ich erinnere mich noch sehr lebhaft an den Moment, als Nyoman Siti in mein Leben kam. Ich war damals vier Jahre alt und lebte seit Kurzem mit meinen Eltern in einem kleinen Dorf auf Bali. Unser Haus lag an einem Fluss, eingebettet in unzählige Schattierungen von Grün, die sich in allen erdenklichen Formen bis zum Horizont erstreckten.

Nyoman tauchte eines Tages bei uns auf und erklärte meinen Eltern, sie sei von den Eigentümern des Hauses beauftragt, die

Küche zu wischen. Meine Eltern wussten nicht, wie sie darauf reagieren sollten: Vor ihnen stand ein Kind.

Wir wissen bis heute nicht, wie alt Nyoman damals war, niemand wusste es. Es war auf Bali Mitte der 1970er-Jahre noch nicht üblich, Geburtstage zu notieren. Doch Nyoman war eindeutig noch sehr jung, meine Eltern schätzten ihr Alter auf etwa neun Jahre. Sie hatte ein wunderschönes Lächeln, das ihr ganzes Gesicht aufleuchten ließ, lange schwarze Haare, die in der Sonne glänzten, und war von jener grundlosen Heiterkeit erfüllt, die bei den Balinesen damals noch weit verbreitet war.

Meine Eltern wussten nicht, wie sie sich verhalten sollten. In ihrem Weltbild war Kinderarbeit etwas Schreckliches, Unmenschliches, Kriminelles. Zugleich war es offensichtlich, dass Nyoman sehr froh war, diese Arbeit zu haben. Sie berieten sich kurz miteinander, zuckten dann ratlos mit den Schultern und ließen sie gewähren. Fasziniert folgte ich Nyoman in die Küche und beobachtete, wie sie mit einem großen Lappen den Boden wischte.

Nyoman wurde meine beste Freundin und eine wichtige Lehrerin. Von ihr lernte ich nicht nur die Landessprache, sie führte mich auch mit großer Selbstverständlichkeit in die balinesische Kultur ein. Es ist mir unmöglich, auch nur ansatzweise in Worte zu fassen, was ich alles von ihr lernte. Sie teilte ihre Kultur mit mir, die unermesslich reich war – reich an Farben, an Düften, an Bräuchen, an Lachen, an Miteinander, an Natur, an Geistigkeit und so vielem mehr.

Oft begleitete ich sie am späten Nachmittag zum Fluss. Dort versammelte sich zu jener Zeit das ganze Dorf. An einer Quelle, die wie jede Quelle als heilig galt, wurde gebadet, Wäsche gewaschen, Zähne geputzt – und natürlich der neueste Klatsch ausgetauscht. Und es wurde gelacht, so viel gelacht! Die mutigen Jungs sprangen mit viel Geschrei von den Felsen in den Fluss, einer wichtiger als der andere. Es war so schön, dass es noch heute wehtut, daran zu denken.

Gerne besuchte ich Nyoman auch bei ihr zu Hause. Die ganze Großfamilie lebte auf einem einfachen Gehöft. Während reichere

Familien oft aufwendig gestaltete Torbögen hatten, die ihr Areal von der Straße abgrenzten, bestand der Eingang zu Nyomans Familiengehöft aus zwei einfachen Lehmsäulen. Sie waren etwas schief und standen eindeutig schon länger dort, da auf ihnen Gras wuchs.

Die Küche der Familie war ebenfalls aus Lehm gebaut und ohne Fenster. Sie war so klein, dass nur ein Mensch darin Platz hatte, und die Wände waren an der Innenseite schwarz vom Ruß des offenen Feuers. Wann immer ich Nyoman besuchte, schämte sie sich dieser Einfachheit. »Meine Küche ist schmutzig«, pflegte sie dann zu sagen. »Ich bin arm.«

Das Thema Armut und Reichtum begann uns beide schon bald sehr zu beschäftigen. Wir waren Kinder, also sprachen wir nicht wirklich darüber, aber es floss in unser Spiel mit ein. Ich erinnere mich sehr lebhaft an ein Rollenspiel, das wir immer und immer wieder spielten. Die Rollen waren stets die gleichen: Es gab eine Arme und einen Reichen. Und immer war es so, dass der Reiche die Arme aus ihrer Armut erlöste.

Wir spielten dieses Spiel in immer gleicher Besetzung: Jedes einzelne Mal wollte ich die Arme spielen und sie den Reichen. Ich erinnere mich noch genau, wie befreiend es für mich war, in die Rolle der Armen einzutauchen – es war immer eine Frau. Und ich wunderte mich einerseits, verstand es aber auch irgendwie, dass sich Nyoman in der Rolle des Reichen – der immer ein Mann war – so wohlfühlte.

Es dauerte viele Jahre, bis ich begriff, was wir vermutlich beide übersehen hatten: Nicht sie war die Arme gewesen und ich die Reiche. Wir hatten gar keine Rollen getauscht. Ich war es gewesen, die durch sie einen Reichtum kennengelernt hatte, den wenige Menschen aus meinem Kulturkreis je erleben dürfen. Doch was war das für ein Reichtum? Ist es nicht bloß die verklärte Idealisierung einer tropischen Idylle, der so viele Menschen des westlichen Kulturkreises anhängen? Das wäre natürlich eine bequeme Erklärung. Bequem, weil wir uns dann nicht hinterfragen müssen.

Eine unbequeme Reise

Mein Anliegen in diesem Buch ist es, dich auf eine Reise mitzunehmen, die auch unbequem sein kann. Ich werde dich einladen, lieb gewonnene Annahmen infrage zu stellen. Hinter einigen Annahmen wird möglicherweise ein Schmerz zutage treten, mit dem du so vielleicht nicht gerechnet hast. Ich tue das nicht, um dich zu quälen, dir Schuldgefühle zu machen oder dich anzugreifen. Ich möchte dich auf Dimensionen von Wohlstand hinweisen, die uns meiner Ansicht nach abhandengekommen sind und die auch den Balinesen seit meiner Kindheit dort zunehmend abhandenkommen. Mit Palmen und Sonnenschein hat er gar nichts zu tun. Es ist der natürliche Reichtum traditioneller Kulturen, der früher weit verbreitet war, auch bei uns in Europa.

Wenn ich von traditionellen Kulturen spreche, dann meine ich jene Lebensweisen, die sich über Jahrtausende in enger Kooperation mit den natürlichen Gegebenheiten einer Region entwickelt haben. Der Begriff beinhaltet indigene Kulturen, jedoch auch jene von Völkern, die sich später in einer Region niedergelassen haben und im Einklang mit den vorhandenen Ressourcen wirtschaften. Diese Kulturen beinhalteten Fertigkeiten und Bräuche, die weltweit durch den überwältigenden Erfolg der industriellen Revolution überflüssig gemacht und von einer globalen Monokultur verdrängt werden. Was hierbei leider übersehen wird, ist, dass diese traditionellen Lebensweisen nicht nur materielle Bedürfnisse stillten, sondern auch soziale, psychische und spirituelle.

Die meisten von uns, die wir in reichen Industrienationen leben, haben natürlich nie die Gelegenheit, eine traditionelle Kultur von innen zu erleben. Wir wissen daher oft gar nicht, was uns fehlt. Wir nehmen den Zustand des vielfachen Mangels, den ich in diesem Buch noch viel genauer beschreiben werde, als normal und alternativlos hin. Und wir werden von klein auf mit Bildern gefüttert, die besagen, dass wir die Reichen sind und die anderen die Armen. Ich stelle das bewusst infrage.

Ich erlebte auf Bali einen inneren und einen kulturellen Reichtum, der in starkem Kontrast zur materiellen Armut stand. In Europa und später in den USA, wo ich meine Teenagerzeit verbrachte, begegnete mir hingegen unfassbarer materieller Wohlstand. Dieser konnte jedoch eine ausgeprägte innere Armut nur notdürftig verbergen. Indem ich konkrete Dimensionen des inneren, nicht materiellen Wohlstands beschreibe, möchte ich diese Armut sichtbar machen und uns ermutigen, diese hinter uns zu lassen.

Back to the Roots?

Nein, dieses Buch ist kein Plädoyer, in die »gute alte Zeit« zurückzukehren, als »die Welt noch in Ordnung war«. Mir ist durchaus bewusst, dass sich unsere Welt in den letzten Jahrzehnten und Jahrhunderten auch zum Besseren entwickelt hat. Ja, wir haben vieles verloren, das in traditionellen Kulturen selbstverständlich war: die Geborgenheit einer Gemeinschaft, kulturelle Fertigkeiten und Traditionen, Gelassenheit oder ein enger Kontakt mit der Natur, um ein paar Beispiele zu nennen.

Zugleich aber haben wir vieles entwickelt, das traditionellen Kulturen schmerzlich fehlte. Auch hier ein paar Beispiele: Materiell gesehen ging es noch nie so vielen Menschen so gut wie heute. Kriege und gewaltsame Auseinandersetzungen sind stetig zurückgegangen, auch wenn die Medien nicht müde werden, ein schreckliches Bild von der Welt zu zeichnen. Die Rechte von Frauen, von Minderheiten, von Andersdenkenden wurden in traditionellen Kulturen sehr häufig mit Füßen getreten. Und auch wenn wir in unseren Gesellschaften noch einen guten Weg zu gehen haben: Die universelle Erklärung der Menschenrechte, die Meinungsfreiheit, der Rechtsstaat sind Errungenschaften, die ich nicht missen möchte.

Es geht in diesem Buch also nicht um ein Zurück. Und es geht auch nicht um eine romantische Verklärung, weder der balinesischen Kultur noch irgendeiner anderen traditionellen Kultur, auf die ich mich in diesem Buch auch beziehen werde. Es ist sehr leicht, traditionelle Kulturen zu idealisieren, doch es ist genauso leicht, ihre Vorteile zu übersehen. Ich möchte dich einladen, im Spiegel traditioneller Kulturen zu erkennen, was uns fehlt. Diese Kulturen haben sich über Jahrhunderte, teils sogar über Jahrtausende entwickelt. Vielen gelang eine erstaunliche Balance zwischen verschiedenen Aspekten von echtem Wohlstand, die uns heute abhandengekommen sind. Jede Kultur ist oder war ein faszinierendes, unfassbar komplexes Kunstwerk.

Richtungswechsel für alle

Dieser teilweise schmerzhafte Blick in den Spiegel ermöglicht es uns, eine neue Richtung einzuschlagen. Bei dieser neuen Richtung geht es nicht vorrangig um Verzicht, sondern um nicht-materielle Formen von Wohlstand. Je mehr wir uns auf diese ausrichten, desto uninteressanter werden unsere vielfältigen Ersatzbefriedigungen.

Ich betrachte dies als einen Schlüssel für die Heilung unserer Welt. Wir wissen seit inzwischen fünfzig Jahren, dass unsere Lebensweise nicht zukunftsfähig ist, und dennoch ist uns ein Kurswechsel bislang nicht geglückt. Ich denke, das liegt auch maßgeblich daran, dass wir einer falschen Vorstellung von Wohlstand hinterherjagen. Uns ist nicht bewusst, dass unsere Lebensweise nicht nur für die Ökosysteme und die armen »Entwicklungsländer« eine Katastrophe ist, sondern auch für uns selbst.

Doch solange die Armut in den reichen Industrienationen – die innere Armut, die menschliche Armut, die kulturelle Armut – ausgeblendet wird, kann die krasse Überkompensation auf materieller Ebene nicht aufgegeben werden. Daher geht jedes Plädoyer für Umweltschutz, Nachhaltigkeit und soziale Gerechtigkeit, das allein in das Verzichtshorn bläst, aus meiner Sicht nach hinten los. Das ist wie der Versuch, einen Alkoholiker vom Suff zu heilen, indem man ihm sagt, er solle weniger trinken. Ich weiß, das ist ein heftiger Vergleich, doch unsere konsumistische, materialistische Lebensweise macht hochgradig süchtig. Natürlich ist es sehr unangenehm, sich dies einzugestehen. Nicht umsonst besagt ein beliebter Kneipenspruch: »Als ich las, wie schädlich das Trinken ist, hörte ich auf zu lesen.«[1]

Ich hoffe, dass es dir nicht ebenso mit diesem Buch ergehen wird. Denn ich möchte vor allem die Möglichkeit eines Kulturwandels hin zu echtem Wohlstand aufzeigen – für dich ganz persönlich und für uns kollektiv. Mein Anliegen ist, dass wir erkennen, was ein wirklich gutes Leben ausmacht und dass ein solches keine Utopie ist. Unser Leben wird durch diese Auseinandersetzung besser und nicht schlechter, auch wenn es zunächst wehtut.

Diese Veränderung ist nicht nur für dich persönlich wichtig. Die krasse soziale Ungleichheit, die uns global entgegenblickt, ist Spiegel unseres Hyperkonsums wie auch unserer eigenen inneren Armut. Das Gleiche gilt für die weltweit voranschreitende Zerstörung der Ökosysteme. Innere Armut ist der blinde Fleck, wenn es um die Heilung von sozialer Ungerechtigkeit und ökologischer Zerstörung geht. Sie ist das fehlende Puzzlestück. Wenn wir den Mut haben, dieser Tatsache ins Auge zu blicken, entwickeln wir eine neue Sicht auf uns selbst und auf die Welt, in der wir leben. Wir erkennen, wie der kongolesische Philosoph Boniface Mabanza Bambu es formuliert, dass alle Länder Entwicklungsländer sind.

TEIL I:
WAS IST WOHLSTAND?

1
Unsichtbare Armut

Der enorme Erfolg unseres industriellen und kapitalistischen Systems, materiellen Reichtum zu schöpfen, lässt uns leicht seine Folgen übersehen. Wir haben so viele Dinge, Angebote, Möglichkeiten, Annehmlichkeiten wie keine Generation vor uns. Der Preis, den wir und andere für diesen materiellen Wohlstand zahlen, ist schwer greifbar. In jüngster Zeit wird viel unternommen, um auf die ökologischen Folgen aufmerksam zu machen: das Massensterben von Tieren und Pflanzen, die Entgleisung des Erdklimasystems, die weltweite Zerstörung von Ökosystemen. Und schon seit Jahrzehnten werden die sozialen Folgen angeprangert. Hungernde Kinder in Afrika und Asien werden wirkungsvoll in Szene gesetzt, um Spenden zu sammeln. Immer wieder wird auf die menschenverachtenden Bedingungen hingewiesen, unter denen Arbeitende in den Fabriken dieser Welt schuften, um unsere Billigprodukte herzustellen. Und das sind natürlich nur zwei Beispiele von vielen.

Jede dieser Kampagnen scheint mit einem anklagenden Finger auf uns zu zeigen und zu sagen: »Schau, wie gut es dir geht, während andere leiden!« Aber stimmt das? Geht es uns wirklich so gut? Meine Wahrnehmung ist, dass es uns ganz und gar nicht gut geht. Und zwar nicht nur, weil andere leiden, sondern auch, weil wir selbst leiden. Wir sind eingesperrt in einen goldenen Käfig und finden den Schlüssel nicht mehr. Wir ersticken an Dingen und haben keinen Raum mehr, um zu atmen. Wir sind angewiesen auf einen nie abreißenden Strom an Konsum und Unterhaltung, um den inneren Mangel im Schach zu halten.

Wahrscheinlich findest du jetzt, dass ich übertreibe. Oder vielleicht sogar, dass ich Hirngespinste habe. Wo soll denn all dieses große Unglück sein? Womöglich bin ich einfach selbst ein unglücklicher Mensch, der seinen Mangel auf alle anderen projiziert. Zumindest was den letzten Punkt angeht, kann ich dir versichern, dass das nicht zutrifft. Was die ersten Punkte betrifft, möchte ich dir näher erklären, wie ich zu meiner Einschätzung komme: Es sind zum einen die Gesichter. Wenn ich an das Bali meiner Kindheit zurückdenke, dann sind es vor allem die Gesichter, an die ich mich erinnere. Vor meinem inneren Auge sehe ich Menschen, die von innen zu leuchten scheinen.

Ich hatte das, ehrlich gesagt, fast vergessen. Doch dann bekam ich Post. Es geschah vor gar nicht langer Zeit, als ich mit der Be the Change Stiftung das Projekt »Bäume für den Wandel« ins Leben rief. Mit diesem Projekt lade ich Menschen ein, einen Teil ihres Geldes regelmäßig einzusetzen, um Bäume zu pflanzen. Von unserem Pflanzpartner Eden Projects bekam ich Fotos zur Verfügung gestellt. Sie zeigen Menschen, die in den ärmsten Regionen der Welt Bäume pflanzen. Es handelt sich um die Ärmsten der Armen, die durch das Projekt sinnvolle Arbeitsplätze zu fairen Bedingungen bekommen. Als ich in ihre Gesichter blickte, kamen mir die Tränen. Ja, ich sah Menschen, die fast nichts haben. Doch vor allem sah ich genau jenes Leuchten, das ich fast vergessen hatte. Nicht in jedem Gesicht, nein, aber in einigen.

Vielleicht hast du ein solches Leuchten auch schon mal gesehen, obwohl es bei uns kaum zu finden ist. Als mein Mann, der Südtiroler ist, die Bilder sah, sagte er spontan: »Ich kenne solche Gesichter. Ich kenne sie von Bergbauern, die bei uns noch ganz einfach irgendwo hoch oben leben.« Das meine ich mit: Wenn ich mich heute in unserer Gesellschaft umsehe, dann sehe ich keine Menschen, denen es »so gut geht«. Ich sehe und spüre Menschen, die arm sind, ohne es zu wissen, und denen den ganzen Tag erzählt wird, dieses oder jenes Produkt könnte ihre Not lindern.

Okay, vielleicht ist das mit den leuchtenden Augen etwas dünn als Erklärung dafür, warum ich unsere Gesellschaft als arm empfinde. Auf jeden Fall ist es hochgradig subjektiv. Ich werde daher im Folgenden noch auf andere, wissenschaftlich belegte Merkmale unserer Armut eingehen.

Wer ist hier eigentlich arm?

Wenn wir an Armut denken, dann denken wir an Slums, an Hungerbäuche, an zerfetzte Kleidung. Wir denken an Sweat-Shops und Kinderarbeit, weit weg. Vielleicht denken wir auch an Obdachlose, die nach Ladenschluss auf den Stufen unserer Konsumtempel ihr bescheidenes Schlafzimmer herrichten. Oder an soziale Brennpunkte, wo es so gut wie niemand aufs Gymnasium schafft. Es sind Bilder einer sichtbaren Armut.

Manchmal versuchen wir, Armut in Zahlen zu greifen, etwa indem wir sagen, in manchen Ländern würden die Menschen von weniger als einem Euro pro Tag leben. So arm sind sie! Oft wird dann angeführt, dass ein Euro in Nigeria oder in Indien ja eine ganz andere Kaufkraft hat als bei uns. Leider stimmt das nur bedingt, wenn man die zugrunde liegenden Rechnungen genauer unter die Lupe nimmt. Doch dazu kommen wir noch. Unabhängig davon blendet die Behauptung, Menschen würden von einem Euro am Tag leben, etwas Grundlegendes aus: Viele Bedürfnisse, die bei uns durch Konsum und Geld abgedeckt werden, sind in weniger privilegierten Ländern Teil einer Tausch- oder Schenkökonomie. Das bedeutet, dass für sie kein Geld fließt. Etwa: Kinderbetreuung, Alten- und Krankenpflege, Unterhaltung, Bildung, Freizeitaktivitäten, kulturelle Veranstaltungen, spirituelle und psychologische Begleitung, Reparaturen, Geburtshilfe oder Sterbebegleitung. Auch viele materielle Bedürfnisse werden auf diesem Wege abgedeckt: Die Fortbewegung, der Verleih von Geräten, der Bau von Häusern, der Anbau von Nahrungsmitteln, das Hüten und Schlachten von Tieren, die Altersvorsorge und viele andere Formen von Versicherung. All diese Wirtschaftsleistungen kommen in dem einen Euro am Tag nicht vor, da sie erbracht werden, ohne dass dafür Geld bezahlt wird.

Das bedeutet, dass die Information, wie wenig oder wie viel Geld jemand pro Tag zur Verfügung hat, kaum etwas darüber aussagt, wie gut er versorgt ist. Ein Mensch kann mit weniger als einem Euro pro Tag in einer traditionell bäuerlichen Dorfstruktur oder einer indigenen Stammesstruktur ein Leben führen, in dem weitaus mehr Bedürfnisse abgedeckt sind als bei einem gut situierten Stadtmenschen. Und genauso kann ein Mensch mit nur einem Euro am Tag in einem Slum täglich um sein Überleben kämpfen.

Aber gilt das Gleiche auch für uns in den reichen Industrienationen? Sagt, wie viel Geld wir pro Tag oder pro Monat zur Verfügung haben, auch bei uns nichts darüber aus, wie gut wir versorgt sind? Zu einem gewissen Grade ja. Auch bei uns gibt es Menschen, die von sehr wenig Geld leben und auf anderem Wege gut versorgt sind. Ein extremes Beispiel ist mein lieber Freund Raphael Fellmer, der fünf Jahre im Geldstreik lebte und dem es dabei ausgezeichnet ging. Seine Gabe, tragfähige Beziehungen aufzubauen, seine Talente der Welt zu schenken und Geschenke von anderen anzunehmen, machten ihn zu einem reichen Mann, der auch für seine Umgebung eine Bereicherung war.[2] Und es gibt Menschen, die sehr viel Geld haben und trotzdem in großer Armut leben. Robert West, Chefredakteur des Wissenschaftsjournals *Addiction* und Professor für Gesundheitspsychologie in London, erzählt beispielsweise von seinem Bruder, dieser sei als CEO einer Bank »höllisch unglücklich« gewesen: »Auch noch so viele Ferraris und Häuser in Miami halfen nichts … Er betrachtete auch die Menschen, mit denen er arbeitete, als unglücklich, denn egal wie viel Reichtum sie hatten, es war nicht genug.«[3]

Diese beiden Männer sind natürlich zwei Extreme. Der eine hat gar kein Geld und ist innerlich reich, wodurch es ihm gelingt, auch seine materiellen Bedürfnisse abzudecken. Der andere hat weit mehr Geld, als er bräuchte, um seine materiellen Bedürfnisse zu stillen, und ist offenbar innerlich arm, was ihn sehr unglücklich macht. Ich habe diese beiden Pole hier angeführt, um aufzuzeigen, dass es neben der sichtbaren materiellen Arm-Reich-Skala eine zweite gibt, die offenbar sehr wenig mit finanziellen Mitteln zu tun hat.

Beide Männer haben übrigens ihren Lebensstil inzwischen geändert. Mein Freund Raphael Fellmer beendete seinen Geldstreik, um seiner Mission, der Reduzierung von Lebensmittelverschwendung, noch effektiver nachgehen zu können. Er gründete Sirplus, ein Sozialunternehmen, das Lebensmittel im großen Stil rettet. Ist er nun weniger glücklich, weil er mehr Geld hat? Natürlich nicht. Der Banker hingegen verließ die Welt des großen Geldes und ist laut seinem Bruder seitdem viel glücklicher.

Symptome unserer Armut

Doch was ist diese zweite Armut, von der ich hier spreche? Wie macht sie sich bemerkbar? Eines ist klar: Sie zeigt sich nicht in zerfetzten Kleidern oder schäbigen Behausungen. Doch sie hinterlässt andere Spuren, sie hat eindeutige Symptome, die in unseren reichen Gesellschaften weit verbreitet sind. Das erste Symptom habe ich bereits erwähnt: Es ist jener verhärmte Blick der Menschen, der von einer chronischen Unzufriedenheit zeugt, die uns schon normal erscheint.

Ein zweites Symptom ist unser Verhältnis zur Zeit. Das zeigt sich in ständiger Hetze, dem Empfinden, nie Zeit zu haben. Oder in ihrem Gegenstück, der Notwendigkeit, sich die kostbare Zeit mit irgendetwas zu »vertreiben«. Wir befinden uns, so scheint es, in einem fortwährenden Kampf mit der Zeit, die ja nichts anderes als Leben ist. Unablässig versuchen wir, sie auszudehnen oder ihr Verstreichen voranzutreiben. Wirklich mit der Zeit im Einklang scheinen wir hingegen selten zu sein.

Symptome unserer Armut

1. chronische Unzufriedenheit
2. Hetze & Stress / Zeitvertreib
3. Einsamkeit
4. innere Leere
5. Süchte

Einsamkeit ist ein drittes Symptom unserer Armut, das inzwischen zunehmend Aufmerksamkeit erregt, nicht zuletzt durch zahlreiche Studien. Diese belegen nicht nur, dass Einsamkeit in unseren Gesellschaften epidemische Ausmaße angenommen hat,[4] sie zeigen auch, wie schädlich sie für uns ist.[5] Besonders beunruhigend sind Studien, die verdeutlichen, dass zunehmend auch junge Menschen einsam sind. Laut neueren Erhebungen ist die sogenannte Generation Z (Jahrgang 1996 bis 2000) sogar noch einsamer als die Millenials (Jahrgang 1981 bis 1996), die wiederum deutlich einsamer sind als Senioren – eine Altersgruppe, um deren Isolation wir schon lange wissen.[6]

Ein viertes Symptom unserer Armut ist eine innere Leere oder ein Erleben von Sinnlosigkeit. Zu beidem gibt es meines Wissens keine direkten statistischen Erhebungen. Lediglich die steigenden Raten psychischer Erkrankungen, insbesondere Depressionen und Angststörungen, geben uns einen Hinweis darauf. Denn für jeden Menschen, der in diesen Statistiken auftaucht, gibt es unzählige andere, die nicht krank genug sind, um mit irgendetwas diagnostiziert zu werden. Da psychische Erkrankungen jedoch entlang eines Kontinuums existieren, müssen wir davon ausgehen, dass es unterhalb der Schwelle der erfassten Fälle viele Menschen gibt, denen es nicht gut geht.[7] Und auch wenn es von außen nicht sichtbar ist – es ist spürbar, wenn wir uns in die Menschen hineinfühlen, die uns auf der Straße, in der U-Bahn oder im Supermarkt begegnen.

Äußerlich sichtbar und damit auch zu einem gewissen Grad messbar wird die innere Leere zudem durch die weite Verbreitung von Süchten, dem fünften Symptom auf meiner Liste. Neben den stofflichen Süchten nach legalen und illegalen Drogen werden seit den 1980er-Jahren zunehmend auch nicht-stoffliche Süchte thematisiert, wie zum Beispiel Spielsucht, Sportsucht oder Sexsucht. Jede dieser Süchte, stofflich oder nicht stofflich, ist ein Symptom eines inneren Mangels. Doch es gibt auch Süchte, die so normal sind, dass sie gar nicht als solche betrachtet werden.

Geld und Reichtum als Sucht

2014 kam es in den USA vermehrt zu Protesten gegen jenen Teil der Gesellschaft, der als »das oberste eine Prozent« bezeichnet wird. Einige Angehörige dieser Finanzelite fühlten sich zu Unrecht angegriffen, verstiegen sich sogar zu Vergleichen mit dem Judenhass im Dritten Reich. Andere Stimmen argumentierten, die Superreichen würden für etwas belangt, das sie nicht im Griff hätten. Die Jagd nach immer mehr Geld sei eine Sucht. Ein ehemaliger Hedgefonds-Manager schrieb dazu in der *New York Times*: »In meinem letzten Jahr an der Wall Street betrug mein Bonus 3,6 Millionen Dollar – und ich war wütend, weil er nicht hoch genug war … ich wollte aus dem gleichen Grund mehr Geld, aus dem ein Alkoholiker noch einen Drink braucht: Ich war süchtig.«[8] Verschiedene Experten unterstützen seine Selbsteinschätzung.

Der Psychotherapeut Stanton Peele, Autor eines Buches über Suchttherapie, formulierte es wie folgt: »Die Sucht nach Reichtum ist bezeichnend für eine Gesellschaft, in der Sinn und sozialer Status ausschließlich durch die Anhäufung von Reichtum erlangt werden. Am einfachsten lässt es sich als … Leere und die Abwesenheit von nachhaltigen Werten, Gemeinschaft, und Lebenssinn beschreiben, weshalb Reichtum, Geld und Besitz als glitzernder, attraktiver, süchtig machender Ersatz angestrebt werden.«[9]

Okay, so gesehen ist es vielleicht nicht so attraktiv, zu diesen armen Topverdienern zu gehören. Wer will denn schon ein Junkie sein? Aber das sind ja Extreme. Die meisten Menschen haben diese Probleme doch nicht, oder?

Aufgrund meiner Kindheit auf Bali habe ich hier eine etwas andere Perspektive. Aus Sicht der Balinesen sind in den reichen Industrienationen alle superreich. Und ich wage zu behaupten, dass wir alle zu einem gewissen Grade Suchtdynamiken unterworfen sind, wenn es um Geld, Konsum und materiellen Wohlstand geht. Vielleicht sind wir nicht so süchtig nach dem nächsten Kick wie der Wall-Street-Banker, der wütend wird, weil ihm sein 3,6 Millionen US-Dollar-Bonus zu niedrig ist. Vielleicht sind wir eher wie Pegeltrinker: Alkoholiker, die sich so an einen bestimmten Alkoholanteil im Blut gewöhnt haben, dass sie ohne diesen Pegel massive Entzugserscheinungen bekommen. Oder wie geht es dir bei der Aussicht, deinen Lebensstandard zu reduzieren? Weniger zu konsumieren? Weniger Geld zur Verfügung zu haben? Der Soziologe Philip Slater schrieb dazu in seinem Buch *Wealth Addiction*: »Süchte haben mit unseren Gefühlen über uns selbst zu tun: Wenn du denkst, dass du dich ohne etwas unvollständig, weniger wert fühlst und meinst, du könntest dann nicht richtig funktionieren.«[10]

Hand aufs Herz: Sind das nicht genau die Themen, die in der Corona-Krise hochkochten? Und zuvor in der verschleppten Klimadebatte? Würdest du dich »weniger wert« fühlen oder sogar »unvollständig«, wenn du weniger Geld hättest? Eine kleinere Wohnung? Ein älteres Auto? Wären wir als Gesellschaft »unfähig zu funktionieren« ohne Auto, ohne Flugzeuge? Wenn diese Fragen bei dir eine Enge auslösen und vielleicht sogar den Wunsch, das Buch wegzulegen, dann könnte das ein guter Grund sein weiterzulesen. Keine Sorge, ich will dir weder dein Auto wegnehmen noch das Fliegen verbieten. Ich möchte dich jedoch einladen, dein Verhältnis zu den Annehmlichkeiten in deinem Leben zu hinterfragen.

Die mehr oder weniger subtilen Suchtdynamiken zu erkennen und zu hinterfragen ist ein wichtiger Schritt in Richtung echter Wohlstand. Das ist nicht immer angenehm. Der Alkoholiker schätzt es auch nicht, wenn man ihn auf seine Trinkgewohnheiten anspricht. Doch wenn wir uns aus unserer Armut befreien wollen, kommen wir nicht umhin, uns jener Mechanismen bewusst zu werden, die diese nicht nur verursachen, sondern auch verdecken. Denn das sind zwei Aspekte, die bei jeder Art von Sucht auftreten: Erst verdecken sie einen inneren Mangel, und dann verstärken sie ihn, da die Sucht immer weitere Bereiche des Lebens vereinnahmt.

Was ist der Treiber unserer Armut?

Nun habe ich verschiedene Symptome unserer inneren Armut beschrieben und hoffe, dass du damit eine genauere Vorstellung davon bekommen hast, was ich meine. Doch was steckt hinter diesen Symptomen? Was ist der Treiber unserer Rastlosigkeit, unserer Unerfülltheit, unseres unlöschbaren Dursts? Warum vereinsamen wir, sind oft so unzufrieden mit unseren vollen Kühlschränken und weichen Betten? Warum werden so viele Menschen in unseren wohlhabenden Industrienationen psychisch krank?

Diese Fragen haben mich jahrzehntelang beschäftigt. Ich spürte schon als Kind zurück in Europa, dass uns etwas von innen aushöhlt, konnte jedoch nicht greifen, was es ist. Dieses Empfinden intensivierte sich, als ich mit 13 Jahren mit meiner Mutter in die USA zog, nachdem wir mehrere Jahre in Deutschland gelebt hatten. Aufgrund einer Verkettung von Umständen landete ich dort in einem Internat. Es war eine dieser elitären College-Prep-Schools, die Jugendliche für die rigorosen Auswahlverfahren der amerikanischen Universitäten fitmachen. Die Schulgebühr kostete pro Jahr mehr, als meine Eltern je auf einmal besessen hatten. Der Campus sah aus wie in dem Film *Der Club der toten Dichter*: malerische rote Backsteingebäude auf einem weitläufigen grünen Areal von Wiesen und Wäldern. Jede Fakultät befand sich in einem eigenen Gebäude, wie bei einem College, dazwischen Tennisplätze, ein Reitstall, eine Schwimmhalle. Ich war umgeben von den Sprösslingen der New Yorker Upperclass, den Söhnen und Töchtern derjenigen im ganzen Land, die es geschafft hatten oder schon immer ganz oben waren. Kurzum: Ich fand mich erneut in einer komplett fremden Welt wieder.

Es dauerte nicht lange, da bemerkte ich, dass die innere Armut, die ich bereits in Europa gespürt hatte, hier noch ausgeprägter war. Immer noch konnte ich sie zwar nicht benennen, doch sie war nicht zu übersehen. Wichtigstes Symptom waren die psychischen Krankheiten, allen voran Depressionen und Essstörungen, die unter meinen Mitschülern weit verbreitet waren. Viele nahmen Psychopharmaka. Ein weiteres Symptom war der hohe Drogenkonsum, obwohl selbst Rauchen strengstens verboten war, von Alkohol ganz zu schweigen. Für beide Vergehen wurden Schülerinnen konsequent der Schule verwiesen. Doch nicht alle interessierten sich für diese leichten Drogen; einige bevorzugten die Leistungsdroge der Elite, Kokain, oder rauchten Crack.

Ich begann, innerhalb kürzester Zeit innerlich zu verhungern. Ich brachte mein Abitur in Rekordzeit hinter mich, verließ die Schule und das Land fast fluchtartig. Ich war die einzige Person in meinem Jahrgang von über hundert Schülern, die sich gegen ein Studium entschied. Alle anderen gingen auf die berühmten Universitäten des Landes und bereiteten sich darauf vor, ihren Platz in der amerikanischen Elite einzunehmen.

Lange dachte ich, es sei einfach der hohe materielle Wohlstand gewesen, der die Menschen so arm machte. Für meinen jugendlichen Blick war diese Schlussfolgerung naheliegend: Auf Bali hatte ich bei armen Menschen einen unfassbaren Reichtum erlebt. In Europa war meine Familie Teil der Mittelschicht. Diese war für meinen balinesisch geprägten Blick innerlich arm und materiell sehr reich. In den USA lebte ich dann unter den Superreichen, deren innere Armut noch gravierender, ja geradezu erschreckend war. Die Schlussfolgerung, dass Menschen mit zunehmendem Wohlstand innerlich verarmen, lag auf der Hand. Doch etwas störte mich daran. Ich spürte, dass irgendwas an meiner Hypothese nicht stimmte. Nicht jeder arme Mensch war innerlich reich und nicht jeder reiche Mensch innerlich arm. Außerdem gab es zwischen einzelnen Ländern auch erhebliche Unterschiede, die allein durch den materiellen Wohlstand nicht zu erklären waren. Und ich verstand immer noch nicht, was da eigentlich wirklich vor sich ging.

All das änderte sich, als ich auf die Arbeit von Richard Wilkinson und Kate Pickett stieß. Das britische Professorenteam, beide Epidemiologen, widmet sich seit Jahrzehnten der wissenschaftlichen Erforschung genau dieser Frage, die mich schon mein ganzes Leben umgetrieben hat: Was ist eigentlich unser Problem, warum geht es uns trotz unseres Komforts, teilweise sogar Luxus, nicht gut? Ihre Erkenntnisse waren wie ein fehlendes Puzzlestück in meiner eigenen Erforschung des Phänomens. Sie vervollständigten ein Bild, das sich seit jener ersten Begegnung mit Nyoman in mir geformt hatte. Die unzähligen Daten, die sie für ihre Arbeit ausgewertet haben, machten jene Teile des Bildes sichtbar, die ich bislang nur schemenhaft erahnt hatte. Und was sich dort zeigte, war verblüffend.

Ungleichheit, Statusangst und die Not der reichen Industrienationen

Die Quintessenz der jahrzehntelangen, akribischen Forschungsarbeit von Wilkinson und Pickett lautet: Ungleichheit macht krank. Je größer die Ungleichheit in einer Gesellschaft ist, desto kranker sind alle Teile dieser Gesellschaft. Doch was genau ist mit »krank« gemeint? Zum einen psychische Krankheit: je stärker die Ungleichheit in einem Land, desto mehr Menschen leiden an psychischen Erkrankungen wie Depression, psychotischen Symptomen, Schizophrenie und narzisstischen Persönlichkeitsmerkmalen.[11] Und nein, leider lassen sich diese Zahlen nicht dadurch erklären, dass normale psychische Prozesse, wie beispielsweise Trauer nach einem Verlust, durch unsere Diagnosesysteme fälschlicherweise als Depressionen pathologisiert werden.[12] Es liegt auch nicht daran, dass psychische Erkrankungen in manchen Ländern eine höhere Akzeptanz besitzen. Diese Faktoren wurden bei den Erhebungen berücksichtigt.

Die Zahlen bestätigen leider genau das, was ich erlebt hatte. Was ich damals nicht wusste: Die USA sind einer der absoluten Spitzenreiter, wenn es um soziale Ungleichheit geht. Aktuell besitzt 1 Prozent der Bevölkerung 40 Prozent des Privatvermögens, um nur eine Zahl von vielen zu nennen, die das Ausmaß sozialer Ungleichheit in einem Land ausdrücken können.[13] Entsprechend viele Menschen sind psychisch krank. 2010 hatte beispielsweise jeder vierte US-Amerikaner innerhalb des Vorjahres eine psychische Erkrankung. In Großbritannien war es jeder fünfte Bürger.

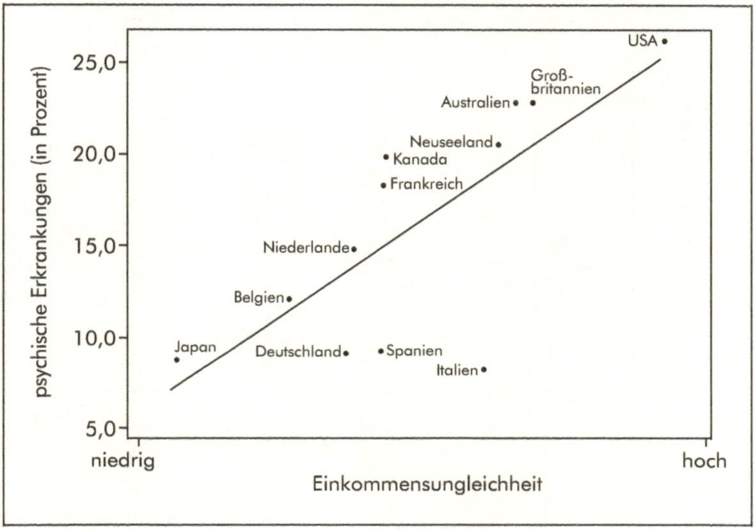

Einkommensungleichheit und psychische Erkrankungen im Ländervergleich[15]

In Deutschland und Japan hingegen »nur« jeder zehnte. Eine 2017 erschienene Meta-Studie, in der die Daten von 27 Einzelstudien zusammengeführt wurden, bestätigte den Zusammenhang von Einkommensungleichheit und psychischen Krankheiten.[14]

Doch psychische Probleme sind nur ein Symptom der Krankheit, die mit wachsender Ungleichheit einhergeht. Der sogenannte *Index der gesundheitlichen und sozialen Probleme* beinhaltet eine lange Liste von Indikatoren für körperliche, mentale und soziale Gesundheit: Lebenserwartung, Vertrauen, psychische Erkrankungen, Drogen- und Alkoholsucht, Übergewicht, Kindersterblichkeit, Lese- und Rechenfähigkeit bei Kindern, Anteil der Bevölkerung im Gefängnis, Mordraten, Teenagerschwangerschaften und soziale Mobilität. Und jetzt bitte festhalten: Jeder dieser Indikatoren verschlechtert sich mit der Ungleichheit, die in einem Land herrscht.[16]

Diese Erkenntnisse gingen mir sehr nahe. Sie wühlten mich innerlich auf, brachten längst vergessene Erinnerungen an die Ober-

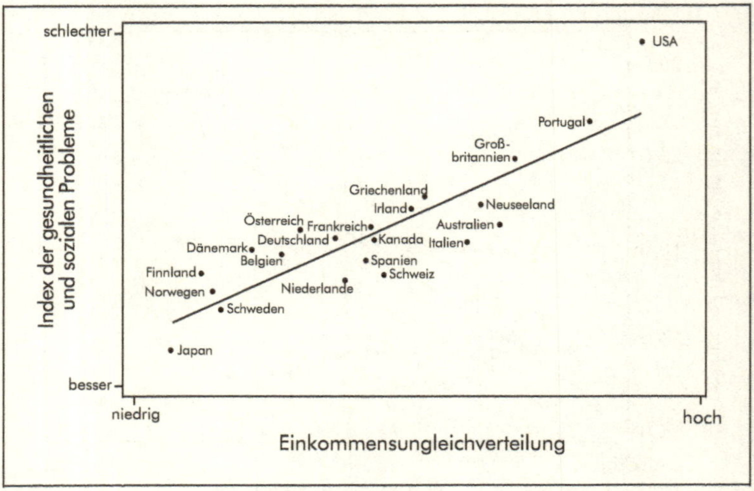

Finanzielle Ungleichheit und sozio-gesundheitliche Probleme im Ländervergleich[17]

fläche, ließen vieles in einem neuen Licht erscheinen. Auf einmal war alles so greifbar, was ich all die Jahre gespürt hatte; die Not, die ich nie hatte benennen können, war schwarz auf weiß dingfest gemacht in Zahlen, die eine klare Botschaft hatten: Es geht uns nicht gut. Ja, manchen geht es besser als anderen. Doch je größer dieser Unterschied ist, desto mehr leiden wir alle darunter.

Die Arbeiten von Wilkinson und Pickett sind nicht nur deshalb so bahnbrechend, weil sie eindeutig zeigen, dass Ungleichheit uns alle krank macht. Ihnen gelang es auch, nachvollziehbar zu machen, auf welche Weise Ungleichheit diese Effekte verursacht. Denn natürlich liegt es nicht an der Ungleichheit an sich, sondern an dem, was sie mit uns und unseren Beziehungen macht. Das ist wichtig, denn es betrifft jeden von uns, ob es uns bewusst ist oder nicht. Dies zu erkennen ist ein Schlüssel, um ein neues Verhältnis zu unserem vorherrschenden Wohlstandsbild zu entwickeln. Erst wenn wir erkannt haben, was uns an unserem derzeitigen Wohlstandsstreben krank macht und uns zugleich daran festhalten lässt, können wir beginnen, uns daraus zu befreien.

2
Die unendliche Leiter

Vor einigen Jahren war ich mit meiner Familie zu einer Geburtstagsfeier eingeladen. Es war keine gewöhnliche Geburtstagsfeier, zumindest nicht für mich. Wir waren zwar nur zu neunt, doch das Geburtstagskind hatte in Venedig für einige Tage einen ganzen Palazzo gemietet. Dort waren wir alle gemeinsam untergebracht. Die Agenda? Venedig genießen und zwar offenbar so, als ob Geld keine Rolle spielen würde. Wir wurden in die exklusivsten Restaurants ausgeführt, machten die üblichen Ausflüge nach Murano und Burano, bestiegen den Campanile und schlenderten durch die Stadt, wie es uns gefiel.

Wenn wir in einem Restaurant saßen und die Speisekarte studierten, auf der kein Gericht unter 50 Euro zu haben war und die Vorspeisen bei 20 Euro begannen, beschlich mich schnell ein Gefühl der Enge. Unsere Gastgeber hingegen zögerten nicht, jedes Gericht, das sich irgendwie interessant anhörte, zu bestellen, ohne sich darum zu kümmern, ob wir das alles aufessen würden. Allein es mal probieren zu können war Grund genug, es zu bestellen.

Ihre völlige Sorglosigkeit, was Geld betraf in einer Stadt wie Venedig, wo allein das Atmen etwas zu kosten scheint, war mir zugleich fremd und vertraut. Fremd, weil ich Venedig immer nur als Tagestouristin besucht hatte und mir schon das Tagesticket für die Wasserbusse horrend teuer erschienen war. Als ich überlegte, in welcher Hinsicht mir die Situation vertraut erschien, fühlte ich mich plötzlich an Asien erinnert. Genau, das war es: Wenn ich als Europäerin in Asien unterwegs gewesen war, dann hatte ich genau diese Unbekümmertheit an den Tag gelegt. Denn egal wie teuer etwas für lokale Verhältnisse sein mochte, für mich war es immer noch spottbillig gewesen. Ich war selbst oft mit der gleichen Nonchalance in ein Taxi gestiegen und hatte am Ende der Fahrt eine

Summe ausgegeben, die für den Fahrer selbst unbezahlbar gewesen wäre. Und wenn ich doch mal einen Moment des Unwohlseins verspürte, reichte es, die Summe in D-Mark oder Euro umzurechnen, um mir klarzumachen, dass es nichts war.

Offenbar war es für meine Gastgeber in Venedig genauso. Auch eine Restaurantrechnung über 1700 Euro oder eine Taxifahrt zu 120 Euro waren Peanuts für sie. Und ja, ich kannte sie gut genug, um zu wissen, dass sie beide – das Geburtstagskind und ihr Partner – Multimillionäre sind. Insofern ergab es Sinn, dass die Verhältnismäßigkeit eine ähnliche war: mein finanzieller Wohlstand im Vergleich zu einem durchschnittlichen Asiaten und ihrer in der Hauptstadt der Nepperei Venedig.

Wer ist hier eigentlich reich?

Der Schlüsselmoment kam für mich jedoch am Geburtstagsabend selbst. Wir hatten uns natürlich in Schale geschmissen. Ich trug das einzige Outfit, das ich besaß, von dem ich hoffte, es würde in dem edlen Restaurant nicht schäbig aussehen. Das Geburtstagskind ließ sich von uns beraten, welcher der unzähligen Designerfummel, die sie sich gerade in Mailand zugelegt hatte, ihr am besten stand. Sie war mit mehreren gigantischen Koffern angereist, die sie sich laut ihrem Partner extra zugelegt hatte, um ihre Einkäufe zu verstauen. Die anderen Geburtstagsgäste lagen irgendwo zwischen diesen beiden Extremen.

Wir stiegen in das Wassertaxi, das vor dem Palazzo auf uns wartete, und glitten schon bald auf Ledersitzen durch den festlich beleuchteten Canal Grande. Ein kurzer Abstecher in das Hotel, in dem George Clooney seine Amal geheiratet hat, um einen Tisch für den kommenden Abend zu reservieren, und dann weiter hinaus in die Lagune.

Unser Ziel war ein Restaurant auf einer der Inseln, mit Blick auf den Markusplatz. Als wir in die Lagune hinausfuhren, wurde es plötzlich still an Bord. Das aufgeregte Geschnatter legte sich, alle blickten wie gebannt auf das Wasser. Als ich ihren Blicken folgte, um herauszufinden, was sie so faszinierte, entdeckte ich eine gigantische Jacht. Es war keine gewöhnliche Luxusjacht. Sie war mindestens so groß wie ein Einfamilienhaus, und man konnte nur erahnen, welch unvorstellbaren Luxus sie in ihrem Inneren bieten mochte. Ich blickte von der Jacht in die Gesichter meiner Reisegefährten und wieder zurück. In ihren Blicken las ich Neid, Sehnsucht, Ehrfurcht, Scham, Anerkennung.

Und mir wurde schlagartig bewusst: In Anbetracht dieser Jacht, die selbst für meine gut betuchten Gastgeber völlig unerschwinglich war, fühlten sie sich arm. In ihren Augen waren sie selbst nicht reich. Es war für sie normal, Geburtstag so zu feiern. Nein, es war nicht normal, es war sogar bescheiden. Denn zu ihrem Vierzigsten hatte meine Freundin mich noch mit mehreren Dutzend Freunden und Bekannten auf eine einwöchige Fünfsternesafari nach Afrika eingeladen, inklusive Flug und allem Drum und Dran. Es war für sie normal, alles von der Speisekarte zu bestellen, nur um es mal zu probieren. Es war für sie normal, die Designerboutiquen in Mailand leerzukaufen und mehrere große Koffer damit zu füllen, die sie sich extra dafür zulegen musste. Reich fühlte sie sich deshalb nicht. Reich waren die Besitzer dieser Jacht. Das waren die Menschen, die es wirklich geschafft hatten.

Der unlöschbare Durst

Mich berührte dieser Moment so tief, weil er wie ein Spiegel war, in den ich unversehens blickte. Ich sah darin die ganze Menschheit. Der Blick in den Gesichtern meiner Mitreisenden war der gleiche Blick, den ich unzählige Male in den Gesichtern von Menschen in Indien oder Indonesien gesehen hatte. Ein Blick, den ich nie wirklich verstanden hatte, der jedoch immer eine unbestimmte Scham in mir auslöste. Dieser Blick sagte: »Du bist so unermesslich reich, du lebst in so einem Überfluss, dass ich mich in deiner Anwesenheit arm und unzulänglich fühle. Ich kann mir nicht einmal ansatzweise vorstellen, wie es sein muss, so sorglos zu sein. Ich kann noch nicht einmal erahnen, was es heißt, auch nur einen Tag in solcher Unbekümmertheit zu leben.«

Unwillkürlich stellte ich mir die Frage, auf wen die Menschen dieser Jacht wohl mit dieser seltsamen Mischung aus Neid, Scham und Anerkennung blickten. Sicher gab es auch für sie jemanden, der wirklich reich war, der ihre Normalität weit in den Schatten stellte, der ihre Jacht bescheiden aussehen ließ. Jemanden, der ihren Reichtum relativierte, genau wie meine Gastgeber den meinen oder ich den eines Taxifahrers in Indien. Und es ließ mich noch einmal auf einer viel tieferen Ebene verstehen, warum so viele Menschen in diesem System offenbar nie genug haben: Es gibt immer jemanden, der mehr hat. Und solange wir Reichtum monetär definieren, gibt es immer eine weitere Ebene, die gerade außerhalb unserer Reichweite liegt. Diese können wir von unserer Position auf der gesellschaftlichen Skala gerade noch sehen.

Für mich waren meine Gastgeber sehr reich. Mir war zwar intellektuell klar gewesen, dass es Leute gab, die noch viel reicher waren, aber erst in jenem Moment begriff ich die volle Tragweite dieser Tatsache. Ein Taxifahrer in Indien ist für dortige Verhältnisse sehr gut situiert. Sogar ein Fahrradrikschafahrer gilt für viele andere als richtig wohlhabend. Jeder blickt immer zum nächsten, weil er dessen Reichtum gerade noch ansatzweise erfassen kann.

Ich habe in Venedig eine Ahnung bekommen, wie es sich anfühlt, Multimillionär in Venedig zu sein. Es fühlt sich genau so an, wie ein durchschnittlicher Europäer in Indien zu sein. Doch wie es sich anfühlt, diese Jacht zu besitzen, kann ich nicht erahnen. Es liegt jenseits meines Vorstellungsvermögens, weil es so weit von meiner Realität entfernt ist. Genauso würde ein Taxifahrer in Indien keinen Unterschied zwischen mir und meinen Gastgebern erkennen können.

Mir kam eine Szene aus meiner Kindheit auf Bali in den Sinn. Als mein Großvater eines Tages aus Deutschland zu einem Besuch anreiste, wurde schon bald hinter seinem Rücken fasziniert getuschelt. Als ich genau hinhörte, schnappte ich immer wieder zwei Worte auf: »gemuk« und »kaya«. »Gemuk« bedeutet »dick«, »kaya« bedeutet »reich«. Für unsere Verhältnisse war mein Opa keinesfalls dick. Und natürlich hätte es ihn verletzt, wenn er verstanden hätte, was meine balinesischen Freunde über ihn sagten. Er sah wie ein ganz normaler deutscher Rentner aus. Für die einfache Dorfbevölkerung auf Bali war er jedoch dick, und damals war das dort noch ein Zeichen von Wohlstand. Nur ein reicher Mensch konnte so viel essen, dass er dick wurde. Deshalb war es auch nicht als Beleidigung gemeint, wenn sie ihn dick nannten. Es war anerkennend gemeint, als würde man jemandem bei uns ein Kompliment für ein tolles Auto machen. Anders ausgedrückt: Übergewicht war ein Statussymbol.

Wie viel ist genug?

Als sich die Weltelite im Januar 2019 zum Weltwirtschaftsforum in Davos versammelte, verschickte Bill Gates einen Tweet mit Infografiken. In bunten Farben waren darauf mehrere Kurven zu sehen. Gut gelaunt kommentierte Gates: »Viele Leute unterschätzen, wie sehr sich das Leben in den letzten zweihundert Jahren verbessert hat.«[18] Besonders beeindruckend ist die erste Grafik, laut der vor zweihundert Jahren noch 94 Prozent der Weltbevölkerung ihre Grundbedürfnisse nicht decken konnten, während es heute nur noch 10 Prozent sind.

Wow! Das hört sich doch wirklich fantastisch an, oder? In Anbetracht einer so überwältigend positiven Entwicklung verbietet sich doch jede Kritik an unserem wachstumsorientierten Kurs. Denn wie kann man etwas kritisieren, das 84 Prozent der Weltbevölkerung aus existenzbedrohender Armut befreit hat? Wie kann man sich da beschweren, dass sich die Umweltprobleme zuspitzen oder psychische Krankheiten zunehmen – wollen wir etwa wieder dahin zurück, wo wir alle nichts zu essen hatten?

Leider halten die von Gates zitierten Zahlen einer genaueren Untersuchung nicht stand. Sie beinhalten gleich drei gravierende

Probleme. Erstens gibt es erst seit 1981 verlässliche Daten über Armut. Alles, was davor war, ist daher lückenhaft und spekulativ. Zweitens missachtet die Statistik den Umstand, dass vor zweihundert Jahren die meisten Menschen den Großteil ihrer Bedürfnisse fast ohne Geld decken konnten. Wie viel Geld sie pro Tag zur Verfügung hatten, ist also ein komplett falscher Indikator von Armut. Der steigende Geldverbrauch der Menschen beschreibt einen Prozess wachsender Abhängigkeit von Geld und vom industriellen System – nicht von sinkender Armut. Dr. Jason Hickel von der University of London formuliert es noch krasser. Laut seiner Analyse zeigen die Daten, »dass die Welt sich von einer Situation, in der der Großteil der Menschheit gar kein Geld brauchte, dahingehend entwickelt hat, dass heute der Großteil der Menschheit darum kämpft, mittels extrem kleiner Geldsummen zu überleben. Die Grafik stellt dies als einen Rückgang der Armut dar, doch in Wirklichkeit vollzog sich ein Prozess der Enteignung, der Menschen in das kapitalistische Arbeitssystem gezwungen hat.«[19]

Doch das Hauptproblem an den Daten ist: Die Armutsgrenze ist lächerlich niedrig angesetzt. Sie liegt derzeit bei 1,90 US-Dollar pro Tag. »Ist doch nicht so schlimm«, denkst du dir jetzt vielleicht, »in den Entwicklungsländern kann man ja für 1,90 Dollar viel mehr kaufen als bei uns.« Ja, das dachte ich auch, als ich diese Zahlen im Report der Weltbank das erste Mal las. Wahrscheinlich denkt das fast jeder, der das liest. Sonst würden diese Zahlen nicht überall als Erfolgsgeschichte zitiert. Aber weißt du was? Es sind nicht 1,90 US-Dollar in Bangladesch oder in Nigeria gemeint, sondern das Kaufkraftäquivalent zu 1,90 Dollar in den USA. Kaufkraftäquivalent bedeutet: so viel, wie man in den USA von 1,90 Dollar kaufen kann. Das ist der Standard, der dann weltweit angesetzt wird. Davon kann man laut den Herren bei der Weltbank angeblich halbwegs über die Runden kommen. Zur Orientierung für alle, die nicht regelmäßig über den Großen Teich jetten: Man kann in den USA von 1,90 Dollar etwa so viel kaufen wie bei uns für 1,90 Euro.

Man muss kein Ökonom sein, um zu sehen, dass diese Rechnung einen Haken hat und wo dieser liegt. Auch ein Multimilliardär wie Bill Gates müsste wissen, dass das nicht annähernd genug ist. Aber vielleicht ist er ja in die gleiche Denkfalle getappt wie wir, wer weiß? Wie dem auch sei: Was passiert, wenn wir eine Armutsgrenze ansetzen, die etwas realistischer ist? Experten wie der Harvard-Ökonom Lant Pritchett meinen, dass eine realistische Armutsgrenze bei 10 oder sogar 15 US-Dollar pro Tag liegen müsste. Doch selbst wenn wir nur 7,40 US-Dollar pro Tag ansetzen – eine Zahl, auf die sich die meisten Expertinnen und Experten als absolutes Minimum einigen können –, zeigt sich ein komplett anderes Bild, als Gates in seiner bunten Grafik fröhlich tweetet. Die Anzahl der Menschen, die in absoluter Armut leben, ist seit Beginn der Erhebungen 1981 dramatisch angestiegen und lag 2019 etwa bei 4,2 Milliarden. Wenn man den Anstieg der Weltbevölkerung in diesem Zeitraum mitberücksichtigt, dann zeigt sich, dass der Anteil jener Menschen, die tagtäglich um ihr Überleben kämpfen und weniger als das Kaufkraftäquivalent von 7,40 US-Dollar zur Verfügung haben, bei 60 Prozent der Weltbevölkerung stagniert. Ich will, ehrlich gesagt, gar nicht wissen, wie es aussieht, wenn man die 10 oder 15 US-Dollar ansetzt, die ich genau wie Lant Pritchett für deutlich realistischer halte. Oder findest du umgerechnet circa 300 Euro pro Monat übertrieben?

Ich weiß nicht, wie es dir geht, wenn du das liest. Für mich war es sehr schwer, diese Tatsache an mich heranzulassen. Das ganze Gebilde von der schönen, neuen Welt, die wir dank technologischem Fortschritt, Bildung für alle und wirtschaftlicher Entwicklung erschaffen, stürzte in sich zusammen. Klar, denkt man gemeinhin, die Reichen werden immer reicher, und die Umwelt leidet – aber zumindest wird das Leid der Ärmsten gelindert; zumindest steigt der Lebensstandard für diejenigen, die es dringend brauchen. Als mir klar wurde, dass auch das nicht der Fall ist, verlor unser derzeitiger Wachstumskurs für mich jede Legitimation. Denn wenn es uns Privilegierten dabei nicht gut geht, die Ökosysteme kollabieren und noch nicht einmal materieller Wohlstand für diejenigen geschaffen wird, die es wirklich benötigen – wofür machen wir das dann alles?

Das Problem der relativen Armut

Unabhängig davon, wo wir die sogenannte Armutsgrenze ansetzen, bei 1,90 oder bei 10 US-Dollar: Armut ist weit mehr als ein materielles Thema. Deshalb leiden Menschen auch dann unter Armut, wenn für ihre materiellen Grundbedürfnisse gesorgt ist. Man spricht in diesem Fall nicht mehr von absoluter, sondern von relativer Armut. Dieses Verständnis von Armut ist vor allem in reichen Industrienationen von Bedeutung, wo inzwischen nur noch sehr wenige Menschen von absoluter Armut betroffen sind.

Relative Armut definiert sich immer im Verhältnis zum Lebensstandard des jeweiligen Landes. In der EU beginnt sie bei 60 Prozent oder weniger des mittleren Einkommens. Und das Thema der relativen Armut liefert einen wichtigen Hinweis darauf, warum es uns trotz unseres Wohlstands nicht so gut geht, wie eigentlich zu erwarten wäre. Denn Armut geht uns alle an, auch wenn wir selbst scheinbar nicht darunter leiden.

Um das Problem der relativen Armut zu verstehen, müssen wir uns genauer mit dem Erleben der Betroffenen beschäftigen. Besonders beeindruckt haben mich in diesem Zusammenhang die Ergebnisse einer internationalen Untersuchung aus dem Jahr 2013.[20] Dafür wurden von Armut betroffene Erwachsene und Kinder in sieben Ländern befragt: Pakistan, Südkorea, Großbritannien, Norwegen, ländliche Gegenden von Uganda und Indien, sowie Stadtbewohner in China. Es handelte sich also um eine Mischung aus Industrienationen, Agrargesellschaften und Schwellenländern.

Die materiellen Bedingungen, unter denen die befragten Menschen lebten, unterschieden sich stark voneinander. In Indien lebten sie beispielsweise in kleinen Wellblechhütten mit ein bis zwei Räumen und einem gestampften Lehmboden. Sie kochten draußen, hatten keinen Zugang zu sanitären Anlagen und bezogen ihr Wasser aus einem gemeinschaftlich genutzten Wasserhahn. In Uganda war es ähnlich, nur dass ihre grasbedeckten Hütten oft keinen richtigen Schutz gegen die Witterung boten und sie noch nicht einmal Zugang zu sauberem Wasser hatten. In Großbritannien und Norwegen hingegen lebten die meisten Befragten in Häusern oder Wohnungen mit vier Zimmern. Sie hatten warmes und kaltes Wasser, Strom, Heizung, Küche und Badezimmer. Da sie größtenteils arbeitslos waren, bezogen sie Sozialhilfe, waren also angemessen mit Essen und Kleidung versorgt.

Doch trotz dieser massiven Unterschiede war die subjektive Erfahrung von Armut verblüffend ähnlich. Obwohl die Forscher bewusst Begriffe wie »Armut« und »Scham« vermieden, um die Befragten nicht zu beeinflussen, zeigte sich in allen sieben Ländern ein ähnliches psychologisches Muster. Alle »verachteten Armut, und viele verachteten sich selbst für ihre Armut. Kinder verachteten oft ihre Eltern, Frauen ihre Männer, und es hieß, dass einige Männer ihren Selbsthass an ihren Partnerinnen und Kindern ausließen. Obwohl die Befragten allgemein der Ansicht waren, entgegen allen Widrigkeiten ihr Bestes getan zu haben, betrachteten sich die meisten wegen ihrer Armut als Versager und waren der Meinung, dass andere sie als solche wahrnahmen.«[21] Armut ist demnach, vor allem in reichen Industrienationen, kein materielles, sondern ein psychologisches, soziales und relatives Phänomen. Sie beschreibt einen sozialen Status. Und sie bestimmt, wie Menschen sich selbst sehen und nach welchen Maßstäben sie sich selbst bewerten.

Wir können diese Thematik auf unser eigenes Leben übertragen, indem wir uns fragen, ob wir zu viel oder zu wenig haben. Oder ob es genau richtig ist. Das hängt von unserer persönlichen Definition von »genug« ab. Blicken wir eher nach unten oder nach oben? Und was würde geschehen, wenn wir unsere eigene Definition von »genug« so ändern, dass wir schon jetzt reich sind – wir also auf materieller Ebene mehr als genug haben?

Von langen und kurzen Leitern

Um zu verstehen, was das alles mit dir und mir zu tun hat, möchte ich an dieser Stelle erneut die Arbeit von den bereits erwähnten Professoren Kate Pickett und Richard Wilkinson aufgreifen. Laut ihren Erhebungen ist es nicht nur so, dass relative Armut schlimm ist. Sie ist vor allem dann schlimm, wenn die Ungleichheit in der Gesellschaft besonders groß ist. Diese Ungleichheit hat in den Industrienationen seit den 1970er-Jahren stark zugenommen. 2014 befand sie sich auf einem Niveau, das es seit den 1920er-Jahren nicht gegeben hatte, und seitdem ist die Situation in keiner Weise besser geworden. Diese Veränderungen waren übrigens keinesfalls zufällig.

Es ist ein erstaunlich gut gehütetes Geheimnis, dass nach der Weltwirtschaftskrise 1929 die Spitzensteuersätze in vielen Ländern auf ein Niveau angehoben wurden, das weit über allem liegt, was wir heute kennen. In den USA steigerte Präsident Franklin D. Roosevelt im Laufe der 1930er-Jahre den Steuersatz für Topverdiener schrittweise von 25 auf 91 Prozent. Nach Kriegseintritt 1942 beantragte er im Kongress sogar eine Erhöhung auf 100 Prozent für Einkommen über 25000 US-Dollar. Das entspricht einem heutigen Jahreseinkommen von etwa einer Million US-Dollar. Seine Begründung: Die Ungleichheit müsste reduziert werden, um den gesellschaftlichen Zusammenhalt zu gewährleisten. Der Antrag wurde als zu radikal abgelehnt, der Spitzensteuersatz auf »nur« 94 Prozent festgelegt. In Deutschland waren es 70 Prozent.[22]

Seit den 1970er-Jahren wurden die Spitzensteuersätze weltweit wieder gesenkt. Heute zahlt ein Milliardär in den USA weniger Steuern als seine Sekretärin.[23] Dieses Vorgehen wurde damit gerechtfertigt, dass Steuererleichterungen es den Reichen ermöglichen würden, die Gewinne so zu investieren, dass auch die Armen davon etwas abbekommen. Diese Rechnung ist offenbar nicht aufgegangen, auch wenn Bill Gates das aus naheliegenden Gründen lieber anders darstellt.

Je größer die Ungleichheit, desto länger ist, bildlich gesprochen, die soziale Stufenleiter. Je länger sie ist, desto schlimmer ist es, auf dieser weiter unten zu stehen. Und zwar nicht nur dahingehend, dass es sich richtig mies anfühlt, sondern es lässt sich auch in Form von unzähligen Indikatoren messen: Übergewicht, Gewalt, Drogen- und Alkoholmissbrauch, psychische Erkrankungen, Lebenserwartung, um nur ein paar Beispiele zu nennen.[24]

Doch das ist längst nicht alles: Egal wo du dich auf dieser sozialen Stufenleiter befindest – je länger sie ist, desto schlechter geht es dir. Ja, auch wenn du ganz oben oder irgendwo in der Mitte bist. Der psychologische Mechanismus dahinter heißt Statusangst. Statusangst ist die Angst, von anderen als minderwertig betrachtet zu werden. Logisch, dass diese Angst am unteren Ende der Leiter ausgeprägter ist als weiter oben.[25] Genau das haben ja die befragten Frauen, Männer und Kinder beschrieben, egal ob sie in einer Wellblechhütte in Indien, einer Lehmhütte in Uganda oder einem Haus in Norwegen lebten. Doch tatsächlich betrifft diese Angst alle Menschen, egal auf welcher Stufe der Leiter sie stehen. Und sie wird immer schlimmer, je länger diese Leiter ist, also je größer die Ungleichheit. Sie ist unter den Reichsten einer Gesellschaft mit hoher Ungleichheit fast so stark ausgeprägt wie unter den Armen einer Gesellschaft mit geringer Ungleichheit. Das liegt daran, dass für das menschliche Wohlbefinden der Vergleich mit anderen eine große Rolle spielt. Da in ungleichen Gesellschaften die soziale Stufenleiter bildlich gesprochen länger ist, bekommt der vergleichende Blick eine zusätzliche Dramatik. Wohlhabende in einer ungleichen Gesellschaft wissen um die große Fallhöhe, die ihnen potenziell droht. Eine lange Leiter bedeutet größere Abstände zwischen den Menschen, eine kurze kleinere Abstände. Je länger die Leiter, desto wichtiger ist es, wo du landest. Das erhöht die Angst und den Druck, den eigenen Status zu halten oder nach Möglichkeit sogar noch zu verbessern, um der Gefahr, weiter unten zu landen, entgegenzuwirken.

Die soziale Rolltreppe

Den eigenen Status zu halten oder zu verbessern bedeutet natürlich nicht nur, finanziell gut dazustehen, auch wenn das eine wichtige Komponente ist. Es erstreckt sich auf alle Lebensbereiche: welche Kleidung wir tragen, wie wir uns ausdrücken, welchen Hobbys wir nachgehen, wie sehr wir dem gängigen Schönheitsideal entsprechen, wo wir leben, mit wem wir befreundet sind, welche Ausbildung wir durchlaufen haben, wie wir uns ernähren, welche Schule unsere Kinder besuchen, welchen Beruf wir ausüben, welches Auto wir fahren, welche Kleidermarken wir tragen und so weiter und so fort. Dauerstress ist vorprogrammiert.

Der Turbokapitalismus hat diesen Dauerstress in einen Druck übersetzt, ständig zu konsumieren. Wer seinen Status halten will, muss alle paar Jahre das Auto gegen ein neueres ersetzen, genauso das Smartphone. Die Modeindustrie wechselt ständig die angesagten Farben und Schnitte, um uns dazu zu zwingen, die Garderobe zu erneuern, bevor sie abgetragen ist – am besten vier Mal im Jahr. Wer nicht mitzieht, wird gleich erkannt. Diese Masche wurde in den letzten Jahren auch zunehmend auf die Inneneinrichtung ausgeweitet. Wer wie ich vorzugsweise gebraucht im Internet einkauft, stößt dort regelmäßig auf Inserate von Menschen, die alle paar Jahre ihre gesamte, noch neuwertige Einrichtung austauschen. Den eigenen Status zu halten ist eine Sisyphusarbeit. Sie gleicht der Anstrengung, eine Rolltreppe gegen die Fahrtrichtung hochzulaufen. Bleibst du stehen, fällst du zurück. Status ist heute alles andere als statisch – oder?

Mythos Meritokratie und soziale Mobilität

Während in dem balinesischen Dorf meiner Kindheit mit seinem hinduistischen Kastensystem oder im Ständesystem des europäischen Mittelalters Status tatsächlich etwas Statisches war, gilt heute bei uns das Ideal eines dynamischen Status. Soziale Mobilität beschreibt die Chance, in einer Gesellschaft aufzusteigen; Kindern soll es möglich sein, einen besseren sozialen Status zu erlangen als den ihrer Eltern. Dahinter steckt ein Gerechtigkeitsgedanke: Jeder soll sich seinen Platz in der Gesellschaft selbst erarbeiten können. Es ist natürlich hochgradig ungerecht, wenn man einfach in einen bestimmten Stand oder eine bestimmte Kaste hineingeboren wurde und sein Leben lang darunter leidet oder davon profitiert.

Leider haben wir heute eine noch ungünstigere Situation als im mittelalterlichen Ständesystem, zumindest psychologisch gesehen. Wir leben in der Illusion einer Meritokratie, also einer Gesellschaft, in der man sich seinen Status verdient. In Wirklichkeit ist es aber so, dass Status auch bei uns primär durch das Elternhaus definiert wird. Das Bildungssystem sortiert die Schüler mit erschreckender Zuverlässigkeit in genau jene soziale Klasse ein, in die sie hineingeboren wurden. Auch dieser Mechanismus spitzt sich mit steigender Ungleichheit in einer Gesellschaft zu. Der amerikanische Traum, vom Tellerwäscher zum Millionär, suggeriert jedoch, dass der Einzelne für seinen eigenen Status verantwortlich ist. Jeder Tellerwäscher, der es nicht zum Millionär bringt, ist nach dieser Logik selber schuld. Jeder, der es in unserem Bildungssystem nicht schafft, Abitur zu machen oder ein Studium abzuschließen, hat es offenbar nicht verdient, eine hohe gesellschaftliche Stellung zu ergattern. Hätte er sich halt mehr anstrengen sollen. Oder es schlauer anstellen müssen. Und es führt dazu, dass sich diejenigen, die weiter oben sind, tatsächlich für etwas Besseres halten. Sie glauben, den eigenen Status verdient zu haben, auch wenn das nicht der Fall ist.

Statusangst, Minderwertigkeitsgefühle und Narzissmus

Die Überzeugung, etwas Besseres zu sein, ist neben Minderwertigkeitskomplexen eine zweite, weit verbreitete Reaktion auf starke Ungleichheit in einer Gesellschaft. Narzisstische Züge nehmen zu und damit das Bedürfnis, die eigene Bedeutung hochzuspielen. Diese krankhafte Selbstverliebtheit ist kein Zeichen eines gesunden Selbstbewusstseins, sondern das genaue Gegenteil. Darunter liegt ebenfalls ein Gefühl von Minderwertigkeit.

Menschen mit narzisstischen Zügen fehlt es an Mitgefühl, sie verleugnen ihre Schwächen, reagieren schlecht auf Kritik und sind übermäßig mit sich selbst, mit ihrem Erfolg und mit ihrer Wirkung auf andere beschäftigt. Und genau diese Züge steigen mit wachsender Ungleichheit einer Gesellschaft, vor allem auf den oberen Stufen der Leiter. Genau diese Züge waren auch unter meinen amerikanischen Mitschülern sehr ausgeprägt. Sie galten jedoch als so normal, dass sie gar nicht als krank erkannt wurden. Es gab kein Bewusstsein dafür, dass diese narzisstischen Züge die Kehrseite von Depressionen sind, die damals schon ein gravierendes gesellschaftliches Problem darstellten.

Zunehmende Ungleichheit und der damit einhergehende Anstieg von Statusangst, Minderwertigkeitsgefühlen und Narzissmus führen zu einer Gesellschaft, in der Schein wichtiger ist als Sein. All das führt zu einem sozialen Klima, in dem die Anstrengungen, einem bestimmten Bild zu entsprechen, zunehmen und es immer riskanter wird, einfach man selbst zu sein. Die sogenannte Gefahr der sozialen Bewertung führt nachweislich zu sehr hohen Stresspegeln. Das hat zur Folge, dass Menschen den Kontakt zu anderen als sehr anstrengend empfinden und sich immer mehr zurückziehen. Das Gefühl, ausgeschlossen zu sein, aktiviert jedoch die gleichen Gehirnregionen wie körperlicher Schmerz. Wie wir es machen, ist es verkehrt.

Der soziale Überlebenskampf

In den reichen Industrienationen ist der physische Überlebenskampf für die allermeisten Menschen kein Thema mehr. Essen, Kleidung und ein Dach über dem Kopf sind für fast jeden eine Selbstverständlichkeit. Umso tragischer ist es, dass wir den physischen Überlebenskampf offenbar gegen einen sozialen Überlebenskampf eingetauscht haben. Statt uns daran zu freuen, dass es uns heute möglich ist, unsere elementarsten Bedürfnisse mit relativ geringer Anstrengung abzudecken, haben wir uns in einen endlosen Kampf verstrickt, den wir nie gewinnen können.

Eine mögliche Gegenstrategie besteht darin, diesen sozialen Überlebenskampf im eigenen Leben bewusster wahrzunehmen. Wie viel von unserer Zeit und Energie investieren wir in Tätigkeiten, die primär dazu dienen, unseren sozialen Status zu sichern, zu erhöhen oder zu demonstrieren? Welche Tätigkeiten dienen möglicherweise diesem Zweck? Das »möglicherweise« hilft uns, den Blick zu schärfen und eventuelle Ausreden zu umgehen. Nur wenn wir uns ausreichend Zeit geben, den verletzlichen Gefühlen unter unseren Strategien zu begegnen, haben wir eine Chance, dem endlosen Kampf zu entkommen. Wonach sehnen wir uns wirklich? Ist es Anerkennung, Zugehörigkeit, Sicherheit, Liebe, Geborgenheit oder etwas ganz anderes? Wie wäre es, wenn wir uns diesen Bedürfnissen direkt zuwenden würden?

Es ist nicht einfach, diese Fragen ehrlich zu beantworten. Wir alle haben Strategien, um den sozialen Überlebenskampf vor uns selbst zu rechtfertigen oder zu verbergen. Wir sagen beispielsweise, dass wir einfach gerne in dem schicken Szeneviertel leben oder dass der anspruchsvolle Job uns Spaß macht. Wenn wir viel im Fitnessstudio sind, um dem gängigen Schönheitsideal zu entsprechen, ist es viel angenehmer zu sagen, dass wir etwas für unsere Gesundheit tun. Genauso behaupten die meisten Menschen, die eine Diät machen, dass sie dies nur tun, um sich in ihrem Körper wohler zu fühlen. Und Sportwagenfahrer geben an, dass ihnen der

Flitzer halt Spaß macht und überhaupt nichts mit Status zu tun hat. Die Fashionista hat einfach eine Leidenschaft für Mode. Wir räumen unsere Wohnung auf, bevor Besuch kommt, damit sich dieser wohlfühlt und nicht, um einen besseren Eindruck auf die Person zu machen. Und so weiter und so fort.

Ich sage nicht, dass diese Gründe gänzlich unwahr sind. Doch sie sind eben nur ein Teil der Wahrheit. Der zweite Teil, den wir sehr gerne vor uns selbst und anderen verbergen, ist der Aspekt des sozialen Überlebens. Dieser ist sehr schambehaftet, denn darin verbergen sich sehr oft Gefühle von Minderwertigkeit und fehlender Zugehörigkeit. Auf dieser tieferen Ebene dient jede der erwähnten Tätigkeiten in irgendeiner Weise dem Bestreben, gut genug zu sein oder zu bleiben, und ist daher mit Stress verbunden. Die unbewusste Überzeugung lautet, dass wir ohne diese Anstrengungen minderwertig sind oder dass unsere Zugehörigkeit infrage steht.

3
Wohl-Stand

Wohlstand ist ein wunderbares Wort. Ein Begriff, bei dem einem eigentlich ganz wohl werden müsste. Doch offenbar führt unser Wohlstand nicht nur bei unzähligen Menschen, Tieren und Pflanzen zu unfassbarem Leid. Wie das letzte Kapitel deutlich gemacht hat, fühlen wir uns zunehmend unwohl mit unserem (Zu-)Stand. Er ist also genau genommen ein Unwohlstand geworden, beziehungsweise er hat sich als falscher Wohlstand enttarnt. Ein echter Wohl-Stand wäre ein (Zu-)Stand, bei dem es nicht nur uns selbst und unseren Mitmenschen wirklich gut geht, sondern auch allen anderen Lebewesen auf unserem Planeten.

Was wie eine Utopie anmutet, scheint lange Zeit für viele Menschen Normalität gewesen zu sein. Eine sehr schöne Dokumentation einer solchen Normalität sind die Filme und Bücher der schwedischen Sprachforscherin Helena Norberg-Hodge. Sie hat seit den 1970er-Jahren sehr viel Zeit in Ladakh verbracht, einem Hochland im Norden Indiens, das auch als *Little Tibet* bekannt ist. Es wurde ihre zweite Heimat. Als sie Ladakh kennenlernte, war die traditionelle Lebensweise noch komplett intakt. Norberg-Hodge lernte eine Gesellschaft kennen, in der es keine Arbeitslosigkeit, keine Armut, keine Kriminalität und keine Umweltverschmutzung gab. Alle Menschen waren gut versorgt, und zwar nicht nur materiell, sondern auch spirituell, sozial und kulturell. Und die Menschen hatten Zeit. In den Filmen *Economics of Happiness* und *Ancient Futures* sieht man Gesichter, wie ich sie aus dem Bali meiner Kindheit kenne. Junge Gesichter, alte Gesichter, die von innen leuchten und bei denen man unmittelbar weiß: So sehen glückliche Menschen aus.

In ihren zahlreichen Veröffentlichungen schildert die Aktivistin, wie sich die traditionelle Lebensweise der Ladakhis durch den

Kontakt mit der globalisierten Massenkultur verändert hat. Im Zeitraffer erlebte Norberg-Hodge, wie in dieser entlegenen Bergregion auf über 3000 Meter Höhe Probleme auftauchten, wie wir sie aus unseren Breitengraden nur allzu gut kennen: Arbeitslosigkeit, Umweltverschmutzung, Wassermangel, Armut, Zeitmangel, gewaltsame Auseinandersetzungen zwischen verschiedenen religiösen Gruppierungen, die zuvor über Jahrhunderte friedlich zusammengelebt hatten, um nur einige Beispiele zu nennen. Ich werde mich im Laufe des Buches immer wieder auf Norberg-Hodges Schilderungen beziehen, da sie sich auf verblüffende Weise mit meinen eigenen Beobachtungen decken und uns konkrete Beispiele dafür liefern, was echter Wohlstand sein könnte.

Wie bei den Beispielen aus der balinesischen Kultur geht es mir nicht darum, die traditionelle Lebensweise zu idealisieren oder zu verschweigen, dass sie auch Nachteile im Vergleich zu unserer Lebensweise hatte. Auch Norberg-Hodge betont dies immer wieder. So war beispielsweise die Kindersterblichkeit in Ladakh früher ziemlich hoch. Die Häuser waren im Winter deutlich kälter, als wir es gewohnt sind. Doch dies allein genügt meines Erachtens nicht als Grund, die eindeutigen Vorteile komplett auszublenden. Nur wenn wir bereit sind, beides ehrlich zu betrachten – die Vor- und die Nachteile traditioneller sowie moderner Lebensweisen –, können wir uns kulturell so weiterentwickeln, dass wir beides optimal miteinander verbinden. Denn was nützen uns die Vorteile unserer modernen Entwicklung, wenn wir als Gesellschaft nicht zukunftsfähig sind und schon jetzt die negativen Auswirkungen nicht zu übersehen sind?

Qualität statt Quantität

Der Reichtum in traditionellen Kulturen ist, wie unsere Armut, in gewisser Weise unsichtbar. Es braucht Zeit, ihn wahrzunehmen. Er drängt sich nicht auf wie unsere schicken Einfamilienhäuser, unsere modernen Autos, unsere Hightech-Spielzeuge oder unsere

Designerklamotten. Er schreit nicht: »Schau, wie reich ich bin!« Doch er durchdringt jeden Lebensbereich, ist in jeder Handlung und in jedem Moment spürbar.

Sowohl unsere Armut als auch der Reichtum traditioneller Kulturen sind nicht messbar, da es sich nicht um quantitative Phänomene handelt, sondern um qualitative. Wir können ihn nicht in Zahlen beziffern. Oder könntest du in Euro ausdrücken, wie viel eine erfüllende Partnerschaft wert ist? Ein gesundes Kind? Ein weniger gesundes Kind? Dein Freundeskreis? Wie viel ist es wert, jeden Tag am Ufer eines sauberen Flusses an einer heiligen Quelle baden zu können, während die Kinder spielen und der neuste Dorftratsch ausgetauscht wird?

Bei monetärem Reichtum ist das natürlich ganz anders. Sonst könnten wir ja keine Ranglisten der reichsten Menschen der Welt erstellen. Dafür müssen alle Vermögenswerte in eine Einheit umgerechnet werden – irgendeine Währung. Immobilien, Aktien, sonstige Anteile an Unternehmen, Privatjets, Jachten und was der Mensch sonst noch so sein Eigentum nennt, werden nach diesem Wert bemessen und fließen in die Erhebung mit ein. Das ist natürlich gar nicht so einfach, da solche Bewertungen immer eine Unschärfe haben. In die Bewertung eines Unternehmens beispielsweise fließen Faktoren mit ein, die so schwer quantifizierbar sind wie meine oben aufgelisteten Werte. Bei Immobilien spricht man im Englischen gerne von einem »Million Dollar View« – obwohl ein Ausblick, wie ich ihn als Kind über die unendlichen Palmenwipfel genoss, natürlich unbezahlbar und auch nicht quantifizierbar ist.

Worauf ich hinausmöchte, ist Folgendes: Unsere Gewohnheit, Reichtum als etwas Messbares, Quantifizierbares zu betrachten, lässt uns sehr leicht das übersehen, was nicht messbar und nicht quantifizierbar ist. Um bei dem Beispiel der Rangliste zu bleiben: Sie liefert mir ausschließlich Informationen darüber, wie viele Werte dieser Mensch sein Eigentum nennt, die in Geld eintauschbar sind. Sie gibt mir keinerlei Auskunft darüber, wie viele Werte er in seinem Leben hat, die sich nicht in Geld eintauschen lassen.

Sie sind in dieser Erhebung unsichtbar. Es sind jedoch genau diese nicht eintauschbaren Werte – unsere Beziehungen, unsere Lebenszeit, unsere gelebten Talente –, die jenen inneren Wohlstand ausmachen, um den es in diesem Buch geht. Gerade weil sie nicht in Geld zu bemessen sind, sind sie so kostbar. Und genau deshalb werden sie in unserer Welt so oft von dem Messbaren, dem Konkreten, dem Monetarisierbaren vereinnahmt.

Ich bin mit diesen Beobachtungen nicht alleine. In den letzten Jahren sind eine wachsende Anzahl neuer Messsysteme entstanden, die Wohlstand jenseits von Geld beziffern wollen. Einige dieser Messsysteme wie das Well-Being Projekt der OECD versuchen, das sehr einseitige Bruttoinlandsprodukt (BIP) durch bessere Indikatoren für Wohlstand und Wohlergehen zu ergänzen oder gar zu ersetzen. Dort fließen dann Faktoren wie persönliche Zufriedenheit, Gesundheit, Sicherheit und soziale Verbindungen mit ein.[26] Andere neue Messsysteme wie die Gemeinwohlbilanz befassen sich mit Unternehmen und versuchen auch hier, Erfolg ganzheitlicher abzubilden. Ich finde diese Initiativen wichtig und werde im dritten Teil des Buches noch genauer darauf eingehen.

An dieser Stelle möchte ich jedoch eine Feststellung aufgreifen, die der amerikanische Kulturphilosoph Charles Eisenstein in seinem Buch *Ökonomie der Verbundenheit* ausführlich darlegt: Egal, was wir messen und wie viel wir messen, es wird immer Faktoren geben, die außen vor bleiben. Diese bleiben beim Messen gewissermaßen unsichtbar – genau wie unser BIP derzeit nicht abbildet, wie gut oder schlecht es den Menschen in einem Land tatsächlich geht; genau wie ein dickes Bankkonto davon ablenken kann, wie arm jemand ist. Und auch wenn es uns gelingt, immer komplexere Messsysteme zu entwickeln: Inwieweit ist das Wesentliche überhaupt messbar?

Was ist dir heilig?

Ich weiß nicht mehr, wie wir darauf kamen, aber eines Tages fragten meine Freunde und ich uns, wie viel wir unseren Eltern wohl wert wären. Es war eine Überlegung, die ohne Hintergedanken geschah, rein aus Neugier. Ich schätze, wir waren damals etwa sieben oder acht Jahre alt. Nachdem wir ein wenig über das Thema nachgedacht hatten, ohne eine zufriedenstellende Antwort zu finden, gingen wir zu unseren Müttern, die gerade in eines ihrer Endlosgespräche vertieft waren.

Wir fragten sie geradeheraus: »Für wie viel würdet ihr uns verkaufen?« Sie sahen uns verdutzt an, lachten und antworteten: »Wir würden euch gar nicht verkaufen.« Wir waren mit dieser Antwort nicht zufrieden, schließlich wollten wir ja wissen, wie viel wir ihnen wert wären. Also hakten wir nach: »Um keinen Preis der Welt?« Sie lachten wieder. Offenbar fanden sie unsere Frage absurd. »Natürlich nicht.« Wir waren immer noch nicht zufrieden. Vielleicht hatten sie uns nicht richtig verstanden. Also fragten wir erneut, machten es konkreter: »Auch nicht für eine Million Mark?« – eine Million war die größte Summe Geld, die wir uns damals vorstellen konnten. Es war unendlich viel. Wieder lachten unsere Mütter, strichen uns über den Kopf und beteuerten: »Nein, auch nicht für eine Million Mark.«

Jetzt waren wir verblüfft. Da wir jedoch merkten, dass wir hier nicht weiterkamen, überließen wir unsere Mütter wieder ihren Endlosgesprächen und machten uns vom Acker. Es war ein seltsames Gefühl der Beklommenheit in mir: So viel sollten wir ihnen wert sein? Ich weiß nicht, was ich erwartet hatte. Vermutlich wäre ich noch viel verdutzter gewesen, wenn meine Mutter mir ein Preisschild umgehängt hätte. Doch die Feststellung, dass wir unseren Eltern mehr als eine Million Mark wert sein sollten, löste ungläubiges Erstaunen in uns aus.

Ich habe erst viel später begriffen, was wir mit unserer Frage berührt hatten. Wir waren ganz unversehens in einen Bereich hineingestolpert, den ich heute als heilig bezeichnen würde. Nein, nicht im kirchlichen Sinne, sondern in einem sehr weltlichen. Unsere Eltern wollten uns um keinen Preis der Welt verkaufen, da wir ihnen heilig waren. Doch was ist das Heilige in dem Fall? Eisenstein definiert das Heilige in seinem Buch als das, was »einzigartig und verbunden« ist. Ich liebe diese Definition, und sie ist für mich ein Schlüssel, das Wesentliche in unserem Leben zu erkennen.

Was ist dir in deinem Leben heilig? Was ist unverkäuflich? Was ist einzigartig und verbunden? Ich werde dieses Thema und diese Fragen im Laufe dieses Buches immer wieder aufgreifen, denn es sind die nicht käuflichen Geschenke in unserem Leben, die echten Wohlstand ausmachen. Dieser Wohlstand ist daher nicht in Geld messbar und wird es nie sein. Das bedeutet natürlich nicht, dass es keine Indikatoren dafür gibt oder dass wir diesen keine Beachtung schenken sollen. Doch es bedeutet sehr wohl, dass unsere Fixierung auf Geld und auf das Messbare ein Hindernis für die Entwicklung von echtem Wohlstand ist.

Haben oder Sein

Unser bisheriges Verständnis von Wohlstand definiert sich stark über Besitz. Dieser ist zu einem gewissen Grad messbar, und er ist vor allem akkumulierbar. Wir können immer mehr und mehr davon anhäufen, wodurch wir uns Schrittchen für Schrittchen die soziale Stufenleiter hocharbeiten. Viele Menschen, die ihr Leben diesem Spiel widmen, merken erst viel zu spät, dass in den illustren Höhen dieser Leiter nicht das ersehnte Glück zu finden ist. Oft geschieht dies in der berühmten Midlife-Crisis, dann werden bisherige Lebensentwürfe und Zielsetzungen infrage gestellt.

Echter Wohlstand, der eben immer ein qualitativer Wohlstand ist, lässt sich weder messen noch akkumulieren. Wir können ihn nicht horten. Wir können uns nicht ein halbes Leben in irgendeinem sinnentleerten Job abrackern und dann die zweite Hälfte von dem angesparten Wohlstandskapital leben. Die zwanzig Jahre, die wir uns aus dem Bett gequält haben für eine Chefin, die wir nicht leiden können, für ein Unternehmensziel, hinter dem wir nicht stehen, oder einen Bonus, den wir eigentlich nicht brauchen, sind unwiederbringlich verloren.

Echter Wohlstand ist etwas, das wir lediglich *kultivieren* können, wie einen Garten. Er braucht Pflege, Wissen, Aufmerksamkeit, die richtigen Bedingungen und ganz viel Geduld. Hohe Ungleichheit in einer Gesellschaft oder auf einem Planeten und die damit einhergehende Fixierung auf Äußerlichkeiten, Materialismus und Status sind widrige Bedingungen für das Kultivieren eines solchen Gartens. Das ist wie in einer Wüste. Doch es ist möglich. Und je mehr wir uns mit anderen zusammentun, desto einfacher wird es, gemeinsam kleine Oasen entstehen zu lassen, in denen echter Wohlstand gedeihen kann.

Aber was ist eigentlich echter Wohlstand?

Bisher bin ich ziemlich ausführlich darauf eingegangen, warum ich unser herkömmliches Wohlstandsverständnis unzulänglich finde. Ich habe auch ausgeführt, dass es so etwas wie echten Wohlstand gibt und dass dieser vor allem qualitativ ist. Nun will ich näher definieren, was ich darunter verstehe. In diesem Buch werde ich mich auf fünf Dimensionen von echtem Wohlstand konzentrieren: Zeitwohlstand, Beziehungswohlstand, Kreativitätswohlstand, ökologischer Wohlstand und spiritueller Wohlstand.

Fünf Dimensionen von echtem Wohlstand

1. Zeitwohlstand
2. Beziehungswohlstand
3. Kreativitätswohlstand
4. ökologischer Wohlstand
5. spiritueller Wohlstand

Natürlich erhebe ich mit diesen fünf Kategorien keinen Anspruch auf Vollständigkeit. Sicher gibt es viele andere Möglichkeiten, echten Wohlstand zu beschreiben. Mir scheinen diese fünf Dimensionen jedoch ein guter Startpunkt zu sein, um ganz grundlegende Aspekte sichtbar zu machen, die in unserem bisherigen Wohlstandsverständnis fehlen. Im zweiten Teil des Buches werde ich sehr genau auf jede dieser Wohlstandsformen eingehen. An dieser Stelle möchte ich noch einige grundlegende Überlegungen zu dem Verhältnis zwischen dem alten, überholten Wohlstandsbegriff und dem neuen anstellen. Sie sind wichtig, da wir alle mehr oder weniger eingebunden sind in Strukturen, die sich stark an dem alten Wohlstandsbegriff orientieren. Wir alle sind innerlich und äußerlich von ihnen geprägt – durch unser Elternhaus oder durch die Gesellschaft, in der wir leben und die uns ständig nach diesen Maßstäben bewertet. Für den Zweck dieser Überlegungen ist es nicht notwendig, die einzelnen Dimensionen von echtem Wohlstand zu unterscheiden. Es genügt, echten, qualitativen Wohlstand von quantitativem Status-Wohlstand abzugrenzen.

Lebensqualität statt Status

Für unser Streben nach Status-Wohlstand habe ich bislang das Bild einer Leiter verwendet. Diese Leiter kann länger oder kürzer sein, je nachdem wie ausgeprägt die Ungleichheit in einem System ist. Wenn wir den gesamten Planeten als Referenzsystem nehmen, dann ist diese Leiter sehr, sehr lang. Ganz unten befinden sich jene 10 Prozent der Weltbevölkerung, die mit weniger als 1,90 US-Dollar Kaufkraftäquivalent pro Tag auskommen müssen. Darauf folgen weitere 50 Prozent, die auch heute noch, in diesem Moment, nicht genug haben, um ihre absoluten Grundbedürfnisse zu decken. Doch am unteren Ende befinden sich nicht nur Milliarden Menschen: Auch unzählige Tiere und Pflanzen kämpfen derzeit um ihr Überleben und verlieren diesen Kampf immer häufiger. Laut dem Weltbiodiversitätsrat sind in den kommenden Jahren und Jahrzehnten eine Million Arten vom Aussterben bedroht, sofern wir keinen Kurswechsel hinbekommen.[27] Von den 763 Millionen Säugetieren, die allein in Deutschland 2019 zum Verzehr geschlachtet wurden, ganz zu schweigen.[28]

Am oberen Ende der Leiter befindet sich jener kleine Kreis unermesslich Reicher, die unfassbare Summen ihr Eigentum nennen und mehr Ressourcen in ihren wenigen Händen konzentrieren, als es je zuvor in der Geschichte der Menschheit der Fall war. Ihr Reichtum ist in den letzten dreißig Jahren um 300 Prozent gestiegen, während der Besitz der ärmeren 50 Prozent der Weltbevölkerung unverändert blieb. Aktuell besitzen acht Männer so viel wie diese ärmere Hälfte der Menschheit. Zwischen diesen beiden Extremen liegt natürlich vor allem in materiell wohlhabenden Ländern die sogenannte Mittelschicht. Wenn die aktuellen Entwicklungen sich fortsetzen, werden im Jahr 2050 die oberen 0,1 Prozent so viel besitzen wie die gesamte globale Mittelschicht.[29] Mit anderen Worten: Die Leiter wird immer länger, die Abstände immer größer.

Nun möchte ich diesem Bild eine zweite Dimension hinzufügen, jene des echten Wohlstands, bestehend aus Beziehungswohlstand, Zeitwohlstand, kulturellem, ökologischem und spirituellem Wohlstand. Diese Formen von Wohlstand lassen sich, wie bereits ausführlich dargelegt, weder in Geld beziffern noch akkumulieren. Dennoch möchte ich sie an dieser Stelle grafisch darstellen und durch Balken zumindest andeuten, dass es Menschen gibt, die mehr echten Wohlstand in ihrem Leben kultiviert haben als andere. Um bei dem Bild des Gartens zu bleiben: Sie haben ihn kultiviert, dort wächst und gedeiht mehr als in einem anderen Garten, da er gesünder ist.

In der grafischen Darstellung habe ich bewusst völlig willkürliche Daten eingegeben. Ich hätte jede andere Zahl an jeder anderen Stelle eingeben können. Ich möchte damit einen Punkt aus dem ersten Kapitel noch einmal aufgreifen und vertiefen: Wo sich jemand auf der linken Skala, der sozialen Stufenleiter, befindet, sagt nichts darüber aus, wie viel echten Wohlstand er in seinem Leben hat. Jemand kann ganz oben stehen, wie unser Hedgefonds-Manager, und im Sinne von echtem Wohlstand arm sein, da all seine Zeit und Energie in das Erlangen und Erhalten von Status fließen. Jemand anderer steht möglicherweise ganz unten auf der Leiter, wie mein Freund Raphael Fellmer, ist aber im Hinblick auf echten Wohlstand ein reicher Mann. Genau wie meine Freundin Nyoman Siti. Als ich sie vor all den Jahren als kleines Mädchen kennenlernte, war sie trotz ihrer materiellen Armut in vielfacher Hinsicht reich.

Das Kultivieren von echtem Wohlstand braucht, wie bereits mehrfach erwähnt, Zeit und Energie. Der Druck in unserer Gesellschaft, Zeit und Energie in das Anhäufen von Materie und in Status zu investieren, ist sehr hoch. Auch in Kreisen, die sich vermeintlich davon befreit haben oder sogar offen dagegen rebellieren. In spirituellen Kreisen wird das Streben nach materiellem Status dann oft durch das Streben nach spirituellem Status ersetzt oder von diesem ergänzt. Das führt ironischerweise zu noch mehr Anspruch und dadurch noch mehr Stress. Spiritualität, Achtsamkeit und Yoga sind selbst schon wieder zu Statussymbolen der Selbstoptimierung geworden, genau wie das Einkaufen im Bioladen und der Konsum von Fair Fashion.

Viele Menschen sehnen sich heute nach einem neuen, anderen, echten Wohlstand. Dabei stehen für einzelne Personen oft unterschiedliche Aspekte im Vordergrund. Bei dem einen sind es die Einsamkeit oder der Mangel an wirklich erfüllenden Beziehungen, die als Erstes auffallen. Bei einem anderen ist es die fehlende spirituelle Anbindung. Eine dritte schmerzt vor allem die voranschreitende Umweltzerstörung und das eigene Empfinden, mit der Natur nicht richtig verbunden zu sein. Wieder jemand anderes wünscht sich zutiefst, seine Talente zu entfalten und mit der Welt zu teilen. Viele sehnen sich nach mehr Zeit für die wirklich wichtigen Dinge im Leben, oft ohne wirklich klar benennen zu können, was diese eigentlich sind. Doch trotz einer solchen weit verbreiteten Sehnsucht, braucht es oft sehr lange, bis Menschen wirklich den Schritt wagen, sich aus der Status-Definition von Wohlstand zu lösen und in ihrem Leben eine neue Richtung einzuschlagen.

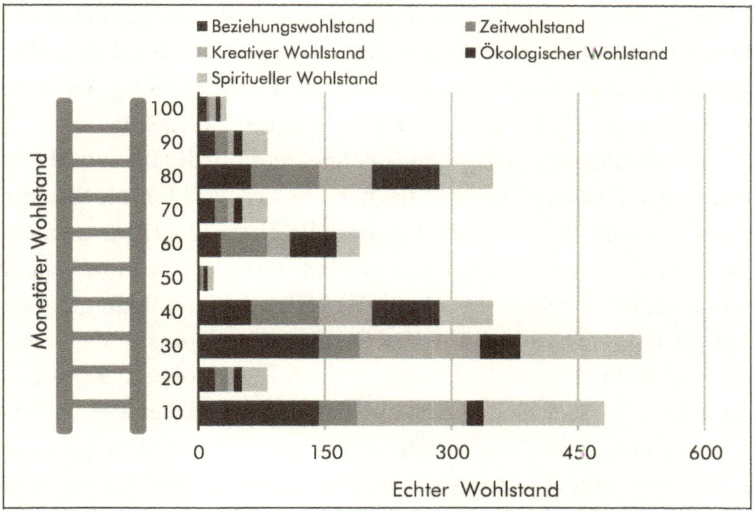

Echter und monetärer Wohlstand sind weitgehend voneinander unabhängig

Richtungswechsel. Jetzt

Aufgrund meines eigenen Lebenswegs habe ich seit Jahrzehnten mit Menschen zu tun, die sich einen solchen Richtungswechsel wünschen oder diesen sogar bereits eingeleitet haben. Dabei habe ich bemerkt, dass sehr viele Menschen ihn jahrelang vor sich herschieben, da sie bewusst oder unbewusst Angst haben, ihren Status zu verlieren. Mit anderen Worten: Sie sehnen sich nach echtem Wohlstand in ihrem Leben, sind aber nicht bereit, dafür Einbußen in ihrem Status hinzunehmen.

Sie priorisieren immer noch den Erhalt oder das Erlangen von Status gegenüber dem Kultivieren von echtem Wohlstand. Sie priorisieren Lebensstandard gegenüber Lebensqualität. Oder sie haben sogar die Idee, dass das Kultivieren von echtem Wohlstand magischerweise zugleich ihren Status erhöhen würde. Diese Illusion wird auch gerne von einschlägigen Coaches unterstützt, die

Menschen suggerieren, dass sie, wenn sie nur ihr wahres Potenzial leben, automatisch reich und berühmt würden. Natürlich geht dieses Versprechen immer mit einem attraktiven Coaching-Angebot einher, das die Person auf diesem Weg unterstützen soll.

Ich möchte hier niemandem zu nahe treten. Jeder kann und soll mit seiner Zeit und Energie machen, was er will. Ich möchte dir jedoch reinen Wein einschenken und dir klarmachen, dass echter Wohlstand nichts mit Status zu tun hat. Deshalb ergibt es keinen Sinn, das Kultivieren von echtem Wohlstand an die Bedingung zu knüpfen, dass du deinen sozialen Status halten kannst, oder sogar erst damit zu beginnen, wenn du endlich zu den oberen Zehntausend gehörst. Egal wo du dich auf der sozialen Stufenleiter befindest, kannst du beginnen, mehr von deiner Zeit und Energie dem Kultivieren von echtem Wohlstand zu widmen. Dein Leben wird dadurch schöner, erfüllter, reicher und lebendiger. Wenn du bereit bist, Abstriche bei deinem Status hinzunehmen, dann kannst du vermutlich noch viel mehr Zeit und Energie in echten Wohlstand investieren.

Und vielleicht passiert es wirklich, dass sich dieser Richtungswechsel magischerweise auch auf deinen Status auswirkt. Diese Fälle gibt es, ich würde mich selbst dazu zählen. Doch erstens sind sie eher die Ausnahme als die Regel, und zweitens – und das ist noch viel wichtiger – ist das wirklich nicht der Punkt. Ob dein sozialer Status dich innerlich arm macht, hängt nämlich zu 100 Prozent davon ab, wie sehr du dich über ihn definierst. In dem Moment, in dem du dich wirklich von der gesellschaftlich vorgegebenen Definition von Erfolg löst und dich auf ein neues, ganzheitliches Verständnis von Erfolg ausrichtest, verliert die alte Definition zunehmend an Macht. Es ist dann ein bisschen so, als wenn du in einer Gesellschaft lebst, die Status beispielsweise durch die Anzahl der Knöpfe an der Kleidung definiert. Zufällig trägst du eine Bluse mit vielen Knöpfen. Bedeutet das, dass du dich deshalb reich fühlst? Nur wenn du diese Definition übernimmst. Wenn du sie jedoch als völlig sinnentleert erkannt hast, dann wird es dir wirklich schwerfallen, auf diese Knopfleiste stolz zu sein.

So geht es mir oft, wenn ich Menschen mit großen Autos oder anderen Statussymbolen sehe. Ich verurteile sie weder, noch verachte ich sie. Es befremdet mich eher und zeigt mir, dass Status für sie offenbar sehr wichtig ist. Und manchmal frage ich mich, wie viel von ihrer Zeit und Energie sie opfern müssen, um diese Form von Status zu erhalten. Wie viel echter Wohlstand bleibt auf der Strecke?

Die Tragik von Statussymbolen

Vielleicht denkst du jetzt, dass ich das nicht wissen kann. Dieser Mensch kann ja durchaus ein großes Auto fahren und trotzdem ein reiches Beziehungsleben führen, Zeitwohlstand kultivieren, spirituell angebunden sein und seine Talente mit der Welt teilen. Okay, ökologisch wird es vielleicht etwas schwierig, auch wenn Tesla und Co. uns zumindest die Illusion verkaufen, ökologisches Bewusstsein und große Autos wären vereinbar. Wenn man sich die tatsächliche Ökobilanz ansieht, trifft das leider nicht zu, doch das ist ein anderes Thema.

Worauf ich hinausmöchte: Natürlich hast du recht. Ich habe keine Ahnung, wie erfüllend das Beziehungs- oder Seelenleben unseres fiktiven SUV-Fahrers ist. Doch ich kenne die psychologischen Mechanismen, die uns nach Statussymbolen streben lassen. Und ich weiß auch, dass sie nicht halten, was sie versprechen, sondern dass sie oft sogar das Gegenteil dessen verursachen, was wir uns eigentlich wünschen.

Um das zu erklären, muss ich etwas ausholen. Historisch betrachtet wurden Statussymbole für Menschen ab dem Zeitpunkt relevant, da sie begannen, in sehr großen, unüberschaubaren und demnach anonymen sozialen Gefügen zu leben. In einer kleinen Stammes- oder Dorfkultur kennt jeder jeden. Man weiß um die Stärken und auch die Schwächen der anderen. Es ist klar, wo jemand sozial steht. Die Menschen wissen untereinander, woran sie sind, weil sie sich ein Leben lang kennen.

Als wir jedoch begannen, in Städten zu leben, ging diese Vertrautheit verloren. Untersuchungen haben gezeigt, dass wir bis zu einer Gruppengröße von circa 150 Personen noch irgendwie mitkommen. Da können wir einen – wenn auch entfernten – Bezug zu jedem haben und irgendwie abspeichern, wer mit wem gut kann, und so weiter.[30] In unseren modernen Millionenstädten ist es hingegen normal, morgens aus dem Haus zu gehen und erstmal Hunderten von fremden Menschen zu begegnen. Wir haben keine Ahnung, wer diese Menschen sind, was sie machen und wie unser Verhältnis zu ihnen ist. Besser gesagt: Wir haben gar kein Verhältnis zu ihnen.

Und genau hier kommen die Statussymbole ins Spiel. Sie sollen anderen signalisieren, wie hoch unser sozialer Status ist, obwohl diese uns gar nicht kennen. Statussymbole ermöglichen wildfremden Menschen, uns innerhalb von Sekundenbruchteilen einzusortieren. Statussymbole sollen uns Respekt und Anerkennung verschaffen, vielleicht sogar Beliebtheit oder ein erfülltes Sexualleben, indem sie zeigen, dass wir es geschafft haben oder zumindest dazugehören. Sie ermöglichen es uns, ein völlig fiktives Bild von uns zu erschaffen. Wir beginnen zu glauben, dass wir unsere Markenkleidung, unser Handy oder unser Auto sind.

Das Tragische an Statussymbolen ist jedoch, dass sie nicht halten, was sie versprechen. Helena Norberg-Hodge beobachtete genau diesen Prozess in Ladakh, als die jüngere Generation in die Städte zog und die Macht von Statussymbolen entdeckte. Sie schreibt: »Es bricht einem das Herz zu sehen, wie Menschen Dinge kaufen, um bewundert, respektiert und letztendlich geliebt zu werden, während es unweigerlich den gegenteiligen Effekt hat. Derjenige mit dem glänzenden neuen Auto setzt sich von den anderen ab, und dadurch wird das Bedürfnis, akzeptiert zu werden, noch verstärkt.«[31] Die Besonderheit, die Statussymbole signalisieren, trennt somit auch von anderen Menschen. Es ist also paradox. Einerseits signalisieren Statussymbole Zugehörigkeit zu einem gehobenen Lebensstil, andererseits sondern sie ab. Und genau diese Absonderung isoliert uns.

Wir werden dann möglicherweise bewundert – für unseren Stil, das große Haus, die Modelfigur –, aber nicht geliebt. Und in unserem Innersten wissen wir, dass wir nicht gesehen werden, da wir uns hinter der glitzernden Fassade unserer Statussymbole verstecken. Die Anerkennung, die wir möglicherweise bekommen, gilt nicht uns, sondern jenem Bild von uns, das wir mithilfe der Statussymbole erzeugen. Das eigentliche, urmenschliche Bedürfnis nach Zugehörigkeit, Akzeptanz und Sicherheit durch Bindung bleibt ungestillt. Tragischerweise reagieren wir darauf sehr häufig mit noch mehr Anstrengung. Wir bemühen uns, noch perfekter zu sein und noch größere Statussymbole zu ergattern, um dann endlich, endlich dem ersehnten Bild zu entsprechen und vielleicht sogar geliebt zu werden.

Wie ist es in deinem eigenen Leben um echten Wohlstand bestellt? Ich werde im Laufe des Buches noch ausführlicher erläutern, was ich mit Zeitwohlstand, Beziehungswohlstand, Kreativitätswohlstand, spirituellem und ökologischem Wohlstand näher meine. Doch für eine erste Annäherung kannst du dir diese fünf Dimensionen nacheinander vornehmen und aus dem Bauch heraus für jede davon eine Zahl von 1 bis 10 vergeben, wobei 1 für totale, existenzbedrohende Armut steht und 10 für vollkommene Erfülltheit. Nimm dir Zeit, um die Ergebnisse in Ruhe zu reflektieren. Welche Dimensionen von Wohlstand oder Mangel werden dir hierdurch bewusst?

4
Das liebe Geld

Da unser bisheriges Wohlstandsverständnis vor allem auf Geld beruht, kommen wir nicht umhin, dieses Thema genauer unter die Lupe zu nehmen. Welche Rolle spielt Geld für das Kultivieren eines neuen, ganzheitlichen Wohlstands? Ist es eine Voraussetzung dafür oder kann es möglicherweise sogar hinderlich sein? Eine komplette Analyse des Themas würde den Rahmen dieses Buches sprengen und ist auch nicht meine Absicht. Doch unser Verhältnis zu Geld sowohl für den Einzelnen als auch in Bezug auf die Gesellschaft genauer zu beleuchten ist notwendig, da Geld inzwischen in jedem Lebensbereich eine Rolle spielt. Je nachdem, wie diese Rolle aussieht, kann Geld uns frei machen oder versklaven. Es kann Räume für echten Wohlstand eröffnen oder genau diese vereinnahmen.

Macht Geld frei?

Für viele Menschen bedeutet Geld vor allem Freiheit. Auf den ersten Blick ist das sehr plausibel: Wenn ich viel Geld auf meinem Konto habe, so scheint es, kann ich tun und lassen, was ich will. Ich kann in einen Laden gehen und mir alles kaufen. Ich kann meinen Wohnort wechseln, meinen Job kündigen, meinen Mann verlassen. Von dieser Warte aus betrachtet ist es offensichtlich, dass Geld unseren Handlungsspielraum vergrößert.

Doch immer wieder beobachte ich, dass Geld und vor allem Status Menschen unfrei machen. Besonders gut illustriert das die Geschichte einer Frau, die ich kennenlernte, als sie etwa Mitte fünfzig war. Sie erzählte mir, dass ihr Mann und sie sich in jungen Jahren ein ehrgeiziges Ziel gesetzt hatten: schnell viel Geld zu verdienen und dann für den Rest ihrer Tage nicht mehr arbeiten zu müssen. Die beiden waren offenbar sehr clever und hatten sicher auch eine gehörige Portion Glück. Sie machten Karriere bei einer Modefirma, waren einige Jahre im Ausland und hatten dann tatsächlich ausgesorgt. Wie im Märchen kauften sie sich ein traumhaftes kleines Schlösschen, das sie liebevoll restaurierten, und lebten dort mit ihren drei Kindern.

Ein sorgloses Leben, könnte man meinen. Doch das war leider nicht der Fall. Zum einen war der Erhalt des Anwesens eine formidable Aufgabe. Wie viele andere reiche Menschen, die ich in meinem Leben näher kennenlernen durfte, erlebte ich diese beiden als versklavt von der Fürsorge für ihren Besitz. Doch viel frappierender war für mich ihr Bekenntnis, dass sie in ständiger Sorge lebten. Ich sah sie irritiert an: Welche Sorge? War jemand von ihnen krank? Als ich die Antwort hörte, fiel es mir ehrlich gesagt schwer, nicht zu lachen. Sie lautete: die Sorge, dass das Geld nicht reichen könnte.

Jetzt schüttelst du vielleicht den Kopf und denkst dir, wie dumm die beiden doch waren! Ich kann das verstehen, doch trifft es das nicht ganz. Mit Dummheit wären sie nie so weit gekommen. Und sie sind, wie gesagt, kein Einzelfall. Die Sorge, das eigene Vermögen zu verlieren oder nicht mehr genug Geld zu haben, um den gewohnten Lebensstandard zu halten, ist mir bei vielen sehr gut betuchten Menschen begegnet. Und je besser betucht, desto besorgter schienen sie.

Es ist in meinen Augen nicht Dummheit, sondern Abhängigkeit, die hinter dieser Sorge steckt. Viele reiche Menschen scheinen sich ein Leben ohne finanziellen Reichtum nicht mehr vorstellen zu können. Das ist von außen sehr schwer nachvollziehbar. Wie bereits im ersten Kapitel ausführlich besprochen, liegt für mich der Vergleich mit Pegeltrinkern nahe. Auch diese haben sich an einen bestimmten Pegel einer Substanz gewöhnt, die für andere komplett verzichtbar ist, und können sich ein Leben ohne diese Substanz nicht mehr vorstellen.

Dabei geht es nicht nur um die Abhängigkeit von Geld um seiner selbst willen. Meine Beobachtung ist, dass ein bestimmter Geldpegel, ein bestimmter Status, vor allem für gut Betuchte bedeutet »dazuzugehören«. Mit anderen Worten: Ihre Beziehungen, ihre soziale Anerkennung und ihre Identität hängen an diesem Geldpegel. Der Verlust dieses Pegels würde unweigerlich auch den Verlust aller Beziehungen, aller Anerkennung und letztlich ein Infragestellen ihrer Identität bedeuten. Das erklärt einerseits, warum eine solche Situation als so existenziell bedrohlich empfunden wird. Zugleich zeigt es aber auch, wie prekär und letztlich hohl diese Form von Beziehung, Anerkennung und Identität ist. Und es zeigt, dass Geld nicht zwangsläufig frei macht.

Frei von oder frei für?

Wenn wir von Freiheit und Geld sprechen, dann meinen wir oft Unabhängigkeit. Bei Unabhängigkeit geht es darum, frei *von* etwas zu sein: der Chefin, dem Mann, den Eltern, um ein paar Beispiele zu nennen. Bei diesem Freiheitsverständnis geht es immer darum, etwas zu entkommen, das uns nicht gefällt oder uns möglicherweise einengt.

Es gibt jedoch noch einen zweiten Aspekt von Freiheit, der mindestens genauso wichtig ist. Bei diesem zweiten Aspekt geht es darum, frei *für* etwas zu sein. Im kapitalistischen System wird dieses »frei für«, das Geld uns ermöglicht, definiert als die Freiheit zu konsumieren. Natürlich ermöglicht Geld uns auch, Unternehmen zu gründen oder in sie zu investieren. Nach der reinen Lehre des Kapitalismus geschieht dies jedoch immer mit dem alleinigen Ziel, aus Geld mehr Geld zu machen. Und was machen wir dann mit diesem Geld? Richtig, wir konsumieren, oder wir investieren es erneut, um noch mehr Geld zu generieren.

Das Bestreben, möglichst »frei von Beziehungen« und »frei für Geldvermehrung und Konsum« zu sein, ist Teil der Dynamik, die uns arm macht. Doch nicht nur das: Es ist eine Scheinfreiheit, denn sie macht uns in hohem Maße abhängig von Geld. Für diese

Scheinfreiheit opfern Menschen viel kostbare Lebenszeit und arbeiten in Jobs, an denen ihnen nichts liegt.

Wir können die »frei von«- und »frei für«-Aspekte im Hinblick auf Geld jedoch auch anders betrachten. Wir können unser Leben so ausrichten, möglichst unabhängig beziehungsweise frei von Geld zu sein und uns fragen, wofür uns das frei macht. In meinem Leben hat es mich frei gemacht, einen ganz eigenen Weg zu gehen, bei jedem Schritt meinem inneren Navi zu folgen und Geld vor allem so einzusetzen, dass es echten Wohlstand fördert statt aushöhlt. Es hat mich auch frei gemacht, sehr viel Zeit mit meinen Söhnen zu verbringen, nicht nur als sie klein waren, sondern auch heute noch.

Möglicherweise werden wir, wenn wir uns vom Geld freimachen, mehr auf andere Leute angewiesen sein. Wir können nicht mehr jedes Problem alleine, durch ein Produkt oder eine Dienstleistung lösen. Aber das kann auch sehr schön sein. Erst vorgestern ist mir genau das passiert: Ich wollte meine Mutter am Bahnhof abholen. Wegen Corona hatte ich sie über zwei Monate nicht gesehen und freute mich sehr auf ihren Besuch. Und dann sprang das Auto nicht an. Starthilfe: Fehlanzeige. Bus: fuhr keiner. Nachdem ich drei Taxiunternehmen erfolglos angerufen hatte, kam mir die rettende Idee: Vielleicht würde mir meine Nachbarin ihr Auto leihen? Wir wohnen noch nicht so lange im Dorf, sonst wäre es vielleicht kein Thema gewesen, aber so war es mir schon etwas unangenehm.

Ich rief sie an und erklärte ihr die Situation. Noch bevor ich ausgeredet hatte, fiel sie mir erfreut ins Wort: »Mein Auto steht sowieso viel zu viel herum! Du kannst es behalten, bis eures wieder geht.« Auf dem Weg zum Bahnhof fiel mir auf, wie schade es eigentlich ist, dass ich zuerst drei Taxiunternehmen anrufe, bevor ich meine Nachbarin um Hilfe bitte. Wenn ich mir kein Taxi leisten könnte, wäre sie vielleicht meine erste Adresse gewesen. Indem ich meine Nachbarin gefragt habe, ist meine Beziehung zu ihr tragfähiger geworden. Ich habe weit mehr als eine Transportlösung bekommen: Ich weiß jetzt, dass ich eine Nachbarin habe, die ich um Hilfe bitten kann und die sich darüber freut. Mein Leben in unserem kleinen Dorf ist dadurch noch ein bisschen schöner geworden.

Geld: universelles Mittel, universeller Zweck?

In seinem Buch *Ökonomie der Verbundenheit* argumentiert der bereits erwähnte Kulturphilosoph Charles Eisenstein, dass Geld zu einem universellen Zweck wurde, da es ein universelles Mittel ist. Einfacher ausgedrückt: Weil man sich mit Geld alles kaufen kann, wurde es zum übergeordneten Ziel menschlicher Aktivität. Es ist jedem anderen Tauschgegenstand vorzuziehen, da es in jeden anderen Tauschgegenstand gewechselt werden kann.

Ein einfaches Beispiel dürfte dies verdeutlichen. Angenommen, ich bin eingeladen, bei einem Sportartikelhersteller einen Vortrag zu halten. Statt eines Honorars werden mir als Bezahlung Sportartikel angeboten. Das ist natürlich unpraktisch. Klar, vielleicht brauche ich wirklich eine neue Outdoor-Jacke oder eine neue Trainingshose. Doch wie wahrscheinlich ist das? Vielleicht kenne ich ja jemanden, der gerade so etwas braucht. Aber wer? Und welche Größe hat die Person? Und dann ist das Ganze auch noch viel schwieriger zu transportieren als ein Honorar. Noch blöder wird die Situation, wenn ich bei einem Käsehersteller einen Vortrag halte, da dann alles ganz schnell aufgegessen werden muss.

In beiden Fällen ist es eindeutig praktischer und nützlicher, Geld zu bekommen. Schließlich kann ich mir davon jederzeit eine neue Jacke oder ein Stück Käse kaufen, da Geld eben ein universelles (Tausch-)Mittel ist. Und genau deshalb, so Eisenstein, ist es zu einem universellen Zweck geworden. Aus diesem Grund ziehe ich bei Aufträgen in der Regel ein Honorar in Form von Geld einem Tauschhandel vor.

Eisensteins Argumentation beschreibt die Dynamik unseres Wirtschaftssystems sehr gut. Alle wollen Geld, weil man sich mit Geld alles kaufen kann. Und natürlich benennt Eisenstein damit das Offensichtliche. Vielleicht fragst du dich, warum ich so etwas Banales überhaupt so ausführlich beschreibe und ob Philosophen nichts Besseres zu tun haben. Doch genau dieses vermeintlich Offensichtliche macht auf das Kernproblem des Kapitalismus aufmerksam. Es trifft ins Herz dessen, was in diesem System, das so unfassbar viel materiellen Überfluss geschaffen hat, zu einer stetig voranschreitenden inneren Verarmung führt.

Das Problem liegt in der Behauptung, dass man sich mit Geld alles kaufen könne. Das stimmt einfach nicht. Man kann sich im kapitalistischen System mit Geld so gut wie jede Ware oder Dienstleistung kaufen, das ist wahr. Und das ist nicht zu verachten. Doch zu behaupten, dass man sich mit Geld *alles* kaufen und sich, wie es so oft heißt, jeden Wunsch erfüllen könne, ist eine Lüge. Die meisten Wünsche kann man sich mit Geld nicht erfüllen. Bei den meisten menschlichen Bedürfnissen kann Geld überhaupt nichts bewirken – das gilt vor allem für jene Bedürfnisse, die in modernen Industriegesellschaften so wenig abgedeckt sind.

Ja, klar, denkst du dir jetzt vielleicht, haben ja die Beatles schon gesungen: »Can't buy me love« und so weiter; auch nichts Neues. Ist es auch nicht. Doch unser übliches Verständnis von Wohlstand verdrängt diese Tatsache weitgehend. Das Gleiche gilt für unsere Definition von Erfolg. Wohlhabend ist, wer viel Geld hat. Erfolgreich ist, wer viel Geld verdient. Wer viel Zeit, viele erfüllende Beziehungen oder ein reiches Seelenleben hat, wird in unserer Gesellschaft nicht als wohlhabend oder erfolgreich betrachtet. Im Gegenteil: Wer Zeitwohlstand anstrebt, wird als Faulpelz angesehen. Wer sich lieber mehr für seine Beziehungen einsetzt als für seine Karriere, ist ein Dummkopf. Als klug, wohlhabend und erfolgreich gilt derjenige, der nach der Maxime des Homo oeconomicus handelt: rein rational, streng auf den eigenen ökonomischen Vorteil bedacht, also monetär gewinnbringend.

Wenn wir jedoch andere Formen von Wohlstand in unsere Betrachtung miteinbeziehen, dann erkennen wir, dass Geld kein universelles Tauschmittel ist. Die Bedürfnisse, die wir mit Geld erfüllen können, sind begrenzt. Wenn wir das erkannt haben, dann ist uns auch klar, dass Geld als universeller Zweck sinnlos ist. All unser Handeln allein auf die Maximierung des ökonomischen Vorteils auszurichten führt zu unsichtbaren Formen von Armut – zu innerer und kultureller Armut –, da wir andere Formen von Wohlstand nicht kultivieren. Diese werden dem überproportionalen Anhäufen von Materie geopfert.

Die Einbahnstraße des Geldes

Um das Verhältnis von Geld und nicht monetärem Wohlstand zu begreifen, finde ich das Bild einer Einbahnstraße hilfreich. Ein weit verbreiteter Mythos besagt, dass es schwierig ist, Geld zu verdienen. Deshalb werden wir von klein auf ermutigt, sehr viel Aufmerksamkeit darauf zu legen, eine Ausbildung zu absolvieren, die es uns später ermöglichen wird, Geld zu verdienen. Wenn es gut läuft, sogar viel Geld. Und Status zu erlangen, natürlich. Worüber jedoch niemand spricht, ist, wie ungleich schwieriger es ist, nicht monetären Wohlstand zu kultivieren, wenn er erst einmal zerstört wurde.

Ich möchte das Problem an einem konkreten Beispiel erläutern: einem intakten Ökosystem. Es ist in der heutigen Welt sehr einfach, dieses Ökosystem zu Geld zu machen. Je nach Beschaffenheit des Ökosystems können wir es abholzen oder trockenlegen, können dort Bodenschätze fördern oder Immobilien errichten. Oder wir können einen Safaripark eröffnen, eine Shoppingmall bauen, dort Rinder grasen lassen, Soja kultivieren oder Palmöl. So betrachtet schreit das Ganze nur danach, »genutzt« zu werden, was natürlich bedeutet: zu Geld gemacht zu werden. Man wäre ja dumm, die Möglichkeiten ungenutzt zu lassen!

In den letzten Jahrzehnten, da die Anzahl intakter Ökosysteme auf unserem Planeten schwindet, wächst langsam ein Bewusstsein dafür, was wir hier zerstören und verlieren. Schon jetzt sind 23 Prozent der Erdoberfläche durch menschliche Aktivitäten ökologisch so zerstört, dass sie kein Leben erhalten können.[32] Diese Dynamik ist das Ergebnis eines einseitigen Anreizsystems, einer Einbahnstraße, die es sehr leicht macht, Ökosysteme in Geld umzuwandeln.

Umgekehrt ist es jedoch ungleich schwieriger. Wir können nicht einfach eine Summe Geld in die Hand nehmen, und schon haben wir wieder ein intaktes Ökosystem. Die Kosten für die Wiederherstellung, wenn sie denn versucht wird, stehen oft in keinem Verhältnis zu dem Profit, den wir aus der Zerstörung geschlagen haben. Und die Renaturierung, die Wiederaufforstung, kommt nicht ansatzweise an die Vielfalt, Intelligenz, Schönheit, Resilienz und, ja, die Heiligkeit des ursprünglichen Ökosystems heran.

Auch wenn sich der Wert eines intakten Ökosystems meines Erachtens genauso wenig in Zahlen bemessen lässt wie jener eines gesunden Kindes: Es wurden in den letzten Jahren viele Berechnungen angestellt, was die »Dienstleistungen« von Pflanzen und Tieren in Geld bemessen wert sind. Anders ausgedrückt: wie viel würde es kosten, das Wasser oder die Luft technisch zu reinigen oder die Blüten mit Roboterbienen zu bestäuben? Hier hat sich in aller Deutlichkeit gezeigt, dass bei der Zerstörung eines Ökosystems auch monetär betrachtet kein Profit gemacht wird. Das Geld, das durch die Abholzung des Regenwaldes verdient wird, ist weniger als jenes, das durch die Leistungen des intakten Ökosystems erbracht wurde. Das fällt nur niemandem auf, da niemand für diese Leistungen bezahlt. Sie sind bis dato unsichtbar.[33]

Das Gleiche gilt für unseren sozialen Wohlstand. Es ist vergleichsweise einfach, ein Kind von klein auf in die Kita zu geben und sich der eigenen Karriere zu widmen. Doch die fehlende Bindung mit dem Kind später nachzuholen ist so gut wie unmöglich. Es gibt, wie bei dem Beispiel Ökosystem, unzählige Anreize, unseren Familien, unseren Partnerschaften und Freundschaften weniger Gewicht zu geben als Geld und Status. Genauso ist es mit der Pflege von Alten und Kranken. Beides ist unfassbar teuer, wenn wir es zu einer Dienstleistung durch Fremde machen, und oft fehlt dabei die zentrale Zutat: die Liebe.

Auch im Hinblick auf unseren kulturellen Wohlstand ist eine ähnliche Dynamik zu beobachten. Kultur ist in den letzten Jahrzehnten zunehmend zu einem Konsumgut geworden oder sogar durch Konsum ersetzt worden. Besonders gut sichtbar ist das bei der Musik: Statt selbst zu musizieren, konsumieren wir die Darbietungen von Profis, digital oder live. Doch dieser Trend erstreckt sich auch auf viele andere Bereiche. Traditionelle Feste wie Weihnachten oder Ostern scheinen oft von innen ausgehöhlt, zu reinen Konsumanlässen degradiert, und viele Bräuche sind komplett ausgestorben. Kulturelle und damit eng verknüpfte handwerkliche Fertigkeiten, die früher von Generation zu Generation weitergegeben wurden, haben heute oft bestenfalls den Status eines Hobbys oder sind einfach in Vergessenheit geraten. Wir scheinen das alles nicht mehr zu brauchen. Warum sollte man noch mühsam etwas selbst herstellen, wenn man es mit zwei Klicks für einen lächerlichen Preis geliefert bekommt? Der Verlust an Halt, an kulturellen Wurzeln, an Zugehörigkeit, an Kreativität, an handwerklichem Geschick, an regionalem Wissen ist nicht messbar. Er taucht in keiner Statistik auf. Der gestiegene Konsum hingegen schon. Er schlägt positiv als wachsende Wirtschaftsleistung zu Buche.

Unabhängig davon, ob es sich um soziale, ökologische, kulturelle oder spirituelle Werte handelt, die unsichtbare Grunddynamik ist die gleiche: Wir können diese Werte in Geld eintauschen oder diesem opfern. Aber umgekehrt können wir Geld nicht so ohne Weiteres in diese Werte zurücktauschen. Das liegt daran, dass diese Werte, genau wie ein Ökosystem, sich über sehr lange Zeit aufgebaut haben. Das Gleiche gilt für soziale Strukturen: Wenn Bindung im Kleinkindalter versäumt wurde, müssen wir später sehr viel mehr Zeit investieren, um überhaupt eine Beziehung aufzubauen. Wenn Menschen zusammenziehen, um eine Gemeinschaft zu formen, ist das ein sehr langer Prozess; wirklich tragfähige Beziehungen brauchen Zeit. Wenn Traditionen und Bräuche erst verschwunden sind, ist es sehr schwierig, diese wieder aufleben zu lassen oder neue zu etablieren.

Das meine ich mit der Einbahnstraße von Werten zu Geld. Diese Einbahnstraße, um bei dem Bild zu bleiben, ist gesäumt von blinkenden Schildern, auf denen steht: »Hier lang! Da geht's zum Glück! Nur noch 100 Meter, und du hast es geschafft!« und so weiter. Was komplett fehlt, sind Warnhinweise, die da heißen könnten: »Vorsicht, dies ist eine Einbahnstraße« oder »Vom Umtausch ausgeschlossen« oder »Bitte beachten Sie, dass Sie den Rückweg nur zu Fuß antreten können«. Vielleicht ist es das, was uns Michael Ende mit der legendären Szene von *Momo* sagen wollte, in der die Titelheldin mit der Schildkröte Kassiopeia in Zeitlupe rückwärtsgeht, um den grauen Herren zu entwischen?

Böses Geld?

Möglicherweise ist auf den letzten Seiten der Eindruck entstanden, dass ich etwas gegen Geld habe. Das stimmt so nicht. Geld ist zweifellos eine fantastische Erfindung des Menschen. Sie ermöglicht es uns, weltweit zusammenzuarbeiten und unsere Aktivitäten in nie da gewesenem Ausmaß zu koordinieren. Die Schwächen unseres Geldsystems, die eingebauten Fehler, sind nicht Thema dieses Buches. Wer sich näher damit befassen möchte, dem seien das Buch *Geld, die neuen Spielregeln* von Christian Felber und das bereits mehrfach erwähnte Buch *Ökonomie der Verbundenheit* von Charles Eisenstein empfohlen. Sie enthalten beide wunderbare Verbesserungsvorschläge, um unser Geldsystem gerechter und unsere Welt schöner zu machen.

Was die Entwicklung von echtem Wohlstand betrifft, ist Geld weder gut noch schlecht. Man könnte auch sagen: Geld ist kein Thema, solange man es hat. Doch wie die Geschichte im vorherigen Kapitel gezeigt hat, ist »Geld haben« in unserer Welt eine relative Angelegenheit. Klar, wenn man jeden Tag um sein Überleben kämpfen muss, ist es schwierig, echten Wohlstand zu kultivieren. Das weiß ich von meinen Hippiefreunden, deren Leben oft viel zu sehr um die Frage kreist, wie sie über die Runden kommen, gerade weil Geld ihnen nicht wichtig ist. Doch wie in den letzten Kapiteln deutlich geworden sein dürfte: Auch viel Geld kann ein Hindernis für echten Wohlstand sein. Aus jahrelanger Begleitung von sehr gut betuchten Menschen weiß ich, dass Geld in ihrem Leben oft eine genauso dominierende Rolle spielt wie in dem Leben meiner Hippiefreunde. Natürlich nicht, weil es ihnen nicht wichtig ist, sondern weil es zu wichtig ist. Wie gesagt: Der Kampf um den eigenen Status wird unbewusst als sozialer Überlebenskampf wahrgenommen und deshalb mit der gleichen Verbissenheit ausgefochten wie ein physischer Überlebenskampf.

Wie Geld arm machen kann

Ich möchte an dieser Stelle auf drei Wirkmechanismen von Geld hinweisen, die Armut begünstigen, und zwar Beziehungsarmut und Kreativitätsarmut. Die Mechanismen sind beispielhaft; im Laufe des Buches werden noch weitere deutlich, die andere Formen von Wohlstand betreffen.

Der erste Wirkmechanismus ist die Unabhängigkeit, die Geld uns schenkt. Wie bei meinem Taxibeispiel ist es für einen finanziell gut situierten Menschen sehr naheliegend und einfach, sich möglichst alle Bedürfnisse mit Geld zu erfüllen. Wer wenig Geld hat, muss andere Lösungen finden. Er kann es sich beispielsweise nicht leisten, sich wie ein rücksichtsloser Schnösel aufzuführen, weil er weiß, dass er auf die Unterstützung seiner Mitmenschen angewiesen ist. Für jemanden mit viel Geld gibt es wenig Anreize, auch schwierige Beziehungen zu leben oder Konflikte auszutragen, da er ja niemanden wirklich braucht. Wie der bereits zitierte Wall-Street-Banker, der sich über seinen Bonus von 3,6 Millionen US-Dollar ärgerte, es formulierte: »Bei der Befriedigung ging es nicht nur um das Geld. Es ging um Macht. Weil ich so clever und erfolgreich war, war es die Aufgabe anderer Leute, mich glücklich zu machen.« Es ist also genau jene Unabhängigkeit, die wir am finanziellen Wohlstand so schätzen, die auch ein Nachteil sein kann. In meinem Buch *beziehungsweise – Beziehung kann man lernen* gehe ich sehr ausführlich auf unsere Stiefbeziehung zum Thema Abhängigkeit ein sowie darauf, wie sie zu Beziehungsarmut führt.

Es ist aber nicht nur die durch Geld ermöglichte Unabhängigkeit, die Beziehungsarmut begünstigt. Finanzieller Reichtum trennt uns auch von anderen Menschen, die weniger haben. Je älter ich wurde, desto schmerzlicher wurde mir diese Tatsache bewusst. Geld begann zwischen mir und meinen balinesischen Freunden zu stehen. Sobald ich über eigenes Taschengeld verfügte, schenkte ich Nyoman immer etwas davon, bevor ich wieder nach Deutschland fuhr. Ich wusste, dass zwanzig Mark für sie ungleich mehr waren als für mich.

Doch ich bemerkte, dass es unsere Beziehung veränderte, ob wir es wollten oder nicht. Meine Mutter finanzierte Nyoman eine Ausbildung an einer Hotelfachschule, sodass sie und ihre Familie heute materiell gut versorgt sind. Dennoch stand der riesige, zunehmend unüberbrückbare Unterschied an Privilegien zwischen uns. Wenn wir uns verabredeten, fühlte sich Nyoman oft sichtlich unwohl: bei ihr zu Hause, weil es in ihren Augen immer noch schäbig war, bei mir, weil es im Vergleich so unfassbar luxuriös war. Trafen wir uns in einem Restaurant, war es noch viel seltsamer. Einmal besuchte ich sie in dem Luxushotel, in dem sie arbeitete, und schlürfte voll Unwohlsein einen Fruchtsaft, der vermutlich so viel kostete, wie sie an einem Tag verdiente. Nur wenn ich sie zu traditionellen Tempelfesten begleitete, war dieser Effekt nicht gegeben, denn hier glänzte ihr Wohlstand in all seiner Schönheit, und ich war auf sie angewiesen, um mich nicht als Fremdkörper zu fühlen.

Diese Trennung, die ich in meiner Beziehung zu Nyoman lange als sehr schmerzhaft empfand, zieht sich durch die ganze Welt. Sie verläuft nicht nur zwischen den reichen Industrienationen und den armen sogenannten Entwicklungsländern. Sie verläuft mitten durch unsere Gesellschaft. Sie verlangt von denjenigen unter uns, die mehr haben, ihr Herz zu verschließen, um nicht zu spüren, wie weh es tut. Und sie ist natürlich umso gravierender, je größer die Ungleichheit in einer Gesellschaft ist.

Viel Geld begünstigt jedoch nicht nur Beziehungsarmut, sondern kann auch Kreativitätsarmut fördern. Wer wenig Geld hat, muss oft sehr kreativ sein, um die eigenen Bedürfnisse und die seiner Liebsten zu decken. Ein Beispiel hierfür, das jeder kennt, sind die typischen regionalen Gerichte, bei denen aus einfachen Zutaten raffinierte Köstlichkeiten entstehen: Borschtsch aus Gemüseresten, Knödel aus altem Brot, Pasta aus Wasser und Mehl, um nur ein paar Beispiele zu nennen. Sogar die Pizza war einst das Essen armer Neapolitaner! Begrenzte Mittel machen uns zwangsläufig zu Überlebenskünstlern, Not macht bekanntlich erfinderisch. Bei meinen Reisen durch Asien zauberte mir die einfache Genialität, mit der manche Alltagsprobleme dort gelöst werden, oft ein spontanes Lächeln auf die Lippen.

Die Rolle des Belohnungssystems

Wenn wir uns die Suchtdynamik, die materiellen Wohlstand oft begleitet, genauer ansehen, dann lassen sich zwei Aspekte unterscheiden: die Sucht nach Geld und die Sucht nach Konsum. Ersteres ist die Sucht, Geld anzuhäufen, Letzteres die Sucht, es in Dinge oder Dienstleistungen einzutauschen. Beide Vorgänge aktivieren das Belohnungssystem im Gehirn. Dieses regelt unsere Motivation. Es hat sich entwickelt, um uns für Handlungen zu belohnen, die für unser Überleben förderlich sind.[34] Ein einfaches Beispiel: Wenn du beim Mensch-ärgere-Dich-nicht eine Sechs würfelst, aktiviert das mit hoher Wahrscheinlichkeit dein Belohnungssystem. Du erlebst dann einen kurzen Euphorieschub, während du dein Männchen weiterziehst und gleich noch einmal würfeln darfst. Das Gleiche passiert, wenn du Geld bekommst oder wenn du etwas kaufst. Es ist ein kurzer Kick, auf den wir biologisch bedingt total abfahren. Und genau dieser Kick ist auch ein zentrales Element von Süchten.

Was die Sucht nach Geld und die Sucht nach Konsum betrifft, ist es offensichtlich, dass beide Hand in Hand gehen. Mehr noch:

Solange sie sich die Waage halten, werden sie in unserer Gesellschaft noch nicht einmal als pathologisch betrachtet. Im Gegenteil, wenn jemand einen Haufen Geld verdient und sich dann jede Menge Schnickschnack leisten kann, wird das oft positiv gewertet. Wir nennen das Erfolg. Nur wenn Konsumsucht dazu führt, dass Personen über ihre finanziellen Verhältnisse leben, gilt es als Problem. Umgekehrt wird ein Mensch, der viel Geld verdient und wenig konsumiert, oft als geizig bezeichnet. Wir könnten ihn auch bescheiden oder genügsam nennen.

Natürlich ist das Belohnungssystem an sich keine schlechte Sache. Ganz im Gegenteil. Die Fähigkeit des kapitalistischen Systems, unser Belohnungssystem zu aktivieren, ist sicher eine der großen Triebfedern seines Erfolgs, vielleicht sogar die größte. Und dieses Belohnungssystem ist bei jeder Tätigkeit von Bedeutung, wo Motivation eine Rolle spielt. Mit anderen Worten: bei allem. Leider sind wir, besonders im kapitalistischen System, außerordentlich gut darin geworden, dieses System auszutricksen. Zu gut sogar. Was ich damit meine, möchte ich an einem Beispiel erläutern, das jedes Kind kennt: Zucker.

Das Zucker-Problem

Zucker ist an sich ein geiles Produkt. So geil, dass es schon kleine Kinder in null Komma nichts süchtig macht. In jüngster Zeit kommt immer mehr ans Licht, wie ungesund Zucker ist. Und zwar nicht der Zucker an sich – der kommt ja auch in gesunden Nahrungsmitteln wie Obst vor –, sondern das, was dem Zucker fehlt. Um zu erklären, was ich damit meine, muss ich kurz ausholen.

Industriezucker ist befreit von allen Ballaststoffen und Nährstoffen, die mit Zucker in der Natur normalerweise vorkommen. Es ist purer Stoff. Genau diese Ballaststoffe und Nährstoffe werden jedoch vom Körper gebraucht, um den Zucker zu verarbeiten, ohne dabei Schaden zu nehmen. Die Ballaststoffe verhindern, dass der Zucker zu schnell aufgenommen wird. Fehlen diese, kommt es zu einer gefährlichen Achterbahnfahrt von Blutzucker und Insulinspiegel. Das wird inzwischen mit einer Vielzahl an Zivilisationskrankheiten, allen voran Diabetes, in Verbindung gebracht. Und wenn Zucker ohne die dazugehörigen Nährstoffe zugeführt wird, entzieht er sie dem Körper bei der Verarbeitung. Denn diese werden benötigt, um Zucker verwerten zu können. Es ist also die Abwesenheit von Ballaststoffen und Nährstoffen, die den Zucker so ungesund macht.[35]

Eine ähnliche Dynamik lässt sich bei Geld und Konsum beobachten. Sie ermöglichen es uns, Bedürfnisse sehr schnell zu befriedigen, genau wie Zucker. Und unser Belohnungssystem fährt total darauf ab. Um in der Analogie zu bleiben: Wenn die Nährstoffe und die Ballaststoffe fehlen, ist es purer Stoff. Die Nährstoffe könnten zum Beispiel die Beziehungen sein, die wir oft eingehen müssen, um Geld verdienen zu können. Oder die Kreativität, die wir entwickeln mussten. Die Ballaststoffe hingegen könnten die Mühe sein, die wir auf uns nehmen müssen, um Geld zu verdienen oder etwas konsumieren zu können. In meiner Taxigeschichte waren es die Überwindung, die es mich gekostet hat, meine Nachbarin zu fragen, und das Risiko, abgewiesen zu werden. Solche Mühen fordern von uns, dass wir uns anstrengen, uns bewegen, körperlich und psychisch, wodurch wir gesund bleiben und Verbindungen zu anderen aufbauen. Und sie verlangsamen den Prozess, genau wie die Ballaststoffe im Apfel die Zuckeraufnahme verlangsamen. Diese Verlangsamung verhindert, dass der Blutzuckerspiegel unkontrolliert in die Höhe schießt und dass wir weit über unseren Bedarf konsumieren.

Da sich unsere Instinkte in einer Umgebung entwickelt haben, in der Zucker immer mit Ballaststoffen und Nährstoffen geliefert wurde und tendenziell Mangelware war, sind wir darauf ausgerichtet, möglichst viel davon zu konsumieren. Das Gleiche gilt für andere Anreize, die unser Belohnungssystem stimulieren. Unsere Instinkte sind nicht für eine Welt des mühelosen Konsums gemacht. Unser kapitalistisches System hingegen scheint genau darauf spezialisiert zu sein: den puren Stoff ohne Nährstoffe und

Ballaststoffe zur Verfügung zu stellen. Doch leider ist dieser Stoff dann nicht nur ungesund, sondern auch unbefriedigend. Er stillt nicht unsere wahren Bedürfnisse. Was wir normalerweise aufwenden mussten beziehungsweise was wir mitgeliefert bekamen, fehlt uns, so wie vielen Menschen tragfähige Beziehungen zu ihren Nachbarn fehlen. Wie übermäßiger Zuckerkonsum führt dieser pure Stoff zu einem Konsumkick, gefolgt von einem Tief – da das System versucht, das unerwartete High auszugleichen –, das uns dann den nächsten Kick herbeisehnen lässt.

Für das kapitalistische System ist diese Dynamik jedoch kein Problem. Im Gegenteil: Sie ist die Lösung eines Problems. Wenn ich mir das Auto meiner Nachbarin leihe, verdient niemand etwas daran. Kapitalismus ist auf Hyperkonsum angewiesen, also auf Konsum, der über unsere tatsächlichen Bedürfnisse hinausgeht. Je mehr wir konsumieren, desto erfolgreicher ist der Kapitalismus laut seinen eigenen Erfolgskriterien. Um es krass zu sagen: Süchte sind das Konsummuster, das aus kapitalistischer Sicht am Erfolg versprechendsten ist. Je mehr unser Leben von Ersatzbefriedigungen und damit von Süchten bestimmt ist, desto stärker leiden wir an jenem Durst, der unlöschbar zu sein scheint.

Um unserem persönlichen Belohnungssystem auf die Schliche zu kommen, können wir im Laufe eines Tages einmal darauf achten, was unser Belohnungssystem auf welche Weise stimuliert. Vielleicht spüren wir einen kurzen Kick, wenn wir etwas einkaufen, ein Kompliment bekommen, ein Erfolgserlebnis haben oder uns ein Wunsch erfüllt wurde. Wo war der Kick ein isoliertes Zuckerphänomen, und wo war er eingebettet in ein Nährstoffpaket? Inwiefern hat sich das eine anders angefühlt als das andere? Mit diesen Mechanismen können wir uns auch gut auseinandersetzen, indem wir uns bewusst Werbespots ansehen. Sie spielen meisterhaft auf dieser Klaviatur.

Wenn wir uns dem Kultivieren von echtem Wohlstand zuwenden, dann entdecken wir neu, dass viele Bedürfnisse natürlicherweise in Nährstoffpakete eingebettet sind, die auch Ballaststoffe beinhalten. Statt mit dem Auto ins Fitnessstudio zu fahren, um uns dort körperlich zu verausgaben, nehmen wir beispielsweise das Fahrrad zu unserem gemeinschaftlich bestellten Gemüseacker. Dort erwarten uns neben einer Reihe sehr abwechslungsreicher Fitnessaktivitäten nette Menschen, die beim Pflanzen, Ernten und Jäten gerne einen kleinen Plausch abhalten. Nebeneffekte: Gemüse und Obst in einer Qualität, die es in keinem Bioladen gibt, Erhalt der Artenvielfalt, lebenslanges Lernen, frische Luft, Zeit mit den Liebsten, Stärkung regionaler Kreisläufe, Aufbau von Resilienz und so vieles mehr. Ach so, man kann dabei auch noch Geld sparen? Ist das jetzt überhaupt noch relevant? Und wie will man das alles berechnen, was hier an Reichtum geschaffen wird?

Dieses Beispiel zeigt, dass verschiedene Dimensionen von nicht monetärem Wohlstand untrennbar miteinander verwoben sind. Mehr noch, sie verändern auch die Art und Weise, wie wir unsere materiellen Bedürfnisse stillen. Es steht außer Frage, dass die Abdeckung unserer materiellen Grundbedürfnisse für unser Wohlergehen von zentraler Bedeutung ist. Traditionellen Kulturen gelang es jedoch oft, diese zu decken, während zugleich eine Vielzahl nicht materieller Bedürfnisse gestillt wurden.

Um unserer Armut adäquat zu begegnen, brauchen wir neue Strukturen und Strategien, um eine artgerechte Lebensweise zu entwickeln. Die fünf Dimensionen eines ganzheitlichen Wohlstandsbegriffs, auf die ich im nächsten Teil detailliert eingehe, sollen hierfür eine Einladung sein. Ich möchte dich auf eine sehr persönliche Reflexionsreise einladen, was die Themen Zeitwohlstand, Beziehungswohlstand, Kreativitätswohlstand, ökologischer und spiritueller Wohlstand in deinem Leben betrifft. Denn auch wenn diese fünf untrennbar miteinander verwoben sind: Indem wir sie gesondert betrachten, bekommen wir mehr Klarheit darüber, wo in unserem Leben möglicherweise ein Mangel herrscht und wie dieser behoben werden kann.

TEIL II:
FÜNF DIMENSIONEN ECHTEN WOHLSTANDS

Auch wenn mir lange klar war, dass materieller Reichtum und echter Wohlstand zwei paar Schuhe sind, dauerte es viele Jahre, bis ich ansatzweise formulieren konnte, was echten Wohlstand ausmachen könnte. Lange erschien mir das Ganze so diffus, so schwer greifbar, und selbst wenn ich es in jeder Faser meines Körpers spürte, schien es mir zu entgleiten, sobald ich versuchte, es genauer zu benennen. Teilweise fühlte ich mich an die kläglichen Versuche erinnert, meinen balinesischen Freunden Schnee zu beschreiben. Wenn man Schnee kennt, ist klar, worum es sich handelt. Wenn man aber sein ganzes Leben auf einer tropischen Insel verbracht hat, ist es sehr schwer, sich auch nur ansatzweise vorzustellen, wie es ist, wenn die gesamte Landschaft unter einer dicken Schicht weißer Kälte verschwindet. Dass man darauf auch noch Skifahren, daraus Schneemänner oder Iglus bauen kann, übersteigt die Vorstellungskraft bei Weitem.

So erging es mir bei meinen ersten Gesprächen mit Europäern, in denen ich versuchte, diesen nicht monetären Wohlstand, den ich in meiner Kindheit auf Bali erlebt hatte, in Worte zu fassen. Ich stellte fest, dass meine Gesprächspartnerinnen oft keine Referenzerfahrungen hatten, mit denen sie meine Schilderungen verknüpfen konnten. Zugleich bemerkte ich, dass es in ihnen eine stille Sehnsucht berührte. Etwas in ihrem Inneren schien zu wissen, wie einseitig unser Wohlstandsbegriff ist, und sich nach genau dem zu verzehren, was ich zu formulieren versuchte. Zugleich musste ich erleben, wie schnell aus meinen wenigen Schilderungen eine verklärte, verkitschte Projektion einer idealisierten heilen Welt wurde, die nichts mit meiner Erfahrung zu tun hatte.

Ich stellte fest, dass der Materialismus und die zentrale Rolle des Geldes für uns so selbstverständlich sind wie für Balinesen

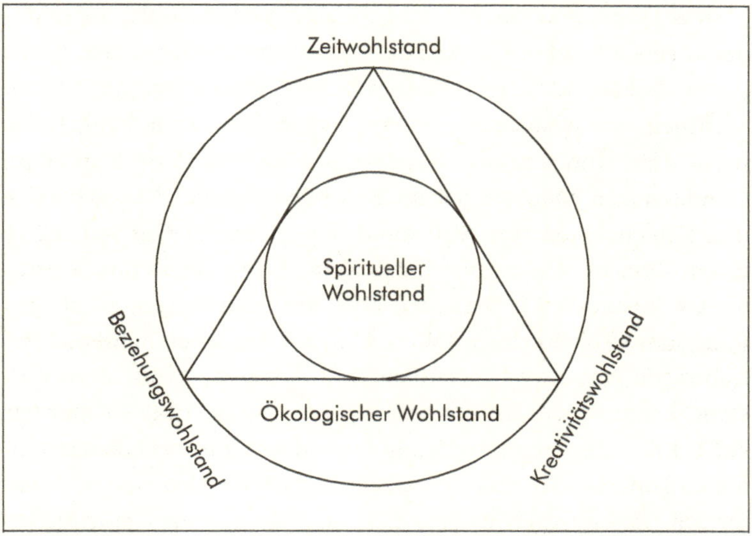

Die fünf Dimensionen von echtem Wohlstand im Überblick

die tropische, alles durchdringende Hitze. Wenn ich mit meinen Freunden in dieser Hitze zusammensaß und wir versuchten, uns vorzustellen, dass alles, alles, alles kalt ist, dann gelang uns das nicht. Genauso scheint es Menschen in unserem Kulturkreis zu gehen, wenn sie versuchen, den Wohlstandsbegriff von materiellem Besitz zu entkoppeln. Materiell definierter Wohlstand ist für uns so normal, ist ein so selbstverständlicher Teil unseres Lebens, der alles durchdringt und zu einem gewissen Grade auch bestimmt, dass es unmöglich erscheint, Wohlstand oder Reichtum unabhängig davon zu definieren.

Nicht monetären Wohlstand in die fünf Dimensionen von Zeit, Beziehung, Kreativität, Spiritualität und Ökologie aufzuteilen ist ein Versuch. Er ist vergleichbar mit der Herangehensweise, die Eigenschaften von Schnee in weiß, kalt, formbar, kristallin und wässrig zu unterteilen. Tatsächlich ist es so, dass diese Aspekte untrennbar miteinander verwoben sind und einander bedingen. Sie beschreiben ein Phänomen und nicht fünf.

Was Wohlstand betrifft, sind die fünf Dimensionen aufeinander angewiesen, da eine ohne die anderen nicht möglich ist. Keine dieser Wohlstandsformen lässt sich mit Geld kaufen, auch wenn natürlich eine Abdeckung unserer materiellen Grundbedürfnisse wichtig ist. Und sehr oft bilden sie, wie bei dem Beispiel mit dem Gemüseacker, Nährstoffpakete. Besonders deutlich ist das bei den drei Dimensionen von Wohlstand, die ich in der Darstellung zu einem Dreieck angeordnet habe: Zeit-, Beziehungs- und Kreativitätswohlstand. Wir brauchen Zeit, um Beziehungen zu pflegen und unsere Talente zu entfalten. Und wir brauchen nährende Beziehungen genauso wie erfüllende Tätigkeiten, damit Zeitwohlstand keine Belastung, sondern ein Genuss ist. Ebenso sind wir auf ein Beziehungsnetzwerk angewiesen, um unsere Gaben entfalten zu können. Kreativer Wohlstand ist partizipatorisch und dialogisch. Er braucht Gemeinschaft und Miteinander. Spirituellen Wohlstand habe ich in der Mitte der Grafik platziert, da er unsere innere Anbindung an das Leben betrifft. Diese drückt sich in den drei Bereichen Zeit, Beziehung und Kreativität aus. Umschlossen wird dieses Gefüge vom ökologischen Wohlstand, in den alles eingebettet ist und der die Grundlage von allem Lebendigen ist.

Intakten traditionellen Kulturen, wie ich sie als Kind auf Bali erleben durfte und wie Helena Norberg-Hodge sie in Ladakh antraf, gelingt es, diese fünf Dimensionen von Wohlstand abzudecken, während für die materiellen Grundbedürfnisse aller gesorgt wird. Natürlich war der Lebensstandard rein materiell betrachtet nicht so hoch wie das, was wir heute als normal bezeichnen. Doch es ist ein weit verbreiteter Irrglaube, dass Menschen vor der Industrialisierung und Globalisierung unter schrecklichsten Bedingungen dahinvegetierten. Zwischen dem, was wir heute als normal betrachten, und dem, was wir materiell gesehen für ein gutes Leben brauchen, gibt es eine sehr große Spanne. Niemand würde ernsthaft dafür plädieren, dass wir auf Dinge verzichten sollen, die wir wirklich benötigen. Doch meines Erachtens tun wir gut daran, unsere Abhängigkeit von unzähligen Dingen infrage zu stellen, die Menschen viele Jahrtausende nicht brauchten. Zu diesem Zweck werde ich mich immer wieder auf traditionelle Kulturen beziehen. Durch sie können wir uns an vergessene oder ausgestorbene Wohlstandsformen erinnern.

Mir ist klar, dass es kein Zurück gibt, und darum geht es für mich auch nicht. Ich sehe es jedoch als unsere Aufgabe, neue Gesellschaftsstrukturen und Lebensweisen zu erschaffen, die unseren wahren Bedürfnissen besser gerecht werden als das, was wir derzeit anstreben. Ich bin mir sicher, dass diese neuen Werte nicht nur uns glücklicher machen, sondern auch den dringend überfälligen ökosozialen Wandel der reichen Industrienationen ermöglichen werden. Einem gesunden, nachhaltigen, zukunftsfähigen Wirtschaftssystem wird es gelingen, echten Wohlstand für alle zu ermöglichen. Unterschiedliche Wohlstandsformen werden einander ergänzen und befruchten, statt in Konkurrenz zueinander zu stehen. Mithilfe traditioneller Kulturen können wir uns daran erinnern, wie ein artgerechtes Leben für uns Menschen aussehen kann.

1
Zeitwohlstand

Das Empfinden, keine Zeit zu haben, ist in unserer Gesellschaft so weit verbreitet und so normal, dass wir es kaum infrage stellen. Allein der Satz »Ich habe keine Zeit« ist, genauer betrachtet, eine sehr seltsame Aussage. Sie suggeriert zum einen, dass Zeit etwas ist, das man hat, also besitzt, und zum anderen, dass es möglich ist, keine Zeit zu haben. Beides ist, nüchtern betrachtet, ausgemachter Unsinn. Zeit ist kein Besitztum, sie ist ein Phänomen. Und niemand hat keine Zeit, außer er ist bereits gestorben. Wir alle sind Zeugen des Phänomens Zeit und können unser Erleben der Zeit mitgestalten. Doch auch Jahrzehnte, nachdem Michael Endes märchenhafter Roman *Momo* frisch gedruckt zum Klassiker wurde, ist Zeitwohlstand in unserer Gesellschaft die absolute Ausnahme.

Zeitwohlstand bedeutet, das Phänomen Zeit ohne Hast und ohne Überdruss zu erleben. Beides – Hast und Überdruss – sind Symptome eines Unfriedens im Umgang mit Zeit, beide bedeuten, dass uns nicht wohl mit ihr ist. Hast entsteht, wenn wir meinen, Zeit sparen zu müssen, um möglichst viel aus einem Tag, einer Stunde, einer Minute oder einem Leben herauszuholen. Überdruss im Hinblick auf die Zeit hingegen deutet oft auf einen Mangel in anderen Bereichen hin: Beziehungsarmut oder Kreativitätsarmut, beispielsweise. Das etwas altmodische, im Alpenraum gebräuchliche Wort »Zeitlang« deutet auf diesen Zusammenhang von Beziehungsmangel und Überdruss mit der Zeit hin: Es bedeutet, dass uns jemand fehlt. Die Zeit wird uns lang ohne den geliebten Menschen.

Im Zustand des Zeitwohlstands ist Zeit etwas, das wir erleben und dessen Verstreichen wir weder verhindern noch krampfhaft vorantreiben wollen, etwa durch »Zeitvertreibe«. Wir sind einverstanden mit ihrem Voranschreiten und erleben uns im Einklang damit. Wir leben in dem Bewusstsein, dass genug Zeit da ist, und erleben Dankbarkeit, dass alles zu seiner Zeit geschehen darf. Wir achten die Zeit als zyklisches, pulsierendes, rhythmisches Phänomen, dem wir lauschen können, mit dem wir kooperieren können und dem wir uns immer wieder hingeben können.

Zeitwohlstand in traditionellen Kulturen

Die vorherrschende Zeitarmut in unserer Gesellschaft ist traditionellen Kulturen fremd. Ich erinnere mich gut an unzählige balinesische Tempelfeste, bei denen Stunde um Stunde verstrich, bevor irgendetwas Nennenswertes geschah. Festlich gekleidete Menschen harrten oft bei starker Hitze oder auch spätabends aus und warteten. Doch es war nicht jene Art von ungeduldigem Warten, die man bei uns kennt: der ständige Blick auf die Uhr, die nervösen, fahrigen Bewegungen, wie die eines gefangenen Tieres, die wachsende Empörung, das ständige Fragen, wann es nun endlich losgehe. Es war ein tief entspanntes Warten, das man vielleicht noch nicht einmal als Warten bezeichnen kann. Es war ein Warten ohne Ungeduld, ohne Sehnsucht. Es war mehr ein Da-Sein. Und natürlich wurde unterdessen geratscht und geraucht, geschwiegen und gespielt, gelacht und geflirtet.

Touristen, die sich damals noch deutlich seltener auf Tempelfeste verirrten, versuchten natürlich immer irgendwie herauszufinden, wann es denn nun endlich losgehen würde. Sie waren ja schließlich gekommen, um ein kulturelles Highlight einzufangen: einen traditionellen Maskentanz, junge Männer, die sich in Trance schlangenförmige Dolche in die Brust rammten, oder ein ähnliches Spektakel. Sie waren nicht gekommen, um einfach herumzusitzen.

Doch ihre Fragen stießen bei den Balinesen stets auf Unverständnis. Ihre Reaktion war immer die gleiche: ein kurzer, nervöser Seitenblick, bevor sie dann, wie es die balinesische Höflichkeit verlangt, eine Antwort fabrizierten. Diese lautete dann meist: »Ya, sebentar«, was so viel bedeutet wie: »Ja, gleich.« Wobei die Bedeutung des indonesischen Wortes »sebentar« noch viel dehnbarer ist als die des deutschen Ausdrucks »gleich«. Es kann auch »in mehreren Stunden« bedeuten. Wie der verlegene Seitenblick jedoch verriet, hatte die gefragte Person in Wahrheit keine Ahnung. Es wäre nur sehr unhöflich gewesen, das zuzugeben – mal ganz davon abgesehen, dass es außerordentlich unhöflich war, eine Frage zu stellen, auf die niemand eine Antwort haben konnte. Manchmal wurde auch entgegnet: »Wenn der Priester kommt.« So wenig hilfreich diese Aussage für einen europäisch geprägten Geist ist, so aufschlussreich ist sie bei genauerem Hinsehen: Es beginnt, wenn alles bereit ist. Und alles ist bereit, wenn alles bereit ist. Statt also wie wir ständig darauf hinzuarbeiten, zu einem bestimmten, zuvor festgelegten Zeitpunkt alles bereit zu haben, machen die Balinesen es genau umgekehrt: Sie richten den Zeitpunkt des Beginns danach, wann die Vorbereitungen abgeschlossen sind. Es stellt aus ihrer Sicht überhaupt kein Problem dar, wenn das bedeutet, dass einige auf die anderen warten müssen. Ist doch schön: Alle sind festlich geschmückt, der Heiratsmarkt läuft auf Hochtouren, die Kinder haben einen Riesenspaß, und dem bunten Treiben einfach zuzusehen ist ein Genuss. Es käme ihnen gar nicht in den Sinn, dass dies jemand als Zumutung empfinden könnte, da es in ihrem Weltbild – zumindest damals – das Konzept der Zeitverschwendung nicht gab.

Diese Gelassenheit im Umgang mit Zeit, diese völlige Unbekümmertheit – die in unseren Augen wie eine unfassbare Verschwendung Hunderter Stunden erscheint – ist keine Eigenart der Balinesen. In Ladakh leben die Menschen in den traditionellen Dörfern laut Norberg-Hodge ein »beinahe zeitloses« Leben. Sie haben ein »Übermaß an Zeit«. Alles geschieht in einem geruhsamen Tempo, auch wenn es gilt, in den wenigen kurzen Sommermonaten die Ernte für das ganze Jahr einzufahren. Alles hat seine Zeit und seine natürliche Geschwindigkeit: die Arbeit auf dem Feld, die Gebete in den kleinen Schreinen, das Spiel mit den Kindern und miteinander, der Bau der Häuser, das Hüten der Tiere, das Feiern der Feste, die Bestattung der Toten und vieles mehr.[36]

Eine mündlich überlieferte Anekdote von einer Entwicklungshilfekonferenz bringt den afrikanischen Blick auf unseren Umgang mit Zeit gekonnt auf den Punkt. Es geschah während eines Vortrages, der die Versklavung, Knechtung und Ausbeutung der afrikanischen Völker thematisierte. Würdevoll erhob sich eine Afrikanerin in traditioneller Kleidung und ergriff das Wort. Nicht die Afrikaner seien versklavt, führte sie an, sondern wir. Jeder von uns trage das Symbol seiner Versklavung an seinem Handgelenk – womit sie sich natürlich auf die damals noch weit verbreiteten Armbanduhren bezog.

Die Liste der Beispiele ließe sich endlos fortsetzen. Jeder Reisende, der aus eher traditionellen, bäuerlich geprägten Gegenden zurückkehrt, weiß von der unglaublichen Gelassenheit der Menschen dort zu berichten. Doch was ist geschehen? Warum ist das Erleben, keine Zeit zu haben, bei uns so weit verbreitet?

Zeitarmut heute – hast du Zeit oder hat sie dich?

Die Idee, dass Zeit ein Besitztum ist und dass es möglich ist, zu viel oder zu wenig davon zu haben, hat sich tief in unsere Psyche eingegraben. Sie hat unseren Umgang mit Zeit gravierend verändert und zwar dahingehend, dass Zeitarmut in unserer Gesellschaft die Norm und nicht die Ausnahme ist. Und wer wirklich viel Zeit hat, um mal in dieser seltsamen Logik zu bleiben – der Arbeitslose zum Beispiel oder der Greis –, empfindet sie oft als Qual.

Wenn wir den Satz »Ich habe keine Zeit« einmal genauer betrachten, sehen wir, dass dieser in enger Verwandtschaft mit einem ganz ähnlichen Satz steht: »Ich habe kein Geld.« Wie komme ich zu dieser Aussage? Geld ist, im Gegensatz zur Zeit, eine Erfindung des Menschen. Und Geld hat einige Merkmale, die der Zeit fremd sind, die wir jedoch unbewusst auf die Zeit übertragen haben. Geld ist eine fiktive Größe, die messbar und vor allem akkumulierbar ist. Wir können es horten, theoretisch bis ins Unendliche. Und wir können es verlieren.

Zeit hingegen ist zwar in gewisser Hinsicht messbar – wobei es sich hier nur um einen Aspekt von Zeit handelt, darauf gehe ich noch genauer ein –, sie ist aber nicht akkumulierbar. Wir können sie nicht sammeln. Anders als die grauen Herren im Roman *Momo* dem armen Gigi suggerieren, können wir Zeit nicht sparen. Sie vermehrt sich nicht auf einem Konto, wenn wir möglichst sparsam mit ihr umgehen, und wir verlieren sie auch nicht, wenn wir es mal so richtig krachen lassen.

Ist Zeit Geld?

Weite Teile unseres Wirtschaftssystems basieren auf dem einfachen Tauschhandel: Zeit gegen Geld. Dadurch werden zwei Dinge gleichgesetzt, die tatsächlich sehr verschieden sind. Die Logik dahinter ist bestechend einfach, in gewisser Hinsicht jedoch ziemlich brutal. Geld ist, wie wir gesehen haben, das universale Tauschmittel. In der heutigen Welt brauchen wir es, um zu überleben. Auf einer ganz pragmatischen, existenziellen Ebene gilt: ohne Geld keine Lebensmittel, ohne Geld kein Obdach, ohne Geld keine Kleidung. Unsere elementarsten Grundbedürfnisse sind ohne Geld heute schwer zu decken. Und auch wenn es möglich ist, wie mein Freund Raphael Fellmer mit seinem Geldstreik eindrucksvoll belegte: Die Überzeugung, dass nur wer über Geld verfügt, einen Anspruch auf die Deckung dieser Grundbedürfnisse hat, haben wir inzwischen tief verinnerlicht. Geld bedeutet also Überleben oder sogar Leben, da ohne Geld unser Recht auf Lebenserhaltung infrage steht.

Wenn Zeit mit Geld gleichgesetzt wird und Geld das universelle Tauschmittel ist, dann wird Zeit als Kapital betrachtet. Dann beginne ich mich, bewusst oder unbewusst, jeden Moment zu fragen, ob ich ihn wohl gut nutze, gewinnbringend nutze. Sei es genussmaximierend in der Freizeit. Oder beziehungsmaximierend mit dem

Kind oder Partner in der wenigen, kostbaren verbleibenden Zeit. Oder erkenntnismaximierend bei einer Auszeit. Oder erholungsmaximierend im Urlaub. Doch genau dieses Maximierungsdenken führt zu Zeitarmut, da es den Moment zu etwas macht, das es auszuquetschen und auszunutzen gilt, zu etwas, das konsumierbar ist. Und genau diese Haltung verhindert, dass wir den Augenblick erleben.

Diese Grundeinstellung ist auch der Nährboden für die Idee, dass wir, wenn wir es geschickt angehen, aus einem Tag mehr rausholen können. Wir können ihn so planen, dass die Termine und Aktivitäten perfekt ineinandergreifen, jede Minute optimal genutzt ist und wir am Ende des Tages zufrieden mit dem Geleisteten sind. Leider ist diese Herangehensweise zum Scheitern verurteilt. Zwar führt sie möglicherweise zu einer Vielzahl von abgehakten To-dos oder zahlreichen Erlebnissen in der Freizeit, doch unser Erleben von Zeitarmut ist dadurch nicht gelindert – im Gegenteil.

Zeit ist nicht Geld. Sie ist Leben. Wer lebt, ist eingebettet in das Phänomen Zeit, ist ihm unterworfen und von ihm getragen – ob es ihm bewusst ist oder nicht, ob es ihm gefällt oder nicht. Und egal, ob wir in einem hochmodernen Krankenhaus einer reichen Industrienation geboren wurden oder in einer einfachen Lehmhütte eines sogenannten Entwicklungslandes – wir alle sind dem Phänomen Zeit gleichermaßen ausgesetzt. Doch warum erleben wir sie dann so unterschiedlich?

Die zwei Dimensionen von Zeit

Ein gut gehütetes Geheimnis der Zeit lautet, dass sie mehrere Dimensionen hat. In unserer Kultur kennen wir nur die linear messbare Dimension, die sich in Sekunden, Minuten und Stunden unterteilen lässt. Die alten Griechen nannten diese Art von Zeit *Chronos*. In anderen Kulturen, oft solche, die wie die balinesische ein zyklisches Zeitverständnis haben, ist eine zweite Zeitdimension bekannt. Man könnte sie die vertikale Dimension von Zeit nennen, die alten Griechen nannten sie *Kairos*. Während die lineare Dimension von der Vergangenheit in die Zukunft verläuft, verbindet die vertikale Dimension den jeweiligen Moment mit der Ewigkeit. Das hört sich zunächst etwas abstrakt an, ist aber jenes Phänomen, das Zeit so dehnbar erscheinen lässt. Während für eine Maschine oder ein Atom jede Sekunde oder jede Minute gleich lang sind, trifft das für unser Bewusstsein überhaupt nicht zu.

Es gibt Stunden und Tage, die vergehen wie im Flug, und es gibt Minuten, die sich endlos hinzuziehen scheinen. Dieses Phänomen kennt jeder aus der Schule, wo eine Stunde Unterricht – die ja noch nicht einmal eine volle Stunde ist! – unendlich lang erscheinen kann. Die dreißig Sekunden, die der Zahnarzt an unserem Backenzahn herumbohrt, kommen uns oft länger vor als die halbe Stunde im Wartezimmer. Genauso wenn wir auf einen Zug warten und sich der Zeiger der Bahnhofsuhr unendlich langsam zu bewegen scheint. Hetzen wir hingegen durch den Bahnhof, um unsere Bahn noch zu erwischen, rasen die Minuten oft dahin, als hätte jemand die Zeiger geölt.

Eine Erklärung für dieses veränderte Zeiterleben ist die vertikale Dimension von Zeit, die sich nur erschließt, wenn wir präsent sind. Sie sorgt dafür, dass sich die Zeit in unserem Erleben ausdehnt. Und deshalb ist Zeitwohlstand etwas, das paradoxerweise durch Verlangsamung entsteht, durch Entschleunigung, durch Muße.

Die starke Fixierung auf lineare Zeit ist eine der Ursachen von Zeitarmut. Durch sie betrachten wir Zeit als ein Konsumgut, eine Ressource, die es möglichst effizient zu nutzen gilt. Diese Haltung führt dazu, dass wir beginnen, Tauschhandel mit ihr zu treiben, und sie scheibchenweise eintauschen, zum Beispiel gegen Geld oder gegen Erlebnisse. Was geschieht jedoch, wenn wir uns für einen Augenblick freimachen von der Idee, dass Zeit ein Rohstoff ist, über den wir verfügen können? Den wir gewinnbringend nutzen können? Den wir ausbeuten können? Den wir konsumieren können? Was ist Zeit dann?

Dieser eine ewige Moment

Was dann bleibt, ist das Erleben des Augenblicks. So wie dieser Moment, in dem du diese Worte liest. Auch wenn ich nichts über dich weiß: Als Mensch bist du eingebettet in das Phänomen Zeit. Und solange du lebst, steht dir Zeit zur Verfügung. Anders ausgedrückt: Du *hast* sie nicht, sondern du *bist* sie. Worauf ich hinausmöchte: Solange du da bist, ist Zeit da. Daran kannst du nichts ändern. Nichts was du tust oder unterlässt kann dazu führen, dass du – im jeweiligen Moment – mehr oder weniger Zeit hast als ein anderer Mensch. Diese Tatsache, dass Zeit immer da ist, solange wir da sind, kann uns sehr frei machen. Sie ist der Schlüssel zu der unendlichen Gelassenheit, die sich in genau jenen sogenannten Entwicklungsländern beobachten lässt, die wir oft vorschnell als arm bezeichnen. Sie ist der Schlüssel zu Zeitwohlstand.

Die Erkenntnis, dass Zeit etwas ist, das wir weder horten noch verschwenden können, sondern nur etwas, das wir erleben, führt zu einem völlig anderen Umgang mit dem Phänomen Zeit. Im Gegensatz dazu führt die Idee, dass wir Zeit nutzen können, wie bereits erwähnt zu Zeitarmut. Genau wie die Idee, dass wir einen Menschen für unsere Zwecke nutzen können, zu Beziehungsarmut führt. Eine solche Haltung schneidet uns von der Zeit beziehungsweise von dem Menschen ab. Und dann ist es wirklich so, wie wir oft sagen: Dann »haben« wir keine Zeit, weil wir mit ihr nicht in Kontakt sind. Dann ist sie etwas Totes, wie das Geld auf unserem Bankkonto oder der Gewinn, den ich aus der Ressource Mensch gezogen habe, wenn ich eine Beziehung für meine Zwecke benutze.

Der Schlüssel: Entschleunigung

Das Erleben von Zeitwohlstand erschließt sich also nicht durch Beschleunigung, sondern durch das genaue Gegenteil. Was Zeiterleben betrifft, ist weniger mehr. Entschleunigung, Verlangsamung, das Zulassen von Leerlauf sind jene Bewegungen, die ein bewusstes Erleben von Zeit erst ermöglichen. Und sie sind unserer Kultur sehr fremd geworden. Es gehört ja schon zum guten Ton, keine Zeit zu haben! Wer Zeit hat, ist offenbar nicht wichtig. Er weiß nicht, wie er sich gut einbringen kann in den permanenten Kampf um das perfekte Leben. Er ist abgehängt und ausgeklinkt. Wer wichtig ist, hat keine Zeit, ist fortwährend eingespannt und ausgebucht, angefragt und überbeansprucht.

Ein Gefühl von Wohlstand entsteht, wenn wir erleben, dass genug von etwas da ist, ohne zu viel zu sein. Die weit verbreiteten Zeitvertreibe zeigen, dass wir neben unserem permanenten Kampf um ausreichend Zeit zugleich auch Angst davor haben, sie könnte uns zu viel werden. Daher vertreiben wir sie mit Zeitvertreiben. Doch was geschieht, wenn wir die Zeit weder vollstopfen oder ausnutzen noch verscheuchen? Wenn wir sie einfach da sein lassen? Zum Beispiel in diesem Moment, da du diese Worte liest. Tust du dies eilig, um möglichst schnell möglichst viel aus diesem Buch herauszuholen? Gibt es einen Teil von dir, der sich ständig fragt, ob du deine Zeit vielleicht besser nutzen könntest? Oder bist du froh, dass es deine Aufmerksamkeit bindet und du dich gerade nicht fragen musst, was du als Nächstes tun könntest?

Wie wäre es, das Buch für einen Moment zur Seite zu legen und einfach mal nichts zu tun? Nicht nachdenken über das, was ich gesagt habe, keine Handynachrichten checken, keinen Tee kochen, sondern einfach mal nichts. Findest du das eine angenehme Idee oder eine völlig absurde? Wäre es Zeitverschwendung oder ein Genuss?

Meine Erfahrung mit Zeitwohlstand ist, dass er sich zunächst über genau solche Lücken im geschäftigen Alltag erschließt. Es sind diese Lücken, die ein direktes, bewusstes Erleben von Zeit ermöglichen. Und in diesem direkten Erleben von Zeit geschieht das direkte Erleben von Leben. Wir kommen in Kontakt mit uns selbst und dem, was uns wirklich wichtig ist. Wir beginnen, uns zu spüren.

Effizienz versus Effektivität

Einer der Treiber von Zeitarmut ist das Effizienzdenken. Dahinter steckt die Idee, dass wir immer schneller rennen und dadurch in weniger Zeit mehr Strecke zurücklegen können. Oder dass wir die Abläufe so optimieren, dass immer weniger Menschen oder Ressourcen gebraucht werden, um ein bestimmtes Ergebnis zu erzielen. Dieses Denken ist per se nicht verkehrt. Ich würde sogar so weit gehen zu sagen, dass es die Grundlage des materiellen Wohlstands in den reichen Industrienationen ist. Es hat uns dazu befähigt, mit immer weniger Aufwand immer mehr zu schaffen. Und jeder, der mal versucht hat, in einer traditionellen Kultur etwas effizient zu organisieren, entwickelt ganz unmittelbar eine gehörige Portion Wertschätzung für diese Effizienz.

Eine kleine Anekdote, die viele Asienkundige so oder so ähnlich unzählige Male erlebt haben, dürfte verdeutlichen, was ich meine. Als junge Frau lebte ich einige Jahre in Indien. Das Land war damals noch weitgehend von der Globalisierung abgeschirmt, und es war ganz normal, sich Kleidung bei einem Schneider anfertigen zu lassen, statt sie in einem Laden zu kaufen. Mein Mann und ich hatten etwas in Auftrag gegeben und kamen am vereinbarten Tag wieder, um es abzuholen. Wobei »vereinbarter Tag« genau genommen nicht stimmt. Es war der Tag, von dem wir geraten hatten, dass es fertig sein könnte und dem der Schneider auf unseren Vorschlag hin zugestimmt hatte. Natürlich nur aus Höflichkeit und weil er auch keine konkretere Vorstellung davon hatte, wann es fertig sein würde.

Als wir an den kleinen, zur Straße hin offenen Laden herantraten, wurden wir mit einem etwas überraschten Blick empfangen. Ich wusste schon, was dieser Blick bedeutete: Es war nicht fertig. Als wir fragten, wann es fertig sein würde, bekamen wir eine einfache Antwort: »Kal.« Das kleine Hindi-Wörtchen *kal* hat es in sich. Es kann »morgen« bedeuten. Es kann jedoch genauso gut »übermorgen«, »in drei Tagen« oder »nächste Woche« bedeuten. Und, für den europäischen Geist gänzlich unverständlich: Es kann sogar »gestern« bedeuten.

Nun war das natürlich in dieser Situation das geringste Problem. Klarerweise würde das Kleidungsstück nicht gestern fertig sein. Doch es zeigt, was *kal* eigentlich bedeutet: nicht jetzt. Die Situation wurde nicht besser durch das völlige Unverständnis, mit dem der Schneider auf unseren Unmut reagierte. Er konnte nicht nachvollziehen, was denn bitte schön das Problem an der Sache sein sollte. War ja nicht seine Idee gewesen, dass es heute fertig sein sollte, und er fühlte sich auch nicht dafür zuständig, dass es nicht fertig war. Entsprechend ließ er sich durch unseren Unmut auch nicht aus der Ruhe bringen.

Ich kenne Europäer, die bei dem Versuch, in Indien etwas auf die Beine zu stellen, einen Nervenzusammenbruch erlitten. Es liegt auf der Hand: Die völlige Missachtung der linearen Zeit und damit auch der Effizienz kann zwar zu beneidenswerter Gelassenheit führen, sie hat jedoch auch entscheidende Nachteile. Indien ist in den letzten zwanzig Jahren übrigens deutlich effizienter geworden, was auch zu mehr materiellem Wohlstand geführt hat. Doch das ist bekanntlich nicht unsere Baustelle. Wir haben längst den Punkt überschritten, an dem Effizienzsteigerung zu mehr Wohlstand führt.

Sehr hilfreich finde ich in diesem Zusammenhang die Unterscheidung von Effizienz und Effektivität. Während es bei Effizienz darum geht, wie wir etwas tun, geht es bei Effektivität darum, was wir tun. Ist das Ziel der Aktivität überhaupt das richtige? Wir sind unglaublich gut darin geworden, mit wachsender Effizienz immer mehr materiellen Wohlstand zu schaffen. Doch was wir tun, ist nicht effektiv, weil es auf Kosten anderer Wohlstandsformen geht. Es ist nicht effektiv für unser eigenes Wohlbefinden, und es ist nicht effektiv für das Wohlergehen unserer Mitmenschen und Mitwelt.

Während Effizienzsteigerungen durch Beschleunigung möglich sind, trifft auf Effektivität das Gegenteil zu. Es bedarf der Entschleunigung, oft sogar des Innehaltens, um zu spüren, was jetzt stimmig oder wesentlich ist. Genau dieses Innehalten erlebten wir durch die Corona-Maßnahmen. Und während sich Politikerinnen und Politiker mit Vorschlägen überboten, mit welchen Milliardenbeträgen man die Wirtschaft wieder ankurbeln könnte, wurden auch andere Stimmen laut: »Lasst uns die Krise nutzen, um überfällige Systemkorrekturen zu wagen. Lasst uns bei einem Neustart konsequent auf klimafreundliche Technologien setzen. Lasst uns die wachsende soziale Ungerechtigkeit in unserem Land, auf unserem Kontinent, auf der ganzen Welt korrigieren.«

Effizienz und Effektivität unterscheiden sich grundlegend, doch es geht nicht darum, das eine zugunsten des anderen zu vernachlässigen. Die Fähigkeit, gewisse Aufgaben effizient zu erledigen, kann Freiräume schaffen, um zu entschleunigen oder innezuhalten. Voraussetzung dafür ist ein Abschied vom »Schneller-höher-weiter«-Paradigma, denn sonst wird jeder Freiraum sofort von effizienzgetriebenem Weiterrödeln vereinnahmt. Das ist die Grunddynamik des berühmten Hamsterrads, in dem wir uns kollektiv und viele auch persönlich befinden.

Diese Grunddynamik wurde von dem Ökonomen und wichtigen Vordenker E. F. Schumacher auf ausgedehnten Reisen auch in Bezug auf zeitsparende Maschinen beobachtet. Er stellte fest, dass mit dem Einsatz zeitsparender Technologien die Zeit für echte Muße sinkt. Beides verhielte sich umgekehrt proportional zueinander: je mehr zeitsparende Maschinen, desto weniger Muße.[37] So verrückt diese These auf den ersten Blick erscheinen mag, sie bestätigt sich durch eigene Beobachtung. Dieses Phänomen erklärt sich dadurch, dass wir mit der stetig steigenden Geschwindigkeit unserer Maschinen mithalten müssen. Früher war Wäschewaschen eine tagesfüllende Aufgabe. Dennoch kommt heute niemand auf die Idee, die Waschmaschine anzuschmeißen und sich dann über einen freien Tag zu freuen. Weil alles so schnell geht, wird es eben auch schnell-schnell gemacht: die E-Mails auf dem Weg zur Arbeit, die Wäsche noch kurz zwischen Feierabend und Kochen, Shopping per Smartphone, während nebenher der Kaffee durch die Maschine läuft, und so weiter. Zudem haben wir alle Zeitspannen wegrationalisiert, in denen wir früher innehalten mussten, um den Dingen ihren Lauf zu lassen: die Früchte reifen lassen, die Wäsche einweichen, trocknen oder bleichen lassen, die Scheite im Ofen Feuer fangen lassen, um nur einige Beispiele zu nennen.

Heute müssen wir dieses Innehalten und die Entschleunigung bewusst suchen, um mit uns selbst und dem eigenen inneren Navi in Kontakt zu kommen. Und nur aus dieser inneren Anbindung können wir meiner Erfahrung nach effektiv wirksam sein. Um es auf den Punkt zu bringen: Es ist weitaus effektiver, pro Woche eine Sache aus einer solchen inneren Anbindung zu machen, als mit hoher Effizienz dreihundert To-dos abzuhaken, denen diese Anbindung fehlt. Es ist effektiver, weil jene Handlungen, die aus innerer Anbindung geschehen, oft auf verblüffende Weise wirksam sind. Es sind jene Initiativen, die fast magisch mit anderen Ereignissen ineinandergreifen: Türen gehen auf, bevor wir überhaupt angeklopft haben; Menschen scheinen auf unseren Anruf gewartet zu haben; die Dinge fügen sich, eines zum anderen.

Um ein weiteres Beispiel nochmals aufzugreifen: Es ist nicht effizient, selbst Gemüse anzubauen. Von der Warte des reinen Effizienzdenkens aus ist es viel vernünftiger, nach dem Fitnessstudio schnell beim Supermarkt zu halten oder gleich ein Take-away zu bestellen. Aber wenn wir das Gesamtpaket der Bedürfnisse betrachten, die durch den Eigenanbau von Nahrung und deren Zubereitung gestillt werden, dann ist es hochgradig effektiv. Weil es uns auf mehr Ebenen nährt, als wir jemals messen oder auch nur benennen können.

Zeit und Zeitqualität

Entschleunigung und innere Anbindung ermöglichen es uns auch, mit der Zeitqualität in Kontakt zu kommen. Die bereits erwähnte Gleichstellung von Zeit und Geld in unserem Denken hat dazu geführt, dass Zeit genau wie Geld als neutraler Rohstoff betrachtet wird. Der Tag hat 24 Stunden, davon werden acht gearbeitet, acht geschlafen, und acht stehen für Hausarbeit, Kinderhüten, private Beziehungen und Hobbys zur Verfügung. Auf die Spitze getrieben wird dies im Schichtbetrieb, bei dem die Elemente im Leben der Betroffenen wild durcheinandergeworfen werden, mit verheerenden Auswirkungen auf die Gesundheit und die Beziehungen. Es missachtet, dass der Morgen eine andere Zeitqualität hat als der Abend oder die Nacht. Es verkennt, dass der Mensch keine Maschine ist. Das Gleiche gilt für die Jahreszeiten: Heizungen und Klimaanlagen, Erdbeeren aus Südafrika im Winter und andere Errungenschaften haben uns auch dieser Rhythmen zunehmend entfremdet.

Doch die Jahreszeiten und der Tag-Nacht-Rhythmus sind nur zwei von unzähligen Zyklen und Rhythmen, die sich unablässig im Universum abspielen. Hoch entwickelte indigene oder traditionelle Kulturen verfügen über zyklische Kalendersysteme, die von uns aufgeklärten Europäern schon immer gerne als Aberglaube belächelt wurden. Sehr bekannt geworden ist der Maya-Kalender, der angeblich im Dezember des Jahres 2012 endete, was Anlass zu so manchen Weltuntergangsspekulationen gab. Das ist natürlich Quatsch, ein zyklischer Kalender endet nicht, sondern er beginnt stets wieder von vorne. Was jedoch im Dezember 2012 eintrat, war, dass mehrere Zyklen im Maya-Kalender gleichzeitig endeten.

Auch die Balinesen verfügen über ein zyklisches Kalendersystem. Es ist so komplex, dass einem richtig schwindelig wird, wenn man sich da hineindenkt. Während bei uns jede Woche bekanntlich sieben Tage hat, besteht eine balinesische Woche aus mindestens einem und maximal zehn Tagen. Diese Wochen laufen nicht nacheinander ab wie unsere, sondern alle parallel. Das bedeutet, dass ein einziger Tag zugleich der erste Tag der Dreitageswoche, der fünfte Tag der Achttageswoche, der neunte Tag der Zehntageswoche und so weiter sein kann. Das Ganze verschiebt sich natürlich ständig, sodass kein Tag dem anderen gleicht. Wer jetzt denkt, dass zumindest jeder Tag eine Eintageswoche ist, den muss ich enttäuschen: Manche Tage sind eine Eintageswoche und manche nicht. Festtage finden statt, wenn ein bestimmter Tag einer Woche zusammenfällt mit bestimmten Tagen weiterer Wochen. Die Priester und Priesterinnen haben alle Hände voll zu tun, um den Überblick über all die Wochen und ihre Tage zu behalten und rechtzeitig entsprechende Feiertage zu erkennen.

Astrologen jeder Kultur machen nichts anderes. Sie befassen sich mit Zeitqualität. Der Lauf der Gestirne, den Menschen seit Urzeiten beobachten, ist nichts anderes als ein hochkomplexer Kalender, in dem unzählige Zyklen parallel ablaufen und sich endlos wiederholen. Seriöse Astrologen sagen nie bestimmte Ereignisse voraus, sondern sie berechnen die Zeitqualität, die an einem bestimmten zukünftigen Zeitpunkt vorherrschen wird. Wie sich diese äußern und zeigen werden, kann kein Astrologe vorhersagen. Es steht nicht in den Sternen. Solche Berechnungen von zyklischen Kalendern beruhen in jeder Kultur auf Jahrhunderten, vielleicht sogar Jahrtausenden an Erfahrungswissen, während derer die Bewegungen des Ganzen beobachtet wurden. Ein guter Astrologe muss über mehrere Jahrzehnte hinweg seine Kalender beobachtet und mit seinen eigenen Erfahrungen abgeglichen haben. Meines Erachtens spielt es keine Rolle, ob es sich dabei um den balinesischen Kalender, die Gestirne oder um den Maya-Kalender handelt.

Zeitwohlstand ermöglicht es uns, mit der aktuellen Zeitqualität, *Kairos*, in Kontakt zu sein und mit ihr im Einklang zu leben. Ob du dich gerne mit Astrologie oder dem Maya-Kalender befasst, ist dabei zweitrangig. Wenn es dir Freude macht, schön. Lass es nur keine allzu verkopfte Angelegenheit werden. Ich persönlich bevorzuge es, die Zeitqualität zu spüren und mit ihr zu kooperieren. Deshalb ist es für mich von hohem Wert, in meinem Leben viel unstrukturierte Zeit zu haben – also Zeit, die nicht von rigiden Plänen und Abläufen, *Chronos*, vereinnahmt ist. Das ermöglicht es mir, jeden Tag, jeden Moment zu lauschen und mich im Einklang mit der aktuellen Zeitqualität zu bewegen. Es führt dazu, dass die Dinge leicht von der Hand gehen, und lässt mich oft sehr effektiv arbeiten. Es hat auch zur Folge, dass ich oft als sehr beschäftigt und hart arbeitend wahrgenommen werde, ich selbst jedoch in einem ständigen Empfinden von Zeitwohlstand lebe.

Alles zu seiner Zeit

Das Bewusstsein, dass alles seine eigene Zeit hat, findet sich zwar noch in den Sprüchen unserer Großmütter, doch in unserem Alltag scheint es uns komplett abhandengekommen zu sein. Unser mechanistisches Weltbild besagt, dass wir es in der Hand haben sollten, wann es Zeit ist. Unsere Aufgabe besteht darin, zu planen, zu berechnen, zu quantifizieren und vor allem zu kontrollieren, damit die Dinge zur vorgesehenen Zeit geschehen. Und zwar nicht, wie es die Zeit oder das Leben vorgeben, sondern wie wir es vorgeben.

Auf die Frage, wann ein guter Zeitpunkt für ein bestimmtes Vorhaben sein könnte, lautet die Antwort in der Regel: »Je früher, desto besser.« Sprüche wie »Was du heute kannst besorgen, das verschiebe nicht auf morgen« reflektieren diese Haltung. Die Idee dahinter ist genau jene Ökonomisierung der Zeit: schnell-schnell alles wegarbeiten und erledigen, dann sind wir morgen schon weiter als heute. Aber stimmt das? Sind wir dann morgen wirklich weiter als heute? Oder beschleunigen wir nur immer mehr, packen die Tage immer voller, rennen immer schneller und verpassen dabei einen kostbaren Tag nach dem anderen?

Diese mechanistische Sichtweise von Zeit verkennt, dass alles seine eigene Zeit hat. Kairos war bei den alten Griechen auch ein Gott, und zwar der Gott des günstigen Augenblicks, der sich nur erschließt, wenn wir präsent sind. Die alte Redewendung »wenn die Zeit reif ist« bringt dies wunderbar auf den Punkt. Ich möchte das anhand eines Beispiels aus meinem eigenen Leben erläutern, durch das ich die volle Tragweite dieser Weisheit neu begreifen durfte. Als ich vor über vier Jahren die Organisation Tree Sisters kennenlernte, war ich von ihrer Mission sofort sehr berührt. Tree Sisters sind Frauen, die Bäume pflanzen, als Ausdruck einer neuen

Beziehung zur Erde. Ich wurde selbst Tree Sister und gebe seitdem jeden Monat einen bestimmten Betrag, um Bäume zu pflanzen. Doch ich spürte, dass ich mehr tun wollte. Ich kontaktierte die Organisation und machte verschiedene Kooperationsangebote. Insbesondere wollte ich in Deutschland über die Be the Change Stiftung Gelder für die Mission von Tree Sisters sammeln.

Meine Ansprechpartnerin war davon sehr angetan. Doch leider hatte die junge, kleine Organisation keine Kapazitäten, um irgendetwas davon in die Tat umzusetzen. Die letzte E-Mail, die ich von Tree Sisters erhielt, endete mit den Worten: »Wenn die Zeit reif ist.« Ich war über diese Aussage nicht glücklich. Meine Motivation war hoch, ich wollte Bäume pflanzen und zwar jetzt. Doch es ging nicht weiter. Ein Teil von mir sagte sich: »Das ist ja auch eine bequeme Ausrede, nur weil sie keine Kapazitäten haben.« Doch zugleich arbeitete der Satz in mir. Vor meinem inneren Auge sah ich immer wieder, wie ein Baum wächst: Es geschieht in seiner eigenen Zeit und lässt sich nicht beschleunigen. Der Wunsch, viele Bäume zu pflanzen und andere dafür zu begeistern, blieb über Jahre in mir lebendig. Doch nichts geschah.

Und dann kam der Tag, an dem die Zeit offenbar reif war. Die Organisation Pioneers of Change, mit der ich schon lange zusammenarbeite, erzählte mir von ihrem Vorhaben, Bäume zu pflanzen. Gemeinsam etablierten wir eine Partnerschaft mit Eden Projects – einem der Pflanzpartner von Tree Sisters. Innerhalb von wenigen Wochen sammelten wir im Rahmen der Initiative »Bäume für den Wandel« genügend Mittel für 250 000 neue Bäume. Es entstand eine Community von Menschen, die sich entschieden, jeden Monat weiter zu pflanzen. Und alles geschah fast von selbst, in großer Leichtigkeit und Freude.

Seitdem ist mir noch mehr bewusst, wie absurd es ist, Dinge forcieren zu wollen, deren Zeit offenbar noch nicht gekommen ist. Dabei geht es mir nicht darum, einfach untätig die Hände in den Schoß zu legen und abzuwarten, bis das Schicksal an die Tür klopft. Doch genauso kontraproduktiv ist das andere Extrem: die irrige und sehr belastende Annahme, wir hätten es in der

Hand, wir wären diejenigen, die bestimmen sollten, wann etwas geschieht.

Wie so oft ist es der mittlere Weg, der die Dinge mit Leichtigkeit geschehen lässt. Indem wir aktiv werden, ohne etwas forcieren zu wollen. Indem wir loslassen, sobald wir merken, dass es gerade nicht vorangeht, ohne den inneren Kontakt zu dem zu verlieren, was uns wichtig ist.

Zeitwohlstand und das damit verbundene Wissen darum, dass alles seine Zeit hat, lässt uns hier gelassener werden. Wenn etwas nicht klappt, dann ist die Zeit vielleicht einfach noch nicht reif. Es muss daran niemand schuld sein. Weder haben wir noch sonst irgendjemand versagt. Es ist einfach noch nicht Zeit.

Um Zeitwohlstand bewusst zu kultivieren, können wir üben, regelmäßig innezuhalten und nichts zu tun, als unsere Aufmerksamkeit auf den jeweiligen Moment zu richten. Wir können neu definieren, wann ein Tag oder eine Woche voll ist, und darauf achten, dass auch unstrukturierte Zeiten und Leerlauf ein selbstverständlicher Teil unseres Alltags sind. Oder wir verbringen Zeit mit Kindern und alten Menschen, ohne ein Programm zu haben oder einer strukturierten Tätigkeit nachzugehen. Was in unserem Leben können wir loslassen, um mehr Zeitwohlstand zu leben? Dabei kann es sich um Beziehungen, Verpflichtungen, Ziele, Vorstellungen, Hobbys oder einen Job handeln. Auch Ausmisten ist hilfreich. Die meisten Dinge brauchen Zeit, damit wir sie überhaupt nutzen können. Wenn wir viele ungenutzte Dinge besitzen, erzeugt das leicht ein Gefühl von Zeitmangel, denn jedes Ding scheint zu rufen: Wann hast du Zeit für mich?

2
Beziehungswohlstand

Wenn es um gute Connections für das eigene Fortkommen geht, wird oft von Vitamin B gesprochen. Gemeint sind Beziehungen, die wir so nutzen können, dass wir davon profitieren. Gerne spricht man ja auch davon, seine Beziehungen spielen zu lassen. Ähnlich wie bei der Zeit gibt es einen Sog, Beziehungen nach dem Nützlichkeitsprinzip zu bewerten oder sie zu horten, um den eigenen Status zu erhöhen. Dieser Trend wird in den sozialen Medien überdeutlich. Tausende von Facebook-Freundschaften, wertvolle Verbindungen auf Linked-In, möglichst viele Follower auf Instagram oder Twitter – Beziehungen sind zu einer neuen Währung geworden und werden von Influencern tatsächlich zu Geld gemacht.

Beziehungswohlstand ist jedoch etwas ganz anderes. Er hat nichts mit dem Profit zu tun, den wir aus Beziehungen schlagen. Er ist auch nicht das soziale Kapital, von dem man zuweilen spricht, wenn jemand seine Zugehörigkeit zu gewissen Kreisen zum eigenen Vorteil nutzen kann. Ich bin mit diesen Beispielen gestartet, um zu zeigen, wie weit auch unsere Beziehungen vom Profitdenken eingenommen sind. Wirklicher Beziehungswohlstand beginnt jedoch dort, wo Profitdenken aufhört oder nie angefangen hat. Er hat nichts mit Quantität, sondern nur mit der Qualität von Beziehungen zu tun. Und diese Qualität entsteht in dem Moment, in dem wir beginnen, eine Verbindung oder ein Wesen um ihrer selbst willen zu schätzen. Man könnte sagen, sie beginnt mit Liebe.

Das bedeutet nicht, dass Beziehungen uns nicht nutzen. Im Gegenteil, wirklich verbindliche Verbindungen entstehen, wenn wir einander brauchen. Doch der himmelweite Unterschied zwischen »eine Hand wäscht die andere« und »füreinander da sein« ist eben die Liebe. Im einen Fall benutzen wir einander, im anderen schätzen wir einander. Das Eine ist berechnend und von Gier getrieben: gegeben wird das Nötige, genommen das Mögliche. Das Andere ist geprägt von Schenken: Was ich geben kann, bereitet mir mindestens so viel Freude wie das, was ich empfangen kann. Da die Verbindung an sich der größte Schatz ist, ist es allen Beteiligten ein Grundbedürfnis, dass Geben und Nehmen immer wieder ausgeglichen werden.

Durch diese Verbindlichkeiten, die Gemeinschaften zusammenhalten, entsteht ein ganz selbstverständliches Gefühl von Zugehörigkeit. Dieses ist uns heute zunehmend abhandengekommen, dabei ist es zentral für unser Erleben von Beziehungswohlstand. Es geht nicht um eine Ansammlung von möglichst aufregenden Kontakten auf Partys oder anderen Events. Diese Form von Pseudo-Zugehörigkeit ist ein Surrogat für das ganz selbstverständliche Erleben, in ein lebendiges und vor allem tragendes Beziehungsnetzwerk eingebettet zu sein.

Alle meine Beziehungen

Wenn ich von Beziehungswohlstand spreche, dann meine ich nicht nur die Beziehungen zu anderen Menschen. Es geht hierbei genauso um die Beziehungen zu anderen Spezies – den Tieren, den Pflanzen – und überhaupt zum gesamten Universum. Das mag sich jetzt vielleicht sehr abgehoben anhören, doch wenn wir traditionelle Kulturen betrachten, zeichnen sich diese immer durch einen Beziehungswohlstand aus, der weit über den zwischenmenschlichen Bereich hinausgeht. Ja, in traditionellen Kulturen leben und arbeiten Menschen in einem engen Gefüge. Sie sind eingebettet in großfamiliäre Strukturen, in Dorfgemeinschaften, in größere regionale Verbände. Diese Strukturen geben den Menschen ein Erleben von Zugehörigkeit, Geborgenheit und natürlicher Identität, das der moderne Stadtmensch nie erfahren wird.

Neben der menschlichen Gemeinschaft zeichnen sich traditionelle Kulturen auch durch andere Formen von Beziehungswohlstand aus, die für uns erstmal gar nicht sichtbar sind. Ich spreche zum einen von den Beziehungen zu den Tieren und Pflanzen in ihrer Umgebung sowie zu den Zyklen der Natur, die bei einer traditionellen Lebensweise ganz selbstverständlich dazugehören. Zum anderen geht es um die Beziehungen zur geistigen oder mystischen Dimension des Menschseins und deren Zyklen. Jede traditionelle Kultur verfügt über Riten, in denen diese Beziehungen ganz selbstverständlich gepflegt werden. Weil sie zum Leben einfach dazugehören, genau wie alle anderen Beziehungen auch.

Ich werde auf diese ökologischen und spirituellen Aspekte von Beziehungswohlstand in den Kapiteln eingehen, die sich mit diesen Formen von innerem und äußerem Wohlstand befassen. Ich wollte jedoch an dieser Stelle darauf hinweisen, dass es bei Beziehungswohlstand um weit mehr geht als um zwischenmenschliche Beziehungen. Es geht darum, uns als eingewoben zu erleben in ein Netzwerk von Verbindungen, die uns tragen.

Verbindung und Verbindlichkeiten

Wir sehnen uns nach Verbindung, doch wir scheuen Verbindlichkeiten. Der Vorteil einer Ware oder Dienstleistung ist, dass ich ohne bleibende Verbindlichkeiten ein Bedürfnis erfüllen kann. Wie bei dem Beispiel, als ich meine Mutter vom Bahnhof abholen wollte: Der Taxifahrer hätte seine zwanzig Euro bekommen, und zwischen uns wären keine Verbindlichkeiten offengeblieben. Sehr praktisch. Anders ist es mit meiner Nachbarin. Zwischen uns ist eine Verbindlichkeit entstanden. Wenn sie mal an meiner Tür klingelt und etwas braucht, werde ich sie kaum abweisen können. Ich persönlich finde das in dem Fall schön, doch es schränkt meine Freiheit in gewisser Weise ein. Wenn es mein Hauptziel ist, frei von Beziehungen zu sein, dann versuche ich das natürlich zu vermeiden. Lieber nehme ich zwanzig Euro in die Hand.

Nur leider wird sie vermutlich nie an meine Tür klopfen. Es ist heute so selten geworden, dass jemand irgendwo klingelt, um nach etwas zu fragen oder um etwas zu bitten. Und sei es nur um ein offenes Ohr oder eine Umarmung. In einer Welt, in der ich alles kaufen kann, wirkt das wie eine unnötige Belästigung. Deshalb war es mir unangenehm, meine Nachbarin anzurufen, und daher habe ich zunächst drei Taxiunternehmen abtelefoniert. Doch von dort ist der Schritt nicht weit zu einer Welt, in der niemand mehr einen Freund anruft, wenn es ihm schlecht geht, denn dafür gibt es ja den Coach oder Psychologen. Und vielleicht kommen wir irgendwann dahin, dass niemand mehr danach fragen kann, in den Arm genommen zu werden, denn auch dafür gibt es ja professionelle Dienstleister, die man bezahlen kann. Wenn einem dafür die Mittel fehlen, ist man selber schuld. Muss man halt dafür sorgen, dass man es sich leisten kann.

Verbindlichkeiten sind jedoch nicht nur lästiges Beiwerk, das wir in Beziehungen nach Möglichkeit vermeiden sollten. Sie sind auch die unsichtbaren Fäden, die Beziehungsnetzwerke zusammenweben. Und diese Beziehungsnetzwerke sind für uns Menschen unverzichtbar, da sie uns Halt, Sicherheit und Geborgenheit geben.

Die Suche nach Halt

Verbindlichkeiten schränken unsere Freiheit ein, das ist wahr. Doch sie geben uns auch Halt. Die Gewissheit zu haben, dass es Menschen gibt, auf die wir uns verlassen können, ist eines unserer tiefsten Bedürfnisse. Sie gibt uns ein Empfinden von Sicherheit, das keine Versicherungen, keine Überwachungssysteme, keine Security, keine Geldsumme uns je vermitteln können. Wen kannst du anrufen, wenn du in Not bist? Wer ist für dich da, wenn du nicht mehr weiterweißt? Wen kannst du um Hilfe bitten, ohne groß erklären zu müssen, warum oder wofür? Wer in deinem Leben freut sich, wenn er etwas für dich tun kann? Auf wen kannst du zählen, wenn es hart auf hart kommt?

Und umgekehrt: Für wen bist du dieser Mensch? Denn genau wie wir Halt von anderen brauchen, haben wir das elementare Bedürfnis, dass andere uns brauchen. Leider wurde dieses ganz natürliche Bedürfnis in den letzten Jahrzehnten immer wieder pathologisiert. Bedürftigkeit und Abhängigkeit sind fast zu Schimpfworten verkommen. Männer wie Frauen sollen heute selbstständig, unabhängig und autark sein. Wer den Drang hat, von anderen gebraucht zu werden, definiert sich angeblich zu stark über andere. Viel besser ist es doch, auf eigenen Füßen zu stehen, sich selbst zu verwirklichen, sein Leben zu genießen, statt immer für andere da zu sein.

Tragende Beziehungsnetzwerke entstehen, wenn wir uns wieder trauen, einander zu brauchen und füreinander da zu sein. Mit wem kannst du mehr Verbindlichkeit und dadurch Verbindung wagen? Wer kann sich noch mehr an dich anlehnen – und bei wem kannst du dich anlehnen? Verbinde dich bewusst mit Menschen, auf die du dich verlassen kannst und werde selbst mehr zu einer Person, auf die andere sich verlassen können. Du wirst merken, dass es dein Leben schöner, entspannter und sicherer macht.

Rückzug ins Private

In der balinesischen Dorfgemeinschaft meiner Kindheit war all das ganz selbstverständlich gegeben: Jeder gehörte dazu. Punkt. Natürlich gab es Unterschiede. Es gab, wie in jeder Gemeinschaft, bestimmte Rollen: Es gab Kluge und Hübsche, geistig oder körperlich Benachteiligte, Erfolgreiche, Ehrliche, Schlitzohren, Nervensägen, Samariter und vieles mehr. Es gab Leute, die man mochte, und Leute, die einem unangenehm waren. Doch alle waren Teil der Gemeinschaft, und das wurde nie infrage gestellt. Den Gedanken, dass das Leben ohne diesen oder jenen Menschen angenehmer wäre, gab es nicht.

Die Balinesen leben bis heute in Großfamilien, die aus bis zu 150 Menschen bestehen. Privatsphäre gibt es nicht. Die Menschen leben auf engstem Raum zusammen, es schlafen fast immer mehrere Familienmitglieder gemeinsam in einem Bett. Das Leben findet draußen statt. Die kleinen Häuser sind nur von schmalen Pfaden voneinander getrennt, sodass man sich bequem von einem Haus zum anderen unterhalten kann. Die Räume sind winzig, gerade ein Bett und ein Schrank haben darin Platz. Dort wird geschlafen und die Kleidung gewechselt, mehr nicht. Kurzum: Ein Balinese, egal welchen Alters, ist nie alleine.

Für die meisten Menschen unserer Sozialisierung ist das eine Horrorvorstellung. Als ich vor Jahren in eine kleine Gemeinschaft im Bayerischen Wald zog, lautete die häufigste Frage, die mir von anderen Menschen gestellt wurde: »Gibt es denn dort genügend Rückzugsräume?« Mich befremdete diese Frage. Wie schwer kann es sein, sich zurückzuziehen? Ich gehe in mein Zimmer und mache die Tür zu. Fertig. Ich kann das ganz alleine machen und brauche dafür niemanden. Das weitaus größere Problem war schon damals in meinen Augen die Situation, dass ich diese Türe öffne und niemand da ist, mit dem ich nährenden Kontakt haben kann.

Für die Balinesen ist es genau umgekehrt. Als ich mit Anfang zwanzig mit meinem kleinen Sohn nach Bali zurückkehrte, lebte ich einige Zeit alleine mit ihm im Haus meines Vaters. Wenn ich ins Dorf ging, wurde ich natürlich wie immer sofort ausführlich befragt: Wann ich angekommen sei, wie lange ich bleiben würde und vor allem, mit wem ich da sei. Natürlich wussten sie das alles schon längst, da sich jede Nachricht im Dorf in Windeseile verbreitete. Doch es gab etwas an den Informationen, das sie störte, das sie gar nicht ganz glauben konnten. Es kam dann immer ein betretener Moment der Stille. Offenbar war es ihnen unangenehm, das anzusprechen. Doch es war genau dieser Punkt, der sie besonders interessierte. Und dann kam immer ein Wort: »Sendiri? – Allein?« Ich nickte. Betretenes Schweigen. Dann die verwunderten Fragen: »Macht es dir nichts aus? Hast du keine Angst?«

Vielleicht denkst du jetzt, dass sich ihre Verwunderung vor allem auf die Abwesenheit meines Mannes bezog. Doch darum ging es gar nicht. Es war ihnen grundsätzlich unverständlich, dass ein Mensch freiwillig allein sein kann. Es war für sie eine Horrorvorstellung, genau wie für uns der fehlende Rückzugsraum. Ich tat ihnen furchtbar leid, dass ich da alleine in dem riesigen Haus saß. In ihren Augen war ich ein armer Mensch. Natürlich kannten sie diese Eigenart von anderen Ausländern, die zu dem damaligen Zeitpunkt schon in wesentlich größerer Anzahl vereinzelt, als Paare oder maximal in Kleinfamilien in ihren riesigen Häusern auf der Insel wohnten. Doch ich war vermutlich eine der Wenigen, die sie dazu befragen konnten, der sie ihr Unverständnis, ihre Verwunderung, ja sogar ihr Erschrecken anvertrauten.

Es ist leicht, solche Geschichten damit abzutun, dass Balinesen eben einfach anders sozialisiert sind als wir. Natürlich sind sie das. Doch was das Thema Gemeinschaft, Beziehungswohlstand und Rückzug betrifft, machen wir es uns damit etwas zu einfach. Der Mensch ist ein soziales Wesen. Unsere starke Vereinzelung ist nicht nur ein sehr junges Phänomen, sie ist auch hochgradig ungesund. Besonders eindrucksvoll zeigt das die Geschichte eines kleinen amerikanischen Dorfes, das inzwischen zu einer Legende geworden ist.

Die Geschichte von Roseto

Ein kleines, unscheinbares Dorf im US-Staat Pennsylvania wurde unverhofft Gegenstand einer medizinischen Schatzsuche, die sich über Jahrzehnte hinzog. Alles begann mit einem Urlaub, den der Mediziner Stewart Wolf von der University of Oklahoma Anfang der 1960er-Jahre in der Nähe von Roseto verbrachte. Eines Abends traf sich Wolf mit einem Kollegen, der seit 17 Jahren in der Gegend als Arzt praktizierte. Dieser vertraute ihm eine Beobachtung an, auf die er sich keinen Reim machen konnte: Es gab in dem kleinen Dorf Roseto im Gegensatz zu allen anderen Dörfern der Gegend nahezu keine Herzerkrankungen bei Menschen unter 65 Jahren. Um einordnen zu können, wie außergewöhnlich diese Tatsache ist, muss man wissen, dass Herzerkrankungen in den USA damals eine Volkskrankheit waren. Sie waren für Männer unter 65 Jahren die häufigste Todesursache.

Wolfs Neugier war geweckt. In umfangreichen Studien versuchte er, gemeinsam mit dem Soziologen John Bruhn dem Geheimnis auf die Spur zu kommen. Doch weder die Gene, noch die Ernährung konnten das außergewöhnliche Phänomen erklären. Zwar waren 95 Prozent der Einwohner aus der gleichen süditalienischen Provinz eingewandert, doch jene Bewohner, die aus Roseto weggezogen waren, zeigten die gleiche Anfälligkeit für Herzerkrankungen wie alle anderen US-Amerikaner. Auch die Ernährung war alles andere als herzfreundlich. Sie war fettig, auch reich an tierischen Fetten wie Schweineschmalz und Butter. Man aß jede Menge Eier, schätzte Schinken und war entsprechend übergewichtig. Das Rauchen war damals noch weit verbreitet, genau wie der Genuss von hausgemachtem Wein.

Im Zuge ihrer Recherchen stießen die Wissenschaftler auf zwei weitere Auffälligkeiten: Sowohl die Kriminalitätsrate als auch die Ansuchen um Sozialhilfe lagen bei null. Als sie genauer hinsahen, stellten sie fest, dass die Rosetaner ausnahmslos in Großfamilien mit mindestens drei Generationen unter einem Dach lebten und darüber hinaus ein auffällig enges Gemeinschaftsleben pflegten. Das äußerte sich beispielsweise in der seltsamen Sitte, dass sehr viele Familien an bestimmten Wochentagen das gleiche Gericht aßen. »Montags aß fast jeder im Dorf Spezzati, also Spinat mit Eiersuppe, dienstags waren es Spaghetti mit Tomatensoße. Mittwochs gebratenes Hähnchen mit Kartoffeln. Donnerstags wieder Spaghetti. Am Freitag Fisch, natürlich. Kalbfleisch und Pfefferschoten gab's am Samstag und Antipasti sowie Spaghetti mit Fleischklößchen am Sonntag«, so die Erinnerungen einer Rosetanerin.[38] Doch das war bei Weitem nicht alles. Je länger sich die Forscher in Roseto aufhielten, desto mehr wurde ihnen die übergeordnete Bedeutung der Gemeinschaft in dem Dorf bewusst. »Ihr soziales Augenmerk richtete sich auf die Familie«, so die Forscher, »während in den Nachbardörfern nach typisch amerikanischer Tradition das Individuum im Fokus des Interesses stand.«[39]

Den Forschern fiel noch etwas auf, als sie die Menschen näher kennenlernten: Die reicheren Textilfabrikbesitzer unterschieden sich äußerlich nicht von den mittellosen Arbeitern, »weder hinsichtlich der Kleidung, noch was ihr Verhalten oder ihre Sprache betraf. Die gepflegten Häuser aller Rosetaner, ob reich oder arm, reihten sich nahtlos aneinander. Reichtum zeigte man nicht.«[40] Dies war Jahrzehnte vor den Arbeiten von Kate Pickett und Richard Wilkinson. Die These, dass die Rosetaner keine Herzerkrankungen haben könnten, da sie ein so enges Gemeinschaftsleben pflegten, erschien mehr als gewagt. Doch eine andere Erklärung war nicht zu finden.

Die Jahre vergingen, und mit ihnen wuchs eine neue Generation heran, die von den Werten der Alten nichts wissen wollte. Die Angst vor dem »Malocchio« – dem bösen Blick, der die alten Rosetaner konsequent davon abgehalten hatte, ihren Reichtum zur Schau zu stellen – war in den Augen der Jüngeren nichts als ein dummer Aberglaube. Viele von ihnen studierten in größeren Städten und begannen, zurück in Roseto, die Insignien ihres neu gewonnenen Reichtums zur Schau zu stellen. Sie bauten sich große Häuser, kauften dicke Autos und verbrachten den Urlaub in Las Vegas oder gleich in Europa. Die Gesundheit spielte ebenfalls eine größere Rolle: Man aß weniger Fett, achtete auf sein Gewicht und begann, Sport zu treiben. Und dennoch: Mit dem Statusgerangel ging nicht nur der Gemeinschaftssinn der Rosetaner verloren, sondern sie wurden auch genauso herzkrank wie der Rest der amerikanischen Bevölkerung. Schon zu Beginn der 1970er-Jahre stiegen die Fallzahlen, und Roseto war in dieser Hinsicht bald nichts Besonderes mehr. Inzwischen konnten auch andere Studien in Peru, Borneo und Israel den sogenannten Roseto-Effekt bestätigen: Eine enge Gemeinschaft ist gut für unsere Gesundheit. Laut Wolf ist eine solche Gemeinschaft ein besserer Indikator für ein gesundes Herz als der Cholesterinspiegel oder ob jemand raucht.[41]

Der Verlust von Gemeinschaft

Eine der neureichen Frauen von Roseto, die mit ihrer Familie den Ort verlassen hatte, beschrieb den Verlust von Miteinander in folgenden Worten: »Ich finde es schade, dass wir umgezogen sind. Alles ist modern und sehr schön hier. Ich habe alles, was ich brauche, außer Menschen. Als wir noch im Dorf lebten, waren die Nachbarn ständig in meiner Küche, oder ich war bei ihnen. Wir redeten. Wir wussten, was los ist, und es gab immer jemanden, der dir half und verhinderte, dass du dich einsam fühltest. Ich vermisse das, werde aber wohl nie zurückkehren.«[42]

Ihre Worte erinnern mich an die Geschichte meiner eigenen Familie, deren Lebensweise sich in der Wirtschaftswunderzeit ähnlich drastisch wandelte wie jene der Rosetaner. Meine Mutter war, wie die Rosetaner, in einer Großfamilie aufgewachsen. In der Nachkriegszeit lebte sie mit ihrem Bruder, ihrer Mutter und ihrer Tante in zwei Zimmern in einem Schlachthof. Die zweite Tante wohnte mit den Cousins und Cousinen in unmittelbarer Nähe. Die Frauen betrieben gemeinsam die zum Schlachthof gehörende Wirtschaft, die Kinder spielten weitgehend unbeaufsichtigt im laufenden Schlachtbetrieb. Aufgepustete Schweinsblasen dienten als Fußball, die Rampe, auf der die Tiere zum Schlachten geführt wurden, als Theaterbühne, die Haken, an denen die Tiere aufgehängt wurden, als Schaukeln.

Anfang der 1950er-Jahre kam dann der Aufschwung, und die vierköpfige Kleinfamilie, bestehend aus meinen Großeltern und zwei Halbwüchsigen, zog in das oberste Stockwerk des ersten Hochhauses in der kleinen Stadt. Es war todschick mit großen Fenstern, Balkon und Blick über die Altstadt. Und vor allem gab es eine Zentralheizung, fließend kaltes und warmes Wasser, den ersten Aufzug in der ganzen Stadt sowie andere Annehmlichkeiten, die damals unfassbar luxuriös erschienen und heute einfach nur normal sind.

Im Schlachthof hatte sich die Familie zwei Zimmer mit zugigen Fenstern geteilt. Nur die Küche wurde dort mit Kohlebriketts beheizt, und Wäschewaschen war eine tagesfüllende Aufgabe, die einmal die Woche in Angriff genommen wurde. So komfortabel das Leben in der neuen Wohnung auch sein mochte, die Frauen empfanden bald ganz ähnlich wie die von Roseto. Meine Großtante etwa sagte: »Es war früher viel schöner. Die Menschen waren viel mehr aufeinander bezogen und haben sich viel mehr ausgetauscht.« Und auch die Kinder empfanden den Verlust des Miteinanders als sehr schmerzhaft und kehrten sooft sie konnten zu ihrem alten Spielplatz zurück.

Ähnliche Geschichten hört man heute aus den sogenannten Schwellenländern. Helena Norberg-Hodge hat diese Entwicklung in Ladakh beobachtet, wo mit Einzug der Modernisierung immer mehr junge Menschen in die Hauptstadt Leh zogen, um »es zu etwas zu bringen«. Dort leben sie vereinzelt in Apartments, mit Strom, Gaskochern, Fernsehen und fließend Wasser. Die Männer sind den ganzen Tag außer Haus, um ihrer Arbeit nachzugehen, während die Frauen und Kinder zu Hause isoliert sind und vereinsamen. In der traditionellen Dorfstruktur waren Frauen auf ihre Weise genauso einflussreich wie die Männer. Alle arbeiteten gemeinsam, die Kinder waren immer dabei, genau wie die Alten.

Beziehungsarmut heute

Die moderne Lebensweise hat den Beziehungswohlstand traditioneller Kulturen Stück für Stück zersetzt. Zunächst traten Maschinen an die Stelle schweißtreibender körperlicher Arbeit. Statt im eigenen Gemüsegarten in der Erde zu buddeln, wie es auch bei uns bis vor ein bis zwei Generationen noch komplett normal war, schieben wir Einkaufswägen durch Supermärkte. Als das Wachstum im materiellen Bereich nachließ, wurde der Dienstleistungssektor entdeckt. Statt die Oma oder die Tante um Unterstützung bei der Kinderbetreuung zu bitten, bangen wir nun um einen Platz in der Kita. Und statt in der Geborgenheit unserer Gemeinschaft in Musik, Tanz oder gemeinsamem Gebet das Geheimnis des Lebens zu feiern, bezahlen wir spirituelle Lehrer für ihre Dienstleistungen.

Die Vereinsamung und Vereinzelung der Gesellschaft hat in den letzten Jahrzehnten in allen reichen Industrienationen zugenommen. Wie bereits erwähnt, setzt sich dieser Trend in den aufstrebenden Industrienationen wie Indien, China und Brasilien fort. Überall wo Menschen zu materiellem Wohlstand kommen, gönnen sie sich den vermeintlichen Luxus der Vereinzelung. Es ist ja auch einfach schrecklich unpraktisch, mit anderen Menschen in Beziehung zu sein, vor allem wenn man mit ihnen zusammenlebt.

Ich möchte hier nicht falsch verstanden werden: Mir ist natürlich bewusst, dass jedes dieser Beispiele nicht nur eine Verschlechterung unserer Lebenssituation mit sich gebracht hat. Im Gegenteil: Es ist ganz wunderbar, dass wir nicht mehr dazu gezwungen sind, im Schweiße unseres Angesichts körperlich zu arbeiten, um uns ernähren zu können. Und für Berufstätige hat es große Vorteile, das Kind in der Kita abliefern zu können, statt auf den guten Willen einer Oma oder Tante angewiesen zu sein. Auch sind die traditionellen Riten in vielen Kulturen verknüpft mit überholten, oft missbrauchsanfälligen Machtstrukturen, Dogmen und geistiger Knebelung.

Natürlich war es eine enorme Befreiung, all dem nicht mehr unterworfen zu sein. Wir sind heute in der unglaublich luxuriösen Situation, unsere Verbindungen bewusst wählen und gestalten zu können, genau wie unsere Herausforderungen. Wenn wir keine Lust haben, in der Erde zu buddeln, können wir in den Supermarkt gehen oder uns sogar eine Biokiste liefern lassen. Wenn die Oma uns blöd kommt oder lieber um die Welt reist, als ihr Enkelkind zu hüten, dann gibt es die Kita. Wenn wir keine Lust haben, zu laufen oder mit dem Rad zu fahren, gibt es öffentliche Verkehrsmittel oder Autos. Wenn ich keine Freunde habe, die mir in harten Zeiten beistehen, gehe ich zum Psychologen. Und wenn ich niemanden habe, der mit mir kuschelt, dann gibt es auch das inzwischen als Dienstleistung. Genau wie das angeblich älteste

Gewerbe der Welt ja den Bedarf nach Sex ohne Beziehung abdeckt. Die Beispiele zeigen: Es ist ein zweischneidiges Schwert. Wo liegt die Grenze zwischen Befreiung von Verstrickungen und Haltlosigkeit in der Vereinzelung?

Segen und Fluch des Austauschbaren

Der Trend der Optionalität erstreckt sich inzwischen auch auf unsere engsten Beziehungen und unsere Lebenspartner. Manche versuchen ihn sogar auf die Familie auszuweiten, indem sie Verwandte mit Wahlverwandtschaften ergänzen oder gar ersetzen. Wie so viele Errungenschaften unserer modernen Lebensweise, etwa Supermärkte oder Industriezucker, hat diese Entwicklung Vor- und Nachteile. Aus eigener Erfahrung weiß ich, wie gut es sein kann, jemandem den Rücken zu kehren, der einen nicht gut behandelt, vielleicht sogar misshandelt. Als Frau bin ich sehr froh, zu einer Zeit zu leben, in der ich einer solchen Situation nicht ein Leben lang ausgeliefert sein muss. Ich habe Alternativen.

Doch so befreiend das alles auf den ersten Blick erscheint: Beziehung ist dadurch zunehmend zu etwas geworden, das wir uns in irgendeiner Weise verdienen müssen. Wir müssen gut genug, nett genug, attraktiv genug, reich genug, interessant genug, unterhaltsam genug, lieb genug, erfolgreich genug, sexy genug oder was auch immer genug sein, damit andere überhaupt mit uns in Beziehung sein wollen. Es entsteht ein enormer Druck, der Beziehungen und überhaupt Kontakt zu anderen Menschen sehr anstrengend macht. Und je mehr es uns gelingt, möglichst toll zu sein, desto mehr steigt der Druck auf andere, mindestens genauso toll zu sein.

Der Preis, den wir für unsere Freiheit zahlen, ist, dass wir dieser selbst unterworfen sind. Wir sind ständig dem Risiko ausgesetzt, aussortiert zu werden, und zwar in jeder Beziehung: Freundschaften, Partnerschaften und Verwandtschaften eingeschlossen. Und wir haben immer weniger Anreize, auch die schwierigen Aspekte von Beziehungen zu durchleben. Das hat zwar einerseits zur

Folge, dass wir uns nicht mehr alles erlauben können, doch zugleich trauen sich dadurch immer weniger Menschen, im Kontakt mit anderen einfach sie selbst zu sein. Unsere Bereitschaft, Konflikte als natürlichen Teil jedes Beziehungsgefüges zu akzeptieren, hat stark abgenommen. Mit dieser Bereitschaft ist auch das selbstverständliche Erleben von Verbindung, Beziehung und Zugehörigkeit gesunken.

Helena Norberg-Hodge beschreibt ihre eigene Überraschung darüber, dass die engmaschigen Beziehungsstrukturen der traditionellen Lebensweise in Ladakh nicht zu einer Unterdrückung von Individualität führten. Im Gegenteil, sie beobachtete, dass sich die Menschen durch den Halt der Gemeinschaft viel sicherer fühlten, einfach sie selbst zu sein. Ebenso waren die Menschen im Umgang miteinander viel stärker darauf bedacht, Konflikte direkt zu klären oder gar nicht erst entstehen zu lassen. Sie beobachtete eine große Toleranz unter den Menschen, die immer wieder in der Feststellung mündete, dass es keinen Sinn habe, sich aufzuregen. Man müsse ja ohnehin zusammenleben.

Wo kannst du nackt sein?

Ich erzähle dir all diese Geschichten nicht, um in dir eine Nostalgie für längst vergangene Zeiten zu nähren, in denen sowieso alles besser war, oder eine Sehnsucht nach fernen Ländern, wo das Paradies zu finden ist. Beides sind Mythen, die so nicht stimmen. Auch der Ruf Balis als Paradies auf Erden, als Insel der Götter und so weiter ist eine Kreation westlicher Künstler, die diesen Mythos bereits in den 1930er-Jahren für Hollywood erfanden und kommerzialisierten.[43] Jede Lebensweise hat Licht und Schatten, schöne und schwierige Aspekte. Doch diese Geschichten sind wertvolle Spiegel für uns. Ich erzähle sie, um Schritt für Schritt das freizulegen, was ich heute als eine Kernfrage betrachte, wenn es um Beziehungswohlstand geht. Die Frage lautet: Wo kannst du nackt sein?

Für eine wachsende Anzahl von Menschen lautet die ehrliche Antwort auf diese Frage heute: wenn ich alleine bin. Dann kann ich nackt sein, kann ich einfach ich selbst sein. Dann muss ich niemandem etwas vorspielen, muss nicht so tun, als wäre ich toller, klüger, interessanter, rücksichtsvoller, glücklicher, erfolgreicher, ordentlicher, gebildeter, niveauvoller, spiritueller, gewaltfreier, jünger, hübscher, authentischer oder überhaupt irgendwie anders, als ich bin. Demgegenüber bedeutet Beziehungswohlstand, dass wir eingewoben sind in ein tragfähiges Netzwerk von Verbindungen, wo wir einfach so sein können, wie wir sind. Das kann eine Familie sein, das kann ein Freundeskreis sein, das kann eine Gemeinschaft sein, das kann sogar eine Firma sein.

Wer rund um die Uhr in engem Kontakt mit anderen lebt und es keinen Tag seines Lebens anders kannte, für den ist dieses Empfinden selbstverständlich. Ein noch extremeres Beispiel als die Balinesen sind die Völker der Yanomani und Xingu im Amazonasgebiet. Sie leben fast vollständig nackt, ohne Privaträume als Jäger und Sammler in enger Gemeinschaft. Und sie waren die einzigen Völker in einer Studie mit 10 000 Teilnehmern aus 32 Ländern, bei deren Angehörigen der Blutdruck im Alter von sechzig Jahren genauso niedrig war wie mit zwanzig. Dies traf auch zu, nachdem Faktoren wie Ernährung, Salzkonsum und Übergewicht herausgerechnet wurden. Da der Zusammenhang von Bluthochdruck und Stress inzwischen gut belegt ist, führten die Forscher den Unterschied darauf zurück: So stressig für uns die Vorstellung sein mag, mit hundert anderen Menschen rund um die Uhr nackt zusammenzuleben, für die Yanomani und die Xingu ist es offenbar eine tiefenentspannte Angelegenheit.[44]

Nur, was machen wir mit dieser Erkenntnis? Wie zu Beginn des Buches bereits ausführlich dargelegt, ist es wesentlich einfacher, einen Wald abzuholzen, als ein intaktes Ökosystem entstehen zu lassen. Der Verlust einer intakten Gemeinschaft, wie ihn die Rosetaner erlebten, lässt sich nicht so ohne weiteres umkehren. Ihre Nachfahren, die vielleicht in den 1970er-Jahren in den neuen großen Häusern zur Welt kamen, werden es genau wie wir gewohnt sein, ihr Leben in der Privatheit der eigenen vier Wände zu verbringen. Sie werden, genau wie wir, ganz selbstverständlich begonnen haben, nach außen ein anderes, besseres, schöneres, tolleres Gesicht zu zeigen. Sie werden ihr Leben darauf ausgerichtet haben, Status zu erlangen, zu erhalten oder zu erhöhen. Und insgeheim werden sie sich immer unzulänglich fühlen in der Abwesenheit der Gemeinschaft, die sie nie kannten. Es wird für sie normal sein, einander nach Errungenschaften zu bewerten, und sie werden sich nie schön genug, interessant genug, erfolgreich genug oder was auch immer genug fühlen. Was machen wir, wenn wir all das erkannt haben?

Hosen runter

Der Weg ist nicht einfach, aber er ist möglich. Wobei es hierbei natürlich nicht um ein Zurück geht. Es gibt kein Zurück. Die alten Strukturen sind zumindest bei uns zerbrochen und mit ihnen die überholten Begrenzungen. Wir können das für gut befinden oder es bedauern. So oder so ist etwas gestorben, das in der Form nicht wiederkommen wird. Doch was ist das Neue, das daraus entstehen kann? Wie können neue Verbindungen wachsen, die uns Halt geben, die uns nähren, die unser grundmenschliches Bedürfnis nach Zugehörigkeit auf eine gesunde und natürliche Weise unterstützen?

Letztlich geht es darum, die Hosen herunterzulassen. Oder weniger drastisch ausgedrückt: die Masken abzulegen. Damit das auf eine Weise geschehen kann, die verbindend und nährend ist, müssen Räume geschaffen werden, in denen das sicher ist. Erinnern wir uns, was hinter unserem Versteckspiel steckt: Es ist der Wunsch, in den Augen der anderen gut dazustehen. Kate Pickett und Richard Wilkinson formulieren es in ihrer Arbeit wie folgt: Es ist die Bedrohung der sozialen Bewertung, die unseren Dauerstress und unser permanentes Ringen um Status verursacht.[45] Räume, in denen wir die Hosen runterlassen und uns im übertragenen Sinne so nackig machen können wie die Yanomani, müssen daher immer Räume sein, die wertungsfrei sind. Zugleich brauchen sie einen Rahmen, eine Struktur, die uns Sicherheit und Halt gibt. Dort können wir neu lernen, uns zu zeigen und – vielleicht zum ersten Mal – die Erfahrung machen, dass wir dafür nicht abgelehnt werden. Wo kannst du in deinem Leben mehr Räume schaffen, in denen du nackt sein kannst? Mit wem in deinem Umfeld kannst du mehr Verbindlichkeiten und Verbindung wagen als bisher?

Inkubationsräume einer neuen Kultur

Doch wo gibt es Räume dieser Art? Viele Menschen erleben solche Räume zum ersten Mal, wenn sie wegen psychischer Probleme eine Therapie beginnen oder eine Selbsthilfegruppe besuchen. Wenn die alten Fassaden bröckeln, entsteht eine neue Bereitschaft, sich zu zeigen. Eine wachsende Anzahl von Menschen unserer Gesellschaft lernen derzeit in solchen Settings ganz neu, was es heißt, in Beziehung zu sein. Sie lernen, ehrlich zu sagen, wie sie sich fühlen, was ihre Bedürfnisse sind. Und sie lernen, dass es anderen auch nicht immer so gut geht, wie sie tun.

Doch es gibt auch andere Settings, in denen eine solche neue Kultur entsteht. Die Praxis der bewussten Entladung, die ich in jedem meiner Bücher empfehle, ist nicht zuletzt deshalb so unglaublich heilsam für Menschen. Hierbei schenken sich zwei Personen im Wechsel wohlwollende, wertungsfreie Aufmerksamkeit. Ein klarer Rahmen sorgt für eine besondere Vertraulichkeit, und Menschen lernen neu, sich ohne Masken zu zeigen.[46] Wenn ich sie in öffentlichen Settings oder Seminaren einführe, sind die Teilnehmerinnen oft bass erstaunt, wie sie innerhalb kürzester Zeit mit einem wildfremden Menschen eine Vertrautheit und Geborgenheit empfinden, nach der sie sich ein Leben lang gesehnt haben. Das mag sich übertrieben anhören, doch es sind genau die Worte, die ich immer wieder höre. Und vor dem Hintergrund der Erkenntnisse von Wilkinson und Pickett kann ich sie ganz neu einordnen.

Tatsächlich ist es eines unserer größten ungestillten Bedürfnisse, von einem anderen Menschen wertungsfrei, wohlwollend betrachtet zu werden und uns in diesem Blick so zeigen zu dürfen, wie wir jetzt gerade sind. Ich kenne eine wachsende Anzahl von Personen, für die eine regelmäßige Praxis der bewussten Entladung zu einer Brücke in eine ganz neue Qualität von Beziehungen wurde. Denn wenn wir uns regelmäßig voreinander nackig machen – welchen Sinn hat es dann noch, den Rest der Zeit Theater zu spielen?

Die seit Jahrzehnten wachsende Gemeinschaftsbewegung ist ein weiterer Kontext, in dem intensiv an solchen sozialen Heilräumen geforscht wird. Ökodörfer und andere bewusst gewählte Gemeinschaften sind zugleich Inkubatoren eines neuen Wohlstandsbegriffs. Sie sind keine gelebten Utopien. Wer das erwartet, wird bitter enttäuscht. Doch es entwickeln sich dort Formen wie das Forum, bei dem eine Mischung aus Selbstdarstellung, Feedback und einer klaren Struktur es Menschen ermöglicht, sich ganz neu kennenzulernen. Auch der WIR-Prozess, basierend auf der Arbeit des amerikanischen Gemeinschaftsforschers Scott Peck, ist ein solcher Inkubationsraum. Es handelt sich dabei um einen strukturierten Gemeinschaftsbildungsprozess, in dem Menschen intensiv miteinander Zeit verbringen. Ein klarer Rahmen gibt Halt und Sicherheit. Ausgefeilte Kommunikationsempfehlungen helfen, gewohnte Formen zu durchbrechen. Gemeinsam werden vier verschiedene Stufen der Gemeinschaftsbildung durchlaufen: Pseudogemeinschaft, Chaos, Leere und authentische Gemeinschaft.

Vom unbequemen Miteinander

Auch wenn Gemeinschaftsromantiker das in ihren Fantasien gerne ausblenden: Wo Menschen zusammenleben, bleiben Konflikte nicht aus. Immer wieder treffe ich Menschen, die in eine Gemeinschaft ziehen wollen, um ihre Beziehungsprobleme zu lösen. Dabei kann es sich um Probleme in der Paarbeziehung oder in der Familie handeln. Oder die Menschen sind einsam. Leider geht diese Strategie mit schöner Regelmäßigkeit nach hinten los. Eine Gemeinschaft ist keine Lösung für Beziehungsprobleme. Im Gegenteil: Sie wirkt wie ein Vergrößerungsglas. Das kann hilfreich sein, um sich den Themen zu stellen. Wer jedoch auf das magische Verschwinden aller Beziehungsprobleme gehofft hatte, wird bitter enttäuscht.

Wenn wir uns auf den Weg machen, wieder mehr in Verbindung mit anderen Menschen zu leben – sei es in Gemeinschaft oder sonst in unserem Leben –, dann werden wir unweigerlich mit allem konfrontiert, was uns bislang davon abgehalten hat. Das ist die Bedeutung der vier Phasen im WIR-Prozess nach Scott Peck. Wir beginnen mit der Pseudogemeinschaft, bei der wir einander mit unseren Masken begegnen. Es ist wie die Phase der Verliebtheit, in der wir dem anderen eine geschönte Version von uns präsentieren und auch an ihm keinen Makel finden können. Je intensiver wir Zeit miteinander verbringen, desto weniger lässt sich diese Maskerade aufrechterhalten. Über kurz oder lang entdecken wir auch Seiten aneinander, die wir nicht leiden können. So treten wir ein in die Chaos-Phase, in der alte Emotionen, Schmerz, Anklagen, Absolutheitsansprüche und Projektionen dominieren. Viele Gemeinschaften und auch Paarbeziehungen zerbrechen an dieser Phase.

Wird sie jedoch in einem Rahmen des Respekts und der Verbindlichkeit gehalten, und übernehmen wir Verantwortung für die eigenen Wunden, dann können wir gemeinsam in eine dritte Phase eintreten: die Leere. Hier entsteht eine neue Verletzlichkeit. Statt uns gegenseitig die Schuld für unser Leiden um die Ohren zu hauen, zeigen wir uns in unserer Unsicherheit, unserem Nicht-Wissen, unserer Sehnsucht nach Verbindung trotz Unterschieden. Es entsteht eine neue Wertschätzung, die jenseits der Differenzen liegt.

Manche Paare erleben diese Phase erst nach einer Trennung. Nachdem alle Munition verballert wurde, der Rosenkrieg das gemeinsame Leben in ein Schlachtfeld verwandelt hat, kommt zuweilen genau diese tiefere Ebene der Verletzlichkeit zutage. Wenn sie zur Heilung genutzt wird, kann sie eine vierte Phase ermöglichen: die der authentischen Gemeinschaft. Sie ist von Authentizität, Integrität und echter Liebesfähigkeit geprägt. Die eigenen Schattenseiten und die der anderen werden nicht mehr unter den Teppich gekehrt. Wir können so miteinander in Beziehung sein, wie wir wirklich sind.

Für viele Paare und Familien war die Zeit des Corona-Lockdowns eine Art unfreiwilliger WIR-Prozess. Leider haben die steigenden Raten häuslicher Gewalt gezeigt, dass viele mit der Chaos-Phase heillos überfordert waren. Wir sind es nicht mehr gewohnt, so viel und intensiv Zeit miteinander zu verbringen. Doch genau das ist der Schlüssel zu einem echten Miteinander, das die Grundlage von Beziehungswohlstand bildet. Auch wenn es sich in den Statistiken nicht so leicht abbilden lässt wie die Anrufe bei den Gewaltpräventionsstellen: Ich bin mir sicher, dass viele Paare und Familien auch gestärkt aus dieser Zeit hervorgegangen sind. Ja, Konflikte und Themen sind mit Sicherheit hochgekocht. Doch viele Menschen werden auch die wertvolle Erfahrung gemacht haben, dass sie da gemeinsam hindurchgehen können.

Ob ein Lockdown zu einer Heilungskrise oder zu Gewaltexzessen führt, hat vor allem mit unserer Haltung zu tun. Die Kommunikationsempfehlungen von Scott Peck, die Regeln der Gewaltfreien Kommunikation, der Raum liebevoller Anteilnahme in der Bewussten Entladung – sie alle sind Hilfsmittel, um eine neue Haltung zu kultivieren. So schwierig und ungewohnt das zu Anfang sein mag, handelt es sich bei dieser Haltung um etwas ganz Natürliches. Letztlich sagt sie nichts anderes als: Du darfst so sein, wie du bist, und ich darf so sein, wie ich bin. Sie ist wertungsfrei und zugleich wertschätzend. Sie ist präsent, aufrichtig und verbunden, ohne die Unterschiede zwischen dir und mir auszublenden. Sie lässt Raum für unsere Differenzen und ist dennoch an einem gemeinsamen Weg interessiert. Sie ist eine Grundhaltung der Kooperation, die den Einzelnen im Kontext seiner Beziehungen würdigt. Und sie ist getragen von Respekt, der das Fundament echter Liebesfähigkeit bildet.

Wie kannst du nun Beziehungswohlstand konkret im Alltag kultivieren? Übe dich darin, dir deiner Beziehungsnetzwerke bewusst zu sein, in die du eingebettet bist. Prüfe, welche Beziehungen dich nähren und in welchen es nur um Status, Pseudozugehörigkeit oder gemeinsamen Konsum geht. Wo erlebst du Gemeinschaft und Zugehörigkeit? Welche Menschen in deinem Leben kannst du mehr als bisher in dein Herz schließen, einfach so, obwohl sie vielleicht anstrengend, schwierig, nervig oder lediglich anders sind?

3
Kreativitätswohlstand

Bei meinem letzten Besuch auf Bali vor einigen Jahren – ich wusste, es würde ein Abschied sein – sollte eine gigantische Verbrennungszeremonie im Dorf abgehalten werden. Die Balinesen feiern den Tod mit einem möglichst großen, bunten, lauten und aufwendigen Fest. Es ist so ziemlich das genaue Gegenteil von einer katholischen Beerdigung. Da ein solches Fest jedoch nicht nur sehr viel Arbeit bedeutet, sondern auch teuer ist, begraben viele weniger wohlhabende Familien ihre Toten zunächst. Wenn dann ein reicher Dorfbewohner stirbt, graben sie den Leichnam wieder aus und hängen sich quasi an die Zeremonie des wohlhabenden Verstorbenen dran. So sparen sie Kosten, und der Verwandte bekommt trotzdem ein anständiges Verbrennungsritual.

Das hat mitunter zur Folge, dass sehr viele Menschen auf einmal verbrannt werden. Und genau ein solches Ritual sollte bei meinem letzten Aufenthalt stattfinden, mit mehreren Dutzend Verbrennungen. Die Vorbereitungen dauerten viele Wochen. Eines Abends beschloss ich, meine Freundin im Dorftempel zu besuchen, um zu sehen, was dort vor sich ging.

Schon von Weitem hörte ich ein Summen wie aus einem Bienenstock. Der Tempelvorplatz war nicht wiederzuerkennen. Er war ringsum abgeschirmt durch hohe Palisaden, die aus Bambus und geflochtenen Palmblättern errichtet worden waren. Als ich durch die Tür trat, war ich überwältigt von dem Anblick, der sich mir bot. Vor mir lag eine Art hell erleuchtete große Halle, die mithilfe von geflochtenen Palisaden und Tüchern errichtet worden war.

Auf der einen Seite saßen bestimmt über hundert Frauen jeden Alters auf leicht erhöhten Podesten. Sie alle trugen traditionelle Tempelkleidung: bunte Spitzenblusen, durch die der BH oder eine Korsage sichtbar waren, in der Taille mit einem *Slendang* zusammengefasst. Dazu traditionell gemusterte *Sarongs*, die eng um den Körper gewickelt waren und bis zu den Knöcheln reichten. Auf der anderen Seite saßen ebenso viele Männer, in ihrer eigenen schönen Tracht: weiße Kopfputze, die frech über der Stirn emporragten, weiße Hemden mit Stehkragen und leger gewickelte *Sarongs*, in ebenso bunten Farben wie die der Frauen.

Im ganzen Raum herrschte eine entspannte Heiterkeit, die jedoch der emsigen Betriebsamkeit keinen Abbruch tat. Alle waren hoch konzentriert bei der Arbeit, während sie unablässig miteinander plauderten und scherzten. Die Frauen fertigten aus jungen Palmblättern jene unfassbar aufwendigen Ornamente, die bei keinem balinesischen Fest fehlen dürfen. Die zartgrünen, fast cremefarbenen Palmblätter werden hierzu geflochten, gefaltet, zurechtgeschnitten und mit kleinen Stückchen gespaltenem Bambus fixiert. Es gibt eine unüberschaubare Anzahl traditioneller Ornamente, deren Anfertigung die Aufgabe der Frauen ist. Wenn ich als Kind eine Familie im Dorf besuchte, saßen immer irgendwo ein paar Frauen zusammen und fertigten diese Kunstwerke an. Doch ich hatte noch nie so viele Frauen auf einmal gesehen, die gemeinsam an diesen Ornamenten arbeiteten.

Die Männer hingegen waren damit beschäftigt, Gestelle aus Bambus zu fertigen. Diese trugen kunstvoll dekorierte Stierskulpturen aus Holz und Stoff, in denen später die Gebeine der Verstorbenen Platz finden würden. Das Ganze – Gestell, Stier und Gebeine – würde dann rituell verbrannt werden.

Ich gesellte mich zu den Frauen und genoss die pulsierende Lebendigkeit, die sie umgab. Meine Freundin erklärte mir alles, und die Frauen im Dorf waren sichtlich stolz auf das gemeinsame Werk. Ich fragte sie, wie lange die Vorbereitungen schon andauerten. Sie rechneten nach und sagten, es seien drei Monate. Das ganze Dorf arbeite in Schichten. Jede Familie müsse Menschen schicken, alle würden mit anpacken, sonst sei es nicht zu schaffen. Manchmal sei es ganz schön viel, neben der normalen Arbeit auch noch hierherzukommen.

Wirtschaftlich ergab das Ganze natürlich keinen Sinn: Hunderte Männer und Frauen, die drei Monate lang mehrere Stunden am Tag für ein Ritual arbeiten, bei dem dann alles auf einmal verbrannt wird. Unser westliches Effizienzdenken schreit bei einer solchen Verschwendung von Ressourcen laut auf. Man kann sich hierzulande auch wunderbar über die prärationalen Glaubenswelten echauffieren, die Menschen zwingen, ihre Zeit mit so einem Quatsch zu verschwenden. Doch ich weiß, was die Balinesen machen, wenn sie nicht in dieser Weise zusammensitzen. Sie machen inzwischen leider genau das, was auch bei uns die meisten Menschen jeden Abend tun: Sie sitzen vor dem Fernseher.

Ich konnte nicht umhin, wieder jenen Neid in mir zu spüren, der mir inzwischen schon so vertraut ist, wenn ich traditionelle Kulturen sehe. Ich beneidete sie um diese selbstverständliche Form des Miteinanders genauso wie um die gemeinsame Kreativität, mit der sie unzählige Stunden verbrachten. Der ganze Raum war erfüllt von der Freude des gemeinsamen Tuns und jener entspannten Verbundenheit, die dadurch entsteht. Wann habe ich so etwas bei uns erlebt? Nie.

Reste davon fand ich letzten Sommer auf einem griechischen Dorffest, wo ein fliegender Händler die gleichen schrill leuchtenden Plastikspielzeuge aus China feilbot wie auf den balinesischen Tempelfesten meiner Kindheit. Hunderte von Menschen aßen und tranken gemeinsam auf dem Dorfplatz, während die Musiker immer wildere Rhythmen und Melodien pulsierend in die Nacht schickten. Schon bald gab es kein Halten mehr, und alle fassten sich bei den Schultern, um zu tanzen – das kleine Kind, der Greis, das junge Mädchen, die Tante, der Pfarrer und der Bürgermeister.

Auch in Südtirol, der Heimat meines Mannes, in der das traditionelle Liedgut nicht mit jener tabuisierenden Scham belegt ist wie in Deutschland, stieß ich auf Anklänge davon. Als ich das erste Mal erlebte, wie mein Schwiegervater mit seinen Geschwistern in einem Wirtshaus zu singen begann, wurde mir ganz anders. Es war so vertraut, dieses Miteinander, verbunden durch Gesang, Musik, Geselligkeit. Es fühlte sich so selbstverständlich menschlich an. Und zugleich kollidierte es mit jenem Tabu, das der Tradition in Deutschland seit der Zeit des Nationalsozialismus anhaftet.

Die Macht der Bilder

Natürlich ist Deutschland hier ein Sonderfall. Der Missbrauch deutscher Lieder und Traditionen durch die Nazis als Propaganda, die letztlich einen Völkermord legitimierte, hat uns in besonderem Maße von unseren kulturellen Wurzeln abgeschnitten. Ich denke, dass wir nicht zuletzt deshalb so gerne in ferne Länder reisen und deren Kulturen bewundern. Wir suchen dort etwas, das uns selbst schlagartig abhandengekommen ist. Doch wir sind kein Einzelfall. Das Sterben von traditionellen Bräuchen und Kulturen ist leider eher die Regel. Vorangetrieben wird dies sehr stark durch genau jene Kraft, die ich vorhin bereits erwähnt habe: den Fernseher.

Die bereits erwähnte Sprachforscherin Helena Norberg-Hodge beschreibt diesen Prozess eindrucksvoll in ihrem Film *Ancient Futures*. Das Fernsehen, so Norberg-Hodge, zeige den Menschen ein völlig verzerrtes Bild von einer Hochglanzwelt. Dadurch würden in den traditionell lebenden Menschen von Ladakh Minderwertigkeitsgefühle geschürt. Sie sehen ihr eigenes Leben und empfinden es plötzlich als schäbig oder zumindest minderwertig.

Ich kann diese Beobachtung durch meine eigenen Erfahrungen bestätigen. Als ich Kind war, gab es im Dorf nur wenige Fernseher, doch schon bald versammelten sich jeden Abend alle um die flimmernde Kiste. Statt wie früher zu musizieren, Schattentheater zu spielen oder zu ratschen, starrten alle gebannt auf diese Bilder, die sie nicht wirklich verarbeiten konnten. Das merkte ich an unseren Gesprächen, in denen sie versuchten, meine Herkunft mit den Bildern, die sie gesehen hatten, zusammenzubringen: glänzende Hochhäuser in Djakarta, hochmoderne Wohnungen und natürlich die Werbung, in der saubere, glückliche und meistens auffällig hellhäutige Kinder munter Frühstückscerealien konsumierten.

Das Gleiche beobachtete ich Jahre später, als ich mit meinem ersten Mann per Motorrad durch entlegene Gegenden Indiens reiste. Oft waren wir viele Stunden auf Schotterpisten in abgelegene Dörfer im Himalaya unterwegs, wo es eigentlich gar nichts mehr gab, nur um auch dort auf einen Fernseher zu stoßen. Damals war StarTV ganz neu in Indien angekommen, was bedeutete, dass auch Menschen in den entlegensten Gegenden in den Genuss von Kulturgut wie »Dallas« oder »Denver Clan« kamen. Ich versuchte nachzuvollziehen, was in den Köpfen der Männer vorgehen mochte, die, in einfache traditionelle Kleidung gehüllt, gebannt auf diese Bilder starrten. Ich hatte nicht die leiseste Ahnung. Doch ich wusste, wo es hinführen würde. Es pflanzte diesen Menschen die trügerische Illusion ein, dass ein besseres Leben möglich wäre. Ein Leben, das vor allem eines hätte: mehr Dinge.

Kulturelle Armut

Warum erzähle ich das alles? Weil das Gleiche bei uns geschehen ist, nur dass es hier schon länger her ist. Die meisten von uns haben traditionelle Kultur in dieser intakten Form nie erlebt und wissen daher gar nicht, was uns fehlt. Die Unterhaltungsindustrie und die Massenmedien haben zweifellos ganz wunderbare Aspekte: Auf Knopfdruck kommen wir in den Genuss der weltbesten Sänger, Musikerinnen, Schauspieler, Komikerinnen, Geschichtenerzähler und so weiter. Seit den Segnungen des Internets sind diese Darbietungen oft auch noch kostenlos. Nie war Kultur einfacher, schneller und günstiger verfügbar.

Doch dieser inzwischen selbstverständliche Luxus hat sehr traurige Nebeneffekte: Für jeden Superstar gibt es Millionen Talente, die keiner hören will. Und ich spreche noch nicht einmal von den zahlreichen sehr begabten, gut ausgebildeten, kreativen und hart arbeitenden Künstlerinnen und Künstler, die oft kaum über die Runden kommen. Ja, auch das ist traurig. Doch noch viel trauriger finde ich, was es mit Menschen wie dir und mir macht.

Ich bin zum Beispiel, offen gesagt, nicht sonderlich musikalisch. In der Grundschule sprach die Religionslehrerin meine Mutter an und empfahl Flötenunterricht, da ich beim Singen keine Melodie halten konnte. Aber ich musiziere gerne. Ich kann nur eine Handvoll Akkorde auf der Gitarre, doch damit singe ich viele Lieder. Und ja, inzwischen kann ich eine Melodie halten, wenn ich die Akkorde dazu spiele.

Es geht mir jedoch weder darum, besonders schön zu singen, noch besonders gut zu spielen. Es geht mir um die Freude an der Musik und an der ganz eigenen Form von Herzensnahrung, die eben nur entsteht, wenn ich selbst singe und spiele. Natürlich kann ich jederzeit auf meinem Smartphone mit wenigen Tippsern Sängerinnen hören, die tausendmal besser musizieren und singen als ich. Aber darum geht es nicht, denn der Vorgang, Musik aus einer Maschine zu konsumieren, ist ein völlig anderer, als sie selbst zu spielen. Manchmal macht mir das auch Freude, doch das eine ist kein Ersatz für das andere.

Leider hat der Konsum von Kultur – digital, analog und live – die lebendige Kultur weitgehend ersetzt. Wenn man nicht annähernd so gut ist wie die Profis, so scheint es, hat es ja ohnehin keinen Sinn. Wer will das schon hören, um beim Beispiel der Musik zu bleiben? Doch das ist ein Irrtum. Der kreative Prozess an sich nährt uns – ohne ihn verarmen wir.

Früher, bevor Massenmedien uns mit den Segnungen stets verfügbarer Unterhaltung versorgten, war die Welt eine andere. Für Unterhaltung waren wir auf unsere Mitmenschen angewiesen. Der Humor eines Familienmitglieds, das Talent, eine Geschichte zu erzählen, oder die Gabe zu musizieren hatten automatisch einen sehr hohen Stellenwert. Sie mussten nicht mit den schillernden Angeboten des Fernsehprogramms konkurrieren.

Herzensnahrung

Bei meinen Seminaren schaffe ich an manchen Abenden gerne einen Rahmen, in dem ich Menschen einlade, sich kreativ auszudrücken. Oft entstehen dort sehr magische Räume, und es ist jedes Mal sehr berührend zu sehen, welch kreativen Talente in den Menschen schlummern. Zugleich ist es traurig, weil die meisten in ihrem Alltag dafür keinen Rahmen haben und keine Gemeinschaft, mit der sie diese teilen können.

Letztens kam eine Teilnehmerin eines Morgens mit feuchten Augen auf mich zu und versuchte in Worte zu fassen, was sie erlebt hatte. Sie hatte am Abend zuvor nach langem inneren Ringen die Gitarre in die Hand genommen. Anscheinend hatte sie es noch nie gewagt, vor anderen Menschen zu spielen. Als sie einen Groove anstimmte, entspann sich eine ganz wunderbare Improvisation zwischen ihr, einem Perkussionisten, einer Sängerin und einigen anderen Teilnehmern in wechselnder Besetzung. Über viele Stunden jammten sie vor sich hin, und es entstand ein Raum von sprühender Kreativität, Freude und Inspiration.

Sie war noch völlig beseelt, es war für sie wie ein Wunder. Im Gespräch stellte sich heraus, dass sie beruflich sehr wohl mit Musik und Kreativität zu tun hatte: Sie war vor allem hinter der Bühne tätig, und zwar bei den ganz großen Bühnen Deutschlands, auf denen die absoluten Weltstars auftreten. Doch während sie darüber sprach, schwand das Leuchten aus ihrem Blick. Ohne Worte verstand ich, warum sie so ergriffen war: Sie hatte am Abend zuvor etwas erlebt, das eine tiefe Sehnsucht in ihrem Herzen berührt hatte und was sie in ihrem beruflichen Alltag, in ihrem Leben schmerzlich vermisste. Was mich an der Begegnung besonders berührte, war, dass sie selbst offenbar nicht gewusst hatte, was ihr fehlte. Sie hatte es vermutlich nie erlebt.

Konsum macht nicht glücklich

Nein, ich meine das nicht so absolut, wie es da steht. Natürlich kann Konsum manchmal auch glücklich machen, und zwar egal, ob es um den Konsum einer frisch gebackenen Brezel, eines musikalischen Meisterwerks oder eines tollen Films geht. Aber eines ist für mich sonnenklar: *Nur* Konsum macht definitiv nicht glücklich. Leider gibt es in unserer Gesellschaft sehr viele Anreize zu konsumieren und sehr wenige, selbst kreativ zu sein. Zudem ist die eigene Kreativität immer mit Anstrengung verbunden und mit Risiko. Anstrengung, weil ich selbst aktiv werden muss. Risiko, weil ich scheitern oder zurückgewiesen werden kann. Es ist viel bequemer und sicherer, den Fernseher einzuschalten und sich berieseln zu lassen. Oder – für die kulturell Anspruchsvolleren – im Jazzkeller den Klängen einer besonders angesagten Combo zu lauschen.

Als Konsumierender ist man auf der sicheren Seite. Man kann sich beispielsweise, wenn man über das nötige Kleingeld verfügt, eine Karte für die Oper kaufen und den kulturell Interessierten mimen. Eine kleine Wikipedia-Recherche vorweg genügt, um den Smalltalk bei Häppchen in der Pause zu meistern, und schon ist dem kulturellen Anspruch Genüge getan. Ein paar kritische oder wohlwollende Äußerungen über das moderne Bühnenbild oder den Tenor, fertig ist die kulturelle Teilhabe. Meine wenigen Opernbesuche – die ich übrigens wirklich sehr genossen habe – hinterließen bei mir den Eindruck eines oft sehr gelangweilten Publikums, das vor allem dort war, um diesem obligatorischen Ritus des eigenen gesellschaftlichen Standes Genüge zu tun. Oder suchten die Zuschauer dort womöglich etwas, das sie nie erlebt hatten, wie die Seminarteilnehmerin?

Standardisierung versus Potenzialentfaltung

Vielleicht ist jetzt der Eindruck entstanden, dass kreativer Wohlstand vor allem damit zu tun hat, wie wir unsere Freizeit verbringen. DIY statt Netflix, Hausmusik statt Spotify, und fertig ist der kreative Wohlstand? Nein, so einfach ist es nicht. Natürlich ist es nett, wenn wir uns in Hobbys kreativ austoben, so wie ich mit meiner Gitarre. Doch kreativer Wohlstand entsteht dadurch noch nicht. Im Kern geht es um Potenzialentfaltung: Gelingt es uns, die Vielfalt unserer Talente zu entwickeln und der Welt zu schenken? Kreativer Wohlstand umfasst somit alle Aspekte unseres Lebens: Wie wir arbeiten, wie wir unsere Freizeit verbringen, wie wir unsere Beziehungen gestalten, unsere Häuser bauen, unsere Kinder begleiten und so vieles mehr. Die Betonung liegt hierbei auf *wie*, statt auf *was*. Kreativer Wohlstand ist nicht das Privileg einiger weniger, die ihr Geld in der sogenannten Kreativbranche verdienen. Sondern er betrifft die schöpferische Gestaltungsfreude, mit der wir unsere Liebe zum Leben ausdrücken und Schönheit in die Welt bringen, egal welcher Tätigkeit wir gerade nachgehen.

Der kreative Wohlstand der Balinesen erschöpft sich nicht darin, dass sie ab und zu aufwendige Palmblattornamente oder Stierskulpturen für Verbrennungszeremonien basteln. Das ist nur eine Ausdrucksform, die uns besonders beeindruckt oder auffällt. Bei genauerem Hinsehen wird deutlich, dass auch einfache Gegenstände des Alltags von einem Sinn für Schönheit durchdrungen sind: die Bambuskörbe, in denen Gras für die Kühe gesammelt wird; die handgeschmiedeten Messer und Sicheln mit einfachen Holzgriffen; die Wände aus geflochtenem Bambus, aus denen die Ärmsten ihre Hütten bauen, um nur einige Beispiele zu nennen.

Zudem ist dies keine Einzigartigkeit der Balinesen. Das Gleiche lässt sich in anderen traditionellen Kulturen beobachten. Eine besonders schöne Beschreibung findet sich in dem Buch *Wampanoag Morning* von dem Indianerältesten Manitonquat. Es handelt sich um eine Sammlung von Geschichten aus der Zeit vor der Ankunft der Europäer in Nordamerika. In einer Geschichte beschreibt er, wie sich ein kleines Indianermädchen in seiner Behausung umsieht. Jeder einzelne Gegenstand, inklusive der Behausung selbst, wurde von einer Person gefertigt, die das Mädchen kennt und liebt: der Bettrahmen, das Elchfell, die geflochtenen Matten auf dem Boden und an den Wänden, ihre Schneeschuhe, die Tontöpfe, die Körbe, Pfeil und Bogen, Schilde, Speere, gefärbte Decken und Umhänge. Jeder einzelne Gegenstand scheint auf seine Art beseelt zu sein. Jeder ist auf eine einzigartige Weise schön, schöner als es für den jeweiligen Zweck notwendig wäre. Es sind Kunstwerke, die mit viel Geschick und Liebe gefertigt wurden. Nicht von Künstlern, wie wir sie kennen, sondern von ganz normalen Menschen, die ihre kreativen Fähigkeiten ausgelebt haben. Keiner wird die Perfektion haben, die eine Designercouch hat. Doch es ist gerade die Unvollkommenheit, die jedem Gegenstand seine Einzigartigkeit und damit seine Seele gibt.

Zurück in die gute alte Zeit?

Wer aus meinen Zeilen eine Nostalgie für längst vergangene Zeiten und Kulturen herausliest, hat mich missverstanden. Ich mache mir keine Illusionen und weiß, dass traditionelle und indigene Kulturen auch schwierige Aspekte haben. Und ich zähle nicht zu den Folkloreromantikerinnen, die sich wünschen, alles wäre wieder wie vor zweihundert Jahren. Der Blick auf traditionelle Kulturen offenbart für mich jedoch das Ausmaß an Verlust und kreativer Verarmung, das uns im Zuge von Industrialisierung, Globalisierung und schließlich Digitalisierung widerfahren ist. Wie bereits mehrfach betont, ist das Ziel dieser Analyse jedoch nicht die Rückkehr zur Lebensweise unserer Vorfahren, sondern vielmehr ein Plädoyer für die Entwicklung neuer Lokalkulturen. Denn eines ist klar: Industrialisierung, Globalisierung und Digitalisierung sind nicht zwangsläufig zerstörerisch für unsere Kreativität. Sie können auch

Ermöglicher oder sogar Treiber für neue Ausdrucksformen von Kreativität sein.

Ein paar Beispiele: Seit Beginn der Industrialisierung wird diskutiert, was die Menschen wohl mit ihrer vielen Freizeit machen, wenn Maschinen ihnen all die Arbeit abnehmen. Theoretisch hätten wir mehr Zeit als je zuvor, um uns kreativ zu entfalten. Wie ich im Kapitel über Zeitwohlstand dargelegt habe, ist es uns bislang leider nicht gelungen, die Errungenschaften der Industrialisierung in Zeitwohlstand zu übersetzen. Aber was nicht ist, kann ja noch werden.

Auch die Globalisierung muss nicht zur Zerstörung von Lokalkulturen durch die Ausbreitung einer globalen Monokultur à la IKEA und McDonald's führen. Trends wie World Music oder Fusion Kitchen zeigen, dass die faszinierende Vielfalt traditioneller Lokalkulturen mit der Durchmischung der Völker ganz neue kreative Spielräume eröffnet.

Und die Digitalisierung hat den Zugang zu einem Publikum in vielen kreativen Bereichen radikal demokratisiert. Jeder kann heute einen Song, einen Video-Clip oder sogar einen Film produzieren und ihn auf YouTube, BandCamp oder iTunes veröffentlichen. Auch um ein Buch zu publizieren, brauchen Autorinnen und Autoren heute nicht mehr zwangsläufig einen Verlag; der Self-Publishing-Bereich blüht. Und nie war es leichter, die eigenen Ideen in so gut wie jedem kreativen Bereich mit anderen zu teilen, wie der Boom an Rezeptseiten und DIY-Blogs zeigt.

Kann man das zu Geld machen?

Mein Mann hat eine wunderbare Leidenschaft: Er repariert und konstruiert gerne Dinge. Schon als Kind hat er mit großer Begeisterung Geräte zerlegt, um herauszufinden, wie sie funktionieren. Noch heute kann er mir mit leuchtenden Augen darlegen, wie eine bestimmte Maschine irgendetwas anstellt, an das ich noch nie einen Gedanken verschwendet habe. Es interessiert mich ehrlich gesagt auch gar nicht, wie sie das macht, Hauptsache sie macht es. Doch ihn fasziniert das.

Neulich hat er aus einem alten Eimer, ein paar Holzklötzchen, einem Stück Abflussrohr und einem alten Schwamm eine Vorrichtung konstruiert, die man an unseren Staubsauger anschließen kann, um Polster zu reinigen. Er verbrachte mehrere Stunden in seiner kleinen Werkstattecke und führte mir schließlich hochbeglückt das Gerät vor. Es funktionierte tatsächlich ausgezeichnet.

Als meine Mutter kurz darauf zu Besuch kam, ließ er es sich nicht nehmen, auch ihr seine Erfindung vorzuführen. Sie war begeistert und stellte sofort Überlegungen an, wie man das zu Geld machen könnte. Natürlich kann man das nicht: Jeder Baumarkt verleiht für ein paar Euro ein Profigerät, das genau die gleiche Funktion erfüllt. Und sicher gibt es auf YouTube schon zig Tutorials darüber, wie man so ein Teil bauen kann. Doch meine Mutter ließ nicht locker. Im Laufe der nächsten Tage griff sie das Thema immer wieder auf. Sie wusste, dass Christian Umwelt- und Verfahrenstechnik studiert hatte, beruflich war er jedoch schon sehr bald in eine völlig andere Richtung gegangen. Für sie war es nicht nachvollziehbar, dass ein Mensch eine Leidenschaft hat, eine Begabung, das passende Studium und es nicht zu seinem Beruf macht.

Im Gespräch kam heraus, dass genau jene kindliche Spielfreude, die Christian so erfüllt, in der akademischen und beruflichen Auseinandersetzung mit Technik damals keinen Platz hatte. Die Aufgaben waren hochkomplex und oft auch sinnentleert. Es wurden technische Lösungen für Probleme gesucht, die von Technik verursacht waren, statt dass diese an der Wurzel angegangen wurden. Deshalb entschloss er sich schon bald, mit Menschen zu arbeiten, statt mit Maschinen.

Doch nun komme ich zu meinem eigentlichen Punkt: Sein Talent und seine Begeisterung, Dinge zu reparieren und zu konstruieren, sind eine Gabe. Sie sind Teil seines ureigenen Ausdrucks. Die Frage, ob man diese zu Geld machen kann, kommt in unserer Gesellschaft reflexartig, und das ist ja auch in Ordnung. Tragisch ist nur, dass der Wert einer Gabe heute danach bemessen wird, wie die Antwort auf diese Frage ausfällt. Wenn man sie zu Geld machen kann, ein Patent anmelden kann, ein Produkt daraus machen kann, eine Dienstleistung, ein Franchise, ein Tutorial oder eine Geschäftsidee, dann ist diese Gabe »Gold wert«. Wenn man das nicht kann, wird sie leider sehr oft als wertlos betrachtet.

Rein monetär betrachtet, ist Christians Gabe möglicherweise nicht wirklich profitabel. Er ist früh aufgestanden, hat mehrere Stunden in der Werkstatt herumgetüftelt, dabei hätten wir das Ding doch genauso gut beim Baumarkt leihen können. Oder bei der Gelegenheit den Bezug der Stühle erneuern lassen und dem neuesten Farbtrend anpassen können. Aber warum ist er früh aufgestanden? Weil es ihn vor lauter Begeisterung über seine Idee nicht mehr im Bett gehalten hat. In meinen Augen ist Christians Gabe Gold wert, weil sie ihn glücklich macht. Und ja, es ist wunderbar, wenn ein Mensch die Fähigkeit hat, Dinge zu reparieren. Auch wenn er damit möglicherweise nie einen Cent verdienen wird.

In einer Welt, in der schon so vieles erfunden wurde, in der immer mehr Menschen Zugang zu Bildung und zur Förderung ihrer Talente haben, hängt die Latte immer höher. Heutzutage, da man jedes Ding zu einem lächerlichen Preis hinterhergeschmissen bekommt, wirkt die Bereitschaft, etwas zu reparieren, fast schon anachronistisch. Noch vor gar nicht langer Zeit wäre Christians Talent in einer Dorfgemeinschaft womöglich hochgeschätzt gewesen. Vor hundert Jahren hätte er seine Konstruktion möglicherweise patentieren lassen können. Doch heute gelingen bahnbrechende Durchbrüche meistens nicht mehr einzelnen Tüftlern in Garagen, sondern sind das Ergebnis groß angelegter Kooperationen zwischen hochspezialisierten Teams.

Es ist das Gleiche wie mit der Musik: Auf Knopfdruck können wir die weltbesten Gitarristen hören, die erfolgreichsten Tänzerinnen, Schauspieler, Entertainer und Geschichtenerzählerinnen sehen. Dabei macht uns all das nicht glücklicher. Die Talente und Gaben von Milliarden Menschen werden plötzlich als wertlos betrachtet. Doch deine Gaben sind einzigartig. Der Moment, in dem du wie Christian morgens um sieben unbedingt aus dem Bett springen musst, um dieses oder jenes auszuprobieren, ist unbezahlbar. Die Stunden, die Christian völlig versunken an seinem Ding werkelte, sind unbezahlbar. Sie gegen die Kosten des Leihgeräts aufzurechnen verkennt die Einzigartigkeit und den Wert seiner Kreativität.

Viele Menschen leben ihre Talente nicht, weil sie damit kein Geld verdienen können. Oder sie schätzen sie nicht, aus dem gleichen Grund. Sie träumen davon, eines Tages damit ihr Geld zu verdienen, denn erst dann, so meinen sie, wären sie echte Künstler, Köche, Erfinderinnen, Tänzer, Sänger, Musikerinnen, Malerinnen, Designer, Gärtnerinnen oder was auch immer. Aber das stimmt nicht unbedingt. Mitunter tritt sogar das genaue Gegenteil ein. Wie bei Christian kann kommerzieller Leistungsdruck die kindliche Spielfreude am eigenen Talent ersticken.

Ein Freund von mir entschied sich daher vor Jahren, sein Geld als Taxifahrer zu verdienen. Dies ermöglichte es ihm, seiner eigentlichen Leidenschaft, der Fotografie, frei von Zwängen nachzugehen. Es war nicht so, dass er mit der Fotografie kein Geld verdienen konnte. Aber er merkte, dass die Aufträge als Modefotograf seinen ureigenen künstlerischen Ausdruck veränderten. Letzteren konnte er in dieser Form nie zu Geld machen. Es deshalb ein Hobby zu nennen, würde es in meinen Augen jedoch zu Unrecht entwerten. Es war eine Berufung, der er mit großer Hingabe nachging. Man könnte sogar so weit gehen zu sagen, dass sie ihm zu heilig war, um sie zu kommerzialisieren.

Spiel ist Arbeit, Arbeit ist Spiel

Die Grenze zwischen Tätigkeiten, mit denen wir Geld verdienen, und jenen, mit denen wir es nicht tun, ist fließend. Auch wenn mein Freund, der vor Jahren Taxi fuhr, um sich seine Kunst rein zu bewahren, damals mit ihr kein Geld verdienen konnte: Jahre später entwickelte sich seine Fotografie in eine neue, für ihn stimmige Form. Er hängte die Fotografie als Kunst an den Nagel und entdeckte seine Gabe und Passion für die Theaterfotografie, womit er dann seine Familie ernähren konnte. In gewisser Weise hatte ihn seine Fotokunst genau darauf vorbereitet, auch wenn er das natürlich nicht wissen konnte.

Steve Jobs erzählte gerne, dass er sein Studium abbrach, um seine Adoptiveltern finanziell zu entlasten. Von allen akademischen Zwängen befreit, lungerte er jedoch weiterhin auf dem Campus seiner Uni herum und besuchte nur noch Veranstaltungen jener Fächer, die ihn faszinierten. Eines davon war Kalligrafie. Gelegentlich wurde er von den Professoren zur Rede gestellt, die ihn dazu bewegen wollten, wieder ein richtiges Studium aufzunehmen. Sie machten sich große Sorgen um seine Zukunft. Was sollte bloß aus ihm werden ohne eine ordentliche Ausbildung? Jobs lehnte stets ab. Jahre später bestand er darauf, dass die neuen Computer, die Apple quasi erfunden hatte, verschiedene Schrifttypen haben würden. Seine Programmierer konnten damit gar nichts anfangen: Was sollte der Blödsinn? Doch Jobs hatte die Schönheit der Schrift lieben gelernt. Er führte dies auf genau jene Kalligrafiekurse zurück, die damals an der Uni als reine Zeitverschwendung gegolten hatten.

Was ich damit sagen will und weshalb auch Jobs diese Geschichte so gerne erzählte: Du kannst nicht wissen, wie sich deine Gaben in der Welt ausdrücken möchten. Vielleicht weißt du noch nicht einmal, was deine Gaben sind. Und nein, nicht jeder, der sein Studium abbricht und scheinbar unnütze College-Kurse besucht, wird ein weltberühmter Erfinder, das Thema hatten wir ja schon. Doch wenn du es wagst, wie Jobs oder Christian deinem Spieltrieb zu folgen, wird sich dein kreativer Wohlstand mit Sicherheit erhöhen. Du wirst deine Gaben immer mehr kennenlernen und entfalten.

Vielleicht wird es dir wie meiner Mutter gehen. Sie ist, offen gesagt, auch nicht musikalischer als ich. Dennoch beglückte sie über Jahrzehnte ihre Schüler und später zahlreiche Lehrerinnen auf Fortbildungen mit ihren selbst geschriebenen Liedern. Immer öfter wollten die Lehrer diese Lieder von ihr lernen, um sie selbst mit ihren Schülerinnen im Unterricht zu singen. Also nahm sie eine CD auf und stellte ein kleines Heft zusammen, was großen Anklang fand.

Es war nie ihr Ziel gewesen, eine CD aufzunehmen. Jeder hätte sie ausgelacht. Allen voran mein hochmusikalischer Großvater, den sie schon als Kind zur Verzweiflung trieb, weil sie den Akkordwechsel nicht hörte. Sie spielte trotzdem, weil es ihr Freude machte, und sie sang mit den Kindern aus dem gleichen Grund.

Finde deinen Flow, immer wieder

Flow ist jener glückselige Zustand, wenn wir mit uns selbst und der Welt im Einklang sind. Wenn wir die Zeit vergessen und uns komplett in einer Tätigkeit verlieren. Wir vergessen Hunger und Durst und wollen nichts anderes, als einfach immer weiter genau das zu machen, was wir gerade machen. Flow entsteht, wenn Aufgaben schwierig genug sind, um interessant zu sein, und einfach genug, dass wir ihnen gewachsen sind. Je mehr wir lernen, an dieser Kante zwischen Unter- und Überforderung zu surfen, desto öfter erleben wir Flow. Und je öfter wir Flow erleben, desto glücklicher und kreativer sind wir in unserem Leben.

Wenn du im Flow bist, dann ist es dir völlig egal, ob dich irgendjemand dafür bezahlt. Menschen, die sehr glücklich mit ihrem Beruf sind, empfinden das oft so. Mein Sohn hatte einmal eine solche Kindergärtnerin. Ich sah sie immer mit leuchtenden Augen inmitten des Trubels, und mehr als einmal erzählte sie mir freudestrahlend: »Ich habe den schönsten Beruf der Welt. Dass ich dafür auch noch bezahlt werde!« Meine Mutter machte als junge Lehrerin eine ganz ähnliche Erfahrung. Sie hatte gegen ihren Willen Lehramt studiert und war mehr als skeptisch gegenüber der aufgezwungenen Berufswahl. Doch kaum hatte sie ihre erste Unterrichtseinheit absolviert, tauchte bei ihr die identische Frage auf: »Wie, dafür werde ich auch noch bezahlt?«

Natürlich bedeutet das nicht, dass es nie anstrengend ist. Ich bin mir sicher, dass die Kindergärtnerin meines Sohnes manchmal ganz schön erschöpft nach Hause ging. Auch meine Mutter kam oft fix und fertig aus der Schule. Ich verausgabe mich ebenfalls mit schöner Regelmäßigkeit, wenn ich wieder in irgendeine Tätigkeit versunken bin. Doch neben der Erschöpfung ist da tiefe Erfüllung, sodass auch die Erschöpfung etwas Wohliges hat. Es ist schön, wenn wir unsere Gaben ganz geschenkt haben, denn nichts anderes bedeutet doch »sich zu verausgaben«.

Aufgabe, Hingabe und Sinn

Neben der Vorstellung, mit etwas Geld verdienen zu müssen, ist es oft der narzisstische Anspruch an die eigene Großartigkeit, der Menschen davon abhält, ihre Gaben mit der Welt zu teilen. Wenn wir schon vom gesellschaftlich vorgegebenen Pfad abweichen, dann müssen wir auch was ganz Grandioses machen. Überhaupt scheint es mir heute zunehmend so zu sein, dass jeder etwas ganz Grandioses machen muss. Jeder muss heute ein Buch schreiben, eine Praxis eröffnen oder sonst etwas ganz Tolles machen. Wir denken, dass es bei kreativem Wohlstand um Selbstverwirklichung geht. Meines Erachtens ist dies ein großes Missverständnis. Es geht bei kreativem Wohlstand eher um das genaue Gegenteil: Man könnte es Dienen nennen.

Deine Gabe in die Welt zu bringen bedeutet zu dienen. Es ist dies ein Akt der Demut, nicht der Selbstverwirklichung. Ich sage, es ist das genaue Gegenteil von Selbstverwirklichung, da es in gewisser Weise sogar einer Selbstaufgabe bedarf. Nicht einer Selbstaufopferung, das ist etwas anderes, jedoch einer Selbstaufgabe, bei der unsere falschen Vorstellungen von uns selbst sterben. Erst dann werden wir offen, das mit der Welt zu teilen, was durch uns geteilt werden möchte. Vielleicht ist es ja tatsächlich ein Buch, wer weiß? Du wirst es schon merken, wenn du dich ganz darin verlierst, eines zu schreiben und gar nicht mehr aufhören kannst.

Aber selbst wenn es ein Buch ist: Es sind mit Sicherheit auch tausend andere Dinge, die deinen kreativen Wohlstand ausmachen, deinen ureigenen Ausdruck. Unter diesen tausend Dingen wird es große und kleine Dinge geben, spielerische und ernste, freudvolle und tiefgründige, gesellige und einsame, öffentliche und ganz private.

Mein Onkel erzählte seiner Tochter jeden Abend vor dem Einschlafen eine frei erfundene Geschichte. Diese ging immer weiter, über Jahre hinweg. Jeden Abend lagen die beiden zusammen im Bett, und er folgte seinem ganz eigenen Erzählfluss, nie wissend, wo dieser sie als Nächstes hintragen würde. Oft geschah es, dass mein Onkel im Erzählen die Zeit vergaß und darüber nicht nur meine Cousine, sondern auch er selbst einschlief.

Keiner außer den beiden weiß, wovon die Geschichte handelte. Er hat sie nie aufgeschrieben, nie wird sie jemand außer meiner Cousine hören. Mehr noch: Die Geschichte ist vorbei. Sie hat nur für den Augenblick gelebt. Doch gerade das macht die Geschichte so kostbar. Sie ist einzigartig, aus dem Moment und dem intimen Lauschen zwischen Vater und Tochter geboren. Es ist ihre Geschichte.

Was ist deine Geschichte? Was möchte durch dich in die Welt kommen, in diesem Augenblick und in jedem weiteren? Wie machst du diese Welt bunter, fröhlicher, lebendiger, schöner?

Um Kreativitätswohlstand zu kultivieren, ist es hilfreich, unseren Medien- und Kulturkonsum zu hinterfragen. Vertreibst du dir die Zeit oder tust du wirklich gerade das, was du tun willst? Vielleicht gibt es etwas, das du schon immer machen wolltest, es aber stets weggeschoben oder dich nie getraut hast, weil es immer Leute gab, die talentierter schienen als du, es dir peinlich war, es nicht wichtig schien oder du keine Zeit dafür hattest. Lässt du Langeweile zu? Liebst du deine Arbeit?

Hör nicht auf, deine Kreativität zu erforschen, darauf zu lauschen und auszuprobieren, was geschieht, wenn du sie lebst.

4
Spiritueller Wohlstand

Um es gleich vorwegzunehmen: Ich habe so meine Schwierigkeiten mit dem Begriff »spirituell«. Doch ich habe keinen besseren gefunden. Neben den seltsamen Assoziationen, die diesem Begriff in unserem Kulturkreis inzwischen anhaften – Räucherstäbchen, Engelskarten, wallende Gewänder –, ist die Definition an sich schwammig und missverständlich. Die lateinische Wurzel *spiritus* bezeichnet natürlich keinen Grillanzünder, sondern bedeutet wörtlich »Geist«. Man könnte »spirituell« demnach auch als »geistig« übersetzen.

Meine Schwierigkeit mit dieser Definition besteht darin, dass sie Spiritualität zu etwas Entrücktem, Abgehobenem, nicht Greifbarem macht, dessen Gegenteil das Irdische, Materielle, Weltliche ist. Doch dann sind wir in unserem Denken über Spiritualität schon mitten in einer Spaltung gelandet, die dem Wesen der Spiritualität, wie ich sie begreife, diametral entgegensteht.

Spiritualität ist nach meinem Verständnis das Bewusstsein der Verbundenheit und Einheit von allem. Ihr Gegenteil ist somit das fehlende Bewusstsein dieser Verbundenheit und Einheit. Eine Definition von spirituell als nicht materiell und entrückt ist Ausdruck dieses fehlenden Bewusstseins, da es verkennt, dass Geist und Materie eins sind.

Passender wäre möglicherweise der Begriff Religion im ursprünglichen Sinne. Hier bedeutet die lateinische Wurzel *re-ligio* wörtlich »Rückverbindung«. Doch auch dieses Verständnis geht von einer Perspektive der Trennung aus – warum bräuchten wir sonst eine Rückverbindung? Und natürlich hat das Wort Religion in unserem Kulturkreis nicht minder problematische und zudem noch verstaubte Assoziationen.

Nachdem ich nun meine Schwierigkeiten im Hinblick auf diesen Begriff dargelegt habe, möchte ich erklären, was ich unter spirituellem Wohlstand verstehe. Wer in dem Bewusstsein lebt, dass alles miteinander verbunden ist, erlebt sich als eingebettet in und getragen von einem Universum, das sinnvoll ist. Ich spreche hier nicht von prärationalen Glaubenskonstrukten, die dem Verstand nette Geschichten dazu anbieten, warum die Welt so ist, wie sie ist. Ich spreche von transrationalem Erleben. Es ist demnach nicht die Art Sinn, die intellektuell nachvollziehbar ist, nach dem Motto: »Der Sinn des Lebens ist …« Es geht um Sinn, der sich aus dem Erleben der Schönheit, Heiligkeit und Verbundenheit des Lebens unmittelbar erschließt. Dieses Erleben von Sinn lässt sich nicht in Worte fassen. Es hat auch nichts mit Glauben zu tun. Der Glaube kann eine Krücke sein, bis er zu unserer Erfahrung wird, doch er kann kein dauerhafter Ersatz für diese Erfahrung sein.

Wenn eine Person in einem solchen Bewusstsein von Verbundenheit lebt, verändert das den Umgang mit den Widrigkeiten des Lebens grundlegend. Da sie sich eingebettet und getragen weiß, begreift sie Hindernisse oder Rückschläge als Bewegungen des Ganzen, die sie möglicherweise nicht versteht, doch denen sie vertraut. Dadurch kooperiert sie mit dem Leben, statt dagegen anzukämpfen, auch dann, wenn diese Bewegungen ihren eigenen Bedürfnissen zu widersprechen scheinen.

Die Normalität des Heiligen

In traditionellen Kulturen ist das Leben und Erleben von Spiritualität ein selbstverständlicher Teil des Alltags. Zwar gibt es Feste und Riten, in denen die Heiligkeit des Lebens besonders gefeiert wird, dennoch ist dieses Bewusstsein tief mit allen Handlungen und Abläufen verwoben. Alles ist heilig. Aber nicht auf diese süßlich scheinheilige, unauthentisch steife Art, die wir oft mit dem Wort assoziieren. Sondern heilig im Sinne von lebendig, im Sinne von verbunden und einzigartig.

Wenn ich als Kind meine balinesische Freundin zu einem der unzähligen Tempelfeste begleitete, dann gab es nie einen Zweifel daran, dass ich dort beten könnte. Als meine Mutter sie darauf ansprach, ob es für die Balinesen kein Problem sei, dass wir als Nicht-Hindus dort beteten, lachte sie: »Es ist doch alles das Gleiche!« Dieser Ausspruch war charakteristisch für die entspannte Natürlichkeit und Heiterkeit, mit der Balinesen ihre Religion leben. Sie tun dies dennoch mit einer tiefen Hingabe und Ernsthaftigkeit. Wie ist das möglich? Und warum ist es uns nicht möglich?

Das Problem mit dem Glauben

Wenn wir über Religion sprechen, dann verwenden wir oft das Wort »Glauben«. Für viele ist es sogar ein Synonym für Religion. Ihre Religion ist ihr Glaube. Ich hatte mit dem Begriff schon immer meine Schwierigkeiten, denn glauben ist nicht wissen. Glauben sagt indirekt sogar, dass wir etwas nicht wissen, vielleicht sogar nicht wissen können. Also müssen wir es glauben – oder eben nicht.

Ich erinnere mich, dass es unter meinen Freunden in Deutschland und später in den USA durchaus gängig war zu fragen: »Glaubst du an Gott?« Wenn wir darüber sprachen, war die Diskussion stets sehr beliebig. Es war ein bisschen wie die Frage, ob man an den Weihnachtsmann glaubt. Es war eine Frage danach, ob irgendwo ganz weit weg oder ganz hoch oben irgendjemand sitzt, der eigentlich nichts mit mir zu tun hat. Kann man glauben, kann man nicht glauben. Manche glaubten es, andere nicht. So oder so hatte es nichts mit ihnen zu tun. Es machte nicht wirklich einen Unterschied, sondern war eher eines jener beliebigen Persönlichkeitsmerkmale wie die Lieblingsfarbe. Vielleicht hatte eine Freundin eine andere Lieblingsfarbe als ich, doch das tat unserer Freundschaft keinen Abbruch.

Unter meinen balinesischen Freunden gab es diese Frage nach

dem Glauben nicht. Überhaupt war Religion etwas, worüber nicht gesprochen wurde und das, obwohl jede Handlung des Alltags von ihr durchdrungen war. Darin liegt der entscheidende Unterschied zu den Glaubensfragen meiner deutschen oder amerikanischen Freunde: Für die Balinesen ist Religion kein Glaube, sondern eine Lebensweise. Die Heiligkeit des Lebens ist für sie keine Glaubensfrage, sondern von klein auf erlebte Realität. Wie kann das sein?

Wenn ich an die Tempelfeste meiner Kindheit denke, dann erinnere ich mich neben der betörenden Schönheit der Trachten, Farben, Blüten, Düfte, Ornamente, Früchte und Gebete vor allem an eine Beseeltheit, die alles durchdrang. Es ist die gleiche Beseeltheit, die ich Jahre später in einem Gottesdienst der legendären Glide-Church in San Francisco spürte. Oder in den indigenen Ritualen Brasiliens, bei denen die ganze Nacht lang zu Trommelrhythmen um ein Feuer getanzt wurde. Oder beim Ganga Arthi, dem täglichen Feuerritual am Ganges in Rishikesh. Dort versammeln sich täglich Hunderte Menschen, um uralte Mantren zu singen, während die Nacht sich über den Fluss senkt. In diesen Situationen erübrigt sich die Frage nach dem Glauben, denn die Heiligkeit des Lebens wird zu einer direkten Erfahrung.

Es spielt dabei keine Rolle, wie wir diese Heiligkeit nennen. Viele nennen sie Gott. Für mich ist der Begriff zu vorbelastet, wurde zu oft missbraucht und suggeriert vor allem eine Trennung, die sich nicht mit meinem Erleben deckt. Die Heiligkeit des Lebens ist nichts, das irgendwo weit weg von dir und mir ist. Sie ist in allem. Deshalb ist es das Gleiche, wie meine Freundin Nyoman lachend meinte. Deshalb können Menschen nur zu dem Einen beten, auch wenn dieses Eine unendlich viele Ausdrucksformen hat.

Spirituelle Armut

Wenn ich bei uns in einer Kirche sitze, was selten genug vorkommt, dann möchte ich oft laut schreien. Oder ich möchte weinen. Aber nicht aus jener tiefen Berührtheit heraus, die Besucher der Glide-Church dazu bewegt, tränenüberströmt wildfremde Menschen zu umarmen. Ich möchte weinen, weil ich dort nichts von dem spüre, was ich an so vielen anderen Orten der Welt erlebt habe, wenn Menschen zusammenkommen, um die Heiligkeit des Lebens zu feiern. Und wenn ich in die resignierten, traurigen, leeren, gelangweilten Gesichter blicke, die vielfach dort sitzen, weil es sich eben so gehört, dann spüre ich eine Armut, die mir im Herzen wehtut.

Ich bin mir sicher, es gibt Ausnahmen. Bestimmt gibt es Gottesdienste, in denen das nicht so ist, und Menschen, die in Kirchen etwas spüren. Doch ich bin mir genauso sicher, dass es sehr vielen Menschen geht wie mir, denn sonst wären die Kirchen voll. Und zwar nicht aus Pflichtgefühl oder Anstand oder Traditionsbewusstsein oder was auch immer. Vielmehr wäre es uns ein tiefes inneres Bedürfnis, dorthin zu gehen – nicht nur sonntags, sondern jeden Tag.

Natürlich ist spirituelle Armut nicht etwas, das ich nur in Kirchen spüre. Da springt sie mir bloß überdeutlich ins Auge. Doch genau wie ein Bewusstsein für die Heiligkeit des Lebens in traditionellen Kulturen jede Handlung des Alltags durchdringt, ist bei uns nahezu jeder Lebensbereich von unserer spirituellen Armut betroffen. Sie hat unterschiedliche Symptome, genau wie spiritueller Wohlstand unterschiedliche Ausdrucksformen hat. Ein erstes Symptom ist der fehlende Sinn für Schönheit. Ein weiteres die große Lieblosigkeit, mit der wir als Gesellschaft die meisten Dinge angehen. Ein drittes der Mangel an Weisheit, der in starkem Kontrast zu unserem Überfluss an Wissen steht. Ein viertes ist das weit verbreitete Gefühl von Sinnlosigkeit und ein fünftes, eng damit verknüpft, die fehlende innere Anbindung. Im Folgenden gehe ich auf jedes einzelne Symptom und die dazugehörige Ausdrucksform von spirituellem Wohlstand ein. Sie sind alle eng verbunden, verstärken und bedingen einander.

Merkmale von spirituellem Wohlstand

1. Schönheit
2. Liebe
3. Weisheit
4. Sinn
5. innere Anbindung

Schönheit

Die Welt ist schön. Ist dir schon einmal aufgefallen, dass in der Natur jeder Ort schön ist? Und zwar egal, ob es sich um ein Gebirge, einen Wald, einen Bach, eine Wüste, eine Steppe oder ein Meer handelt: Jedem Ort wohnt eine ganz eigene, einzigartige, wunderbare Schönheit inne. Manchmal ist es eine dramatisch erhabene Schönheit, die wir gerne auf Kalenderblättern abdrucken oder als Bildschirmhintergrund verwenden: steile Felswände, tosende Wellen, dramatische Farben, unendliche Weiten. Und manchmal ist es eine eher bescheidene, zurückhaltende Schönheit, der wir uns behutsam annähern müssen, um sie überhaupt wahrnehmen zu können: die Schönheit der Flusskiesel in einem Bachbett, jedes ein Juwel; oder die der kleinen Gräser und Blüten, die meist unbeachtet am Wegesrand stehen. Und zuweilen ist es auch eine sehr eigenwillige Schönheit wie die einer Nacktschnecke, deren plumper Körper von einer eleganten Maserung überzogen ist und die auf ihrem Weg eine vornehm glänzende Schleimspur hinterlässt.

Wenn ich darüber nachdenke oder Berichte lese, wie der amerikanische Kontinent vor Ankunft der europäischen Kolonialisten aussah, sehe ich vor meinem inneren Auge Bilder von geradezu überwältigender Schönheit. Zuweilen frage ich mich dann, wie es sein konnte, dass die Siedler in Anbetracht dieser Schönheit nicht weinend auf die Knie sanken, um den Rest ihrer Tage dem Erhalt und der Huldigung dieser Schönheit zu widmen. Wer sich ein bisschen mit der Geschichte befasst hat, weiß natürlich, dass sie den Rest ihrer Tage bis zum heutigen Tag mit so ziemlich dem genauen Gegenteil dessen verbracht haben.

Meine einzige plausible Erklärung hierfür lautet, dass ihr Herz so vernarbt war, dass es nicht fähig war, diese Schönheit wirklich wahrzunehmen. Die Menschen waren vor Hunger, Elend und Diskriminierung in ihrer alten Heimat geflohen. Sie hatten alles verloren oder hinter sich gelassen und auf der Überfahrt Todesängste ausgestanden, bis sie die Neue Welt überhaupt erreichten. Heute würde man sagen, sie waren hochgradig traumatisiert und daher innerlich taub. Es liegt im Wesen von Traumatisierungen, dass sie großes Unheil anrichten und sich scheinbar unaufhaltsam fortstricken. Es folgten Völkermorde und die Auslöschung Hunderter indigener Lokalkulturen, die Verschleppung und Versklavung von vielen Millionen Afrikanerinnen und Afrikanern und bis heute Kriege in der ganzen Welt. Mit anderen Worten: Es folgte unfassbare, erschreckende Hässlichkeit.

Wer jetzt denkt: »Na ja, der Mensch ist eben so«, den kann ich gut verstehen, sehe das aber inzwischen anders. Ja, es lässt sich nicht abstreiten, dass der Homo sapiens in seiner jetzigen Form nicht nur sehr viel Leid und Zerstörung in die Welt bringt, sondern auch unfassbar viel Hässlichkeit. Doch ich weigere mich, daraus zu schließen, dass dies im Wesen des Menschen angelegt ist. In meinen Augen handelt es sich um eine Fehlentwicklung, die uns selbst genauso schmerzt wie alle anderen Spezies.[47] Wie ich zu dieser Aussage komme? Der Mensch hat einen Sinn für Schönheit. Wir lieben Schönheit, wir brauchen sie sogar. Es liegt in unserer Natur, Schönheit zu erhalten und ihr zu huldigen. Das ist uns ein tiefes Bedürfnis. Schönheit nährt unser Herz, unsere Seele, sie macht uns glücklich.

In der Schönheit offenbart sich die Heiligkeit des Lebens. Ganz unmittelbar, ohne Worte. Das kann in einem der unzähligen Rituale oder religiösen Feste geschehen, die wir Menschen seit Anbeginn unserer Tage auf der ganzen Welt miteinander feiern. Es kann im Kontakt mit der Natur geschehen, wenn wir in ihrer Schönheit baden, von ihr berührt werden und zulassen, dass sie unser Herz öffnet. Das Gleiche kann geschehen, wenn du einem Menschen in die Augen blickst und dich in diesen Blick hineinsinken lässt.

Damit das geschehen kann, ist es sehr wichtig, dass wir uns unseren Traumata zuwenden, persönlich und kollektiv. Denn eines ist sonnenklar: Die beschriebene Traumadynamik betrifft nicht nur die ehemaligen Kolonisatoren der neuen Welt, sondern sie ist im Begriff, die gesamte Menschheit zu vereinnahmen. Traumatisierung auf persönlicher und/oder kollektiver Ebene ist in unserer Gesellschaft die Norm und nicht die Ausnahme. Traumata werden bis zu vier Generationen weitervererbt, das hat die Epigenetikforschung herausgefunden. Traumatisierte Eltern ziehen traumatisierte Kinder heran. Die meisten Traumata in unserer Gesellschaft sind Entwicklungstraumata (nicht Schocktraumata) und werden oft gar nicht als solche erkannt.[48]

Diese unterschwellige Präsenz von Traumata hat zur Folge, dass selbst unser Begriff von Schönheit zu etwas Standardisiertem und damit Entheiligtem geworden ist. Wir sind süchtig nach perfekten Körpern, Sonnenuntergängen oder Designerobjekten, die jenes innere Loch stopfen sollen, das die Abwesenheit wahrer Schönheit in unserem Leben hinterlassen hat. Schönheit liegt jedoch bekanntlich im Auge des Betrachters. Deshalb ist es weitaus sinnvoller, unseren Blick für das Schöne zu kultivieren, statt uns für sogenannte Schönheitsoperationen unter das Messer zu legen, wie es leider zunehmend normal wird.

Es gibt eine Meditation, mit der wir üben können, uns auf Schönheit einzulassen oder uns von ihr berühren zu lassen. Idealerweise begibst du dich dafür an einen schönen Ort in der Natur. Wenn das gerade nicht möglich ist, brauchst du für diese Übung eine Blume, ein Blatt von einem Baum, einen ungeschliffenen Stein, einen Tannenzapfen oder sonst einen natürlichen Gegenstand. Du kannst diese Übung auch mit einem anderen Menschen machen.

Beginne damit, dass du in einer bequemen Position die Augen schließt und deinen Atem wahrnimmst. Lass alle Gedanken, die dich gerade noch beschäftigen, so gut wie möglich los. Du musst sie nicht anhalten, es genügt, wenn du deine Aufmerksamkeit von ihnen abziehst und stattdessen deinen Körper oder deinen Atem wahrnimmst.

Wenn du spürst, dass du gut in diesem Moment angekommen bist, öffne deine Augen. Lass deinen Blick auf dem natürlichen Gegenstand oder auf deiner Umgebung ruhen. Wenn du mit einem Menschen übst, betrachte dieses Wesen, als würdest du es zum ersten Mal sehen. Nimm dir Zeit, die einzigartige Schönheit dieser Erscheinung wahrzunehmen. Widerstehe dabei der Versuchung, das mit Worten zu tun. Wenn Gedanken auftauchen wie »Das ist schön«, lass auch diese gehen. Sie sind überflüssig und stellen sich zwischen dich und die Schönheit. Stattdessen übe dich darin, weiterhin deinen Körper und deinen Atem zu spüren, präsent zu sein und dich auf die Schönheit der Erscheinung einzulassen. Wenn du diese Meditation regelmäßig wiederholst, gewöhnst du dich daran, Schönheit zu sehen und von ihr genährt zu werden.

Liebe

Wenn unser Herz von der Schönheit der Welt berührt wird, öffnet es sich. Viele Menschen kennen das nur vom Zustand der Verliebtheit, durch den unser Geliebter oder unsere Geliebte, das Leben und überhaupt die ganze Welt plötzlich so unfassbar, überwältigend schön erscheinen. Wie sagte schon der Fuchs zum kleinen Prinzen? »Man sieht nur mit dem Herzen gut. Das Wesentliche ist für die Augen unsichtbar.«[49] Das ist die Liebe, von der ich spreche und die ich in unserer Gesellschaft oft schmerzlich vermisse.

Liebe gilt bei uns als eine private Angelegenheit zwischen Mann und Frau, Eltern und Kindern, möglicherweise noch zwischen Freunden und natürlich auch zwischen homosexuellen oder queeren Paaren. Doch darüber hinaus spielt Liebe keine Rolle. Funktionalität, Rationalität, Effizienz und Profit sind die Maximen, nach denen unsere Gesellschaft außerhalb des privaten Raumes strukturiert ist. Und genau das ist in meinen Augen Teil ihrer Pathologie. Wie kann das alles ohne Liebe geschehen?

Beginnen wir beim Offensichtlichen: Wie können Kindergärten, Schulen, Krankenhäuser, Pflegeheime ohne Liebe betrieben werden? Wie können wir erwarten, dass in diesen Institutionen gesunde Menschen heranwachsen oder kranke Menschen gesunden oder alte Menschen in Geborgenheit ihren Lebensabend verbringen? Aber es geht noch viel weiter, bis in jeden Lebensbereich hinein: Wie können Häuser ohne Liebe gebaut werden, Produkte ohne Liebe entworfen werden, Menschen in Unternehmen ohne Liebe zusammenarbeiten, Investitionsentscheidungen ohne Liebe getroffen werden? Wie können wir das alles aushalten? Und wie können wir allen Ernstes erwarten, dass das zu einem guten Ergebnis führt?

Natürlich, wir kennen es nicht anders. Vielleicht kannst du dir, wenn du diese Zeilen liest, noch nicht einmal ansatzweise vorstellen, wie das aussehen soll, wenn Menschen mit Liebe Häuser bauen, zusammenarbeiten, Kinder betreuen und so weiter. Sollen die sich dann alle ständig in den Arm nehmen und einander süße Worte zusäuseln? Mal abgesehen davon, dass es uns sicher nicht schaden würde, wenn wir uns alle etwas mehr in den Arm nehmen würden: Es geht hier nicht um jene klebrig-unauthentische Angelegenheit, die in sogenannten Spiri-Kreisen weit verbreitet ist. Wenn da keine Liebe ist, hat es keinen Zweck, so zu tun, als wäre da welche. Das ist für mich noch schwerer auszuhalten als die ehrliche Abwesenheit von Liebe.

Wenn unsere Institutionen und Handlungen von Liebe geprägt wären, würden Schönheit, Würde und Einzigartigkeit in ihnen einen übergeordneten Stellenwert haben. Doch Liebe kommt in unseren Berechnungen nicht vor. Sie ist nicht vorgesehen. Natürlich ist Liebe keine berechenbare Größe, aber wenn sie in unseren Berechnungen vorkommen würde, dann könnten wir viele Dinge nicht so planen, wie wir es derzeit tun. Es wäre völlig offensichtlich, dass 1200 Schlachthofmitarbeiter, die in Massenunterkünften fern ihrer Heimat untergebracht sind, für etwas mehr als den Mindestlohn arbeiten und pro Tag 30 000 Schweine töten, zerlegen und verpacken, dies unmöglich mit Liebe tun können. Genau wie der Krankenpfleger, der gleichzeitig 13 Patienten zu betreuen hat, dermaßen auf seine Funktion reduziert wird und an seine Kapazitätsgrenzen kommt, dass in seiner Arbeit für sein Herz kein Platz mehr ist. Und die Lehrerin, deren Hauptaufgabe schon in der Grundschule zunehmend darin besteht, Leistungen auf eine gewisse Norm zu trimmen und dies in aufwendigen Fragebögen zu dokumentieren, tut sich ebenfalls sehr schwer, in ihrer Arbeit Raum für die Liebe zu finden.

Mit Liebe zu arbeiten bedeutet, dies mit Achtung vor der Aufgabe zu tun. Diese Achtung vor der Aufgabe – egal ob es das Schlachten eines Schweins, die Planung eines Hauses, die Zubereitung einer Mahlzeit oder die Bestellung eines Gartens ist – ist ein konkreter Ausdruck der Achtung für die Würde des Lebens, das in allem ist. In traditionellen Kulturen ist sie selbstverständlich. In unseren hochmodernen, hocheffizienten, materiell superreichen Kulturen ist sie so gut wie nicht existent.

Damit will ich nicht sagen, dass es bei uns keine Liebe gibt. Es gibt sie, auch in unseren Institutionen. Doch sie gleicht dort eher dem widerspenstigen Löwenzahn, der sich in den Rissen einer schlecht asphaltierten Straße unter widrigsten Umständen seinen Weg ans Licht bahnt und es zuweilen tatsächlich schafft, eine Blüte zu produzieren. In einem Garten könnten aus seinen Samen Tausende Blüten entstehen, mühelos. In der feindseligen Umgebung einer zubetonierten Welt schaffen es die wenigsten Samen, zu einer Blume zu werden.

Wenn du beginnst, deine Arbeit, egal welche, mit Liebe zu tun, dann wirst du eine erstaunliche Beobachtung machen. Die Arbeit wird durch die Liebe, mit der du sie verrichtest, schön. Sie beginnt, dich zu nähren, während du ihr nachgehst. Und je tiefer du dich in diese Qualität hineinsinken lässt, desto mehr gleicht deine Arbeit einem Gebet. Kein vor sich hin gemurmeltes Gebet, sondern ein lebendiges Gebet, das unmittelbarer Ausdruck deiner Liebe zum Leben ist.

Weisheit

Aus Liebe erwächst Weisheit, ein weiterer Aspekt von spirituellem Wohlstand, den unsere Gesellschaft schmerzlich vermisst. Im Gegensatz zum Wissen und zu den meisten Wissenschaften betrachtet Weisheit die Dinge in der Gesamtheit. Daher ist sie fähig, Verbindungen, Zusammenhänge und Wechselwirkungen zwischen den Dingen zu erkennen. Sie erwächst aus Liebe, denn erst die Liebe befähigt uns, die Gesamtheit zu sehen. Ich spreche hier natürlich von echter Liebesfähigkeit, nicht von unreifer, pubertärer oder narzisstischer Verliebtheit, die immer nur einen Teil von einem Menschen sieht und liebt. Echte Liebesfähigkeit liebt die Gesamtheit einer Person oder einer Tätigkeit. Sie liebt nicht nur die Ernte, sondern auch das Säen, das Pflanzen, das Pflegen und das Gießen.

Weisheit erkennt, dass alles seinen Platz hat – in dem geliebten Menschen genau wie in der geliebten Aufgabe. Wenn wir einen Menschen mit den Augen der Liebe betrachten, dann sehen wir, dass die Züge, die wir mögen, oft die Kehrseite genau jener Züge sind, die wir nicht mögen: Die Sturköpfigkeit ist die Kehrseite der Willensstärke, Unzuverlässigkeit die Kehrseite der Spontanität, Sorglosigkeit im Umgang mit Geld die Kehrseite der Großzügigkeit, der Hang zum Flirt die Kehrseite der erotischen Ausstrahlung, um nur ein paar Beispiele zu nennen. Wenn wir beginnen, wahrhaftig zu lieben, dann hören wir auf, diese oder jene Aspekte des anderen verändern zu wollen, da wir erkannt haben, dass die Gesamtheit des anderen auf ihre ganz einzigartige Weise schön ist. Das ist Weisheit.

Übertragen auf unsere Gesellschaft, bedeutet die Abwesenheit von Weisheit, dass wir stets versuchen, den Tag ohne die Nacht, die Lust ohne den Schmerz, die Jugend ohne das Alter, das Leben ohne den Tod, den Komfort ohne die Arbeit zu bekommen. Und wir bemerken viel zu selten, dass es nicht funktioniert. Jeder Tag bringt seine Nacht mit sich, jede Geburt birgt schon die Notwendigkeit des Todes, jede Jugend das Alter und jeder Komfort die Notwendigkeit der Arbeit, wenn er uns nicht krank machen soll.

Gerne sagen wir dazu: Alles hat seinen Preis. Ja, das stimmt schon, doch es ist mehr als das. Die Idee eines Preises suggeriert wieder ein Geben und ein Nehmen. Aber Weisheit weiß, dass beides Geben und Nehmen ist. Es ist die Tiefe des Schmerzes, die unser Herz im Dunkel der Nacht aushöhlt und empfänglich macht für die Liebe, die uns einen neuen Morgen schenkt. Und das Alter ist nicht nur der Verlust und das Welken der Jugend, als das es bei uns so einseitig dargestellt wird, sondern es ist auch die Ernte der Liebe, die wir gesät haben, und der Weisheit, die unsere Lebenserfahrungen uns geschenkt haben. Mit den Augen der Weisheit betrachtet, ergibt die Gesamtheit des Lebens allmählich Sinn.

Sinn

Was ist der Sinn des Lebens? Es gab Zeiten, da hat mich diese Frage fast wahnsinnig gemacht, im wahrsten Sinne des Wortes. Aber noch viel wahnsinniger hat mich die Tatsache gemacht, dass es niemanden außer mir zu beschäftigen schien. Niemand in meinem Umfeld schien sich daran zu stören, dass wir nicht die leiseste Ahnung haben, was das hier alles soll. Alle waren viel zu sehr damit beschäftigt, irgendwelche sinnentleerten Tätigkeiten auszuführen und ebenso sinnentleerten Zielen nachzujagen. Aber warum sind wir hier? Warum gibt es uns? Warum gibt es überhaupt irgendetwas?

Die Pseudoantworten, die mir unsere Kultur darauf lieferte, nervten mich. Die Philosophen nervten mich in ihrer arroganten

Verkopftheit, die es oft noch nicht einmal für notwendig befanden, sich verständlich auszudrücken. Im Gegenteil: Es schien zum guten Ton der Herren zu gehören, sich so auszudrücken, dass sich noch später Generationen von Studierenden die Köpfe darüber zerbrechen können, was eigentlich gemeint war. Die Religionen nervten mich noch viel mehr mit ihrer oft völlig verdummten Gewissheit, die überhaupt gar nichts beantwortete, aber stets so tat als ob. Und dann gab es da natürlich noch die Poesiealbumsprüche, die heute gerne in Form von esoterisch angehauchter Ratgeberliteratur zu Geld gemacht werden. O Mann, mich nervte das alles tierisch!

Habe ich inzwischen den Sinn des Lebens gefunden? Kann überhaupt irgendjemand diese Frage aufrichtig mit »Ja« beantworten? Ich denke nicht, denn der Sinn des Lebens ist nicht etwas, das wir finden können wie ein Osterei. Es ist ähnlich wie mit dem lieben Gott: Solange unsere Frage darum kreist, ob auf irgendeiner Wolke ein Herr mit einem langen weißen Bart sitzt, können wir sie nicht sinnvoll beantworten. Was jedoch geschehen kann, ist, dass die Frage verschwindet. Und zwar nicht, weil sie zugedeckt wird von tausend Dingen, die wir nicht brauchen, und ebenso vielen Ablenkungen, wie es in unserer Gesellschaft die Norm ist. Sondern weil sie sich tatsächlich auflöst.

Aber wie löst sich diese Frage auf? Und warum? Sie löst sich beispielsweise in Momenten von überwältigender Schönheit auf. Wenn du eine Rose betrachtest und völlig eingenommen bist von diesem Kunstwerk, das diese Königin der Blumen so selbstverständlich verkörpert, dann verschwindet die Frage nach dem Sinn der Rose. Wenn du total verliebt bist und das ganze Leben einem Glücksrausch gleicht, dann verschwindet die Frage nach dem Sinn des Lebens. Deshalb ist es ja auch so schmerzhaft, wenn der Rausch verklingt. Auf einmal ist alles wieder wie davor, normal halt, oft sogar sinnentleert.

Wenn unser Herz weit ist und wir die Schönheit der Welt wirklich wahrnehmen und von ihr berührt werden können – auch in der Dunkelheit und im Schmerz –, dann löst sich die Frage nach dem

Sinn des Lebens auf. Natürlich ist dies kein intellektueller Vorgang. Es handelt sich auch nicht um eine Eingebung oder einen Heureka-Moment, in dem uns plötzlich ein Licht aufgeht und wir den Stein der Weisen gefunden haben. Es ist ein tiefes Erleben der Verbundenheit, der Einheit und darin der Sinnhaftigkeit des Ganzen. Wir erkennen, dass es gut ist, wie es ist. Und auch wenn die Frage nach dem Warum ihrem Wesen nach unbeantwortbar ist und auch bleiben muss, da keine in Worte gefasste Antwort dem Ganzen gerecht werden kann: Die Freude über genau dieses unerklärliche Wunder lässt die Frage an sich absurd erscheinen.

In traditionellen Kulturen stellt sich die Sinnfrage nicht in dieser Form. Menschen sind von klein auf in engem Kontakt mit den Zyklen des Lebens – Sommer und Winter, Tag und Nacht, Hitze und Kälte, Geburt und Tod, Arbeit und Ernte –, und sie erleben, dass es gut ist. Sie sind umgeben von der natürlichen Schönheit der Ökosysteme, die sie erhalten. Sie kooperieren mit diesen Ökosystemen auf eine Weise, die diese Schönheit nicht nur erhält, sondern sogar noch ergänzt. So sehen die Weizen- und Gerstenfelder der Ladakhis, die im Laufe der Jahrhunderte aus dem Felsen und dem steinigen Untergrund geformt wurden, wie Kunstwerke aus. Ihre weiß getünchten Häuser und die buddhistischen Stupas fügen sich wie kleine Schmuckstücke in die erhabene Berglandschaft des Himalaya. Wie bei den Balinesen früher, sind auch hier die meisten Alltagsgegenstände selbst gefertigt und von einer schlichten Schönheit. Und auch bei den Ladakhis durchdringt die Religion jede Handlung des Alltags. Eingebettet in ihre Gemeinschaft, in die natürlichen Abläufe, umgeben von überwältigender Schönheit, ist der Sinn des Lebens offensichtlich: Es ist das Leben selbst, und das ist mehr als ausreichend.

Die innere Anbindung

Bei jeder der bisher besprochenen Formen von echtem Wohlstand geht es im Kern um eine Rückverbindung, eine *re-ligio*. Zeitwohlstand bedeutet, sich wieder mit diesem Moment und den natürlichen Zyklen des Lebens zu verbinden. Beziehungswohlstand bedeutet, sich wieder miteinander und mit unserem natürlichen Sein zu verbinden. Kreativitätswohlstand ist die Rückverbindung mit unseren Gaben, unserem ureigenen Ausdruck und unserem Beitrag zu der Gemeinschaft, in der wir leben. Bei spirituellem Wohlstand hingegen geht es um die innere Verbindung mit dem großen Ganzen. Ich nenne das auch gerne die innere Anbindung.

Um zu verstehen, was damit gemeint ist, hat sich die Idee der inneren Ordnung als hilfreich erwiesen, auf die ich auch ausführlich in meinem Buch *Das innere Navi* eingehe. Die innere Ordnung ist ein uraltes Konzept, das es in vielen Kulturen gibt und das inzwischen auch die Aufmerksamkeit des renommierten Physikers David Bohm auf sich gezogen hat. In seinem Buch *Die implizite Ordnung. Grundlagen eines ganzheitliches Weltbilds* legt Bohm eine Theorie dar, laut der neben der äußeren Ordnung, die wir mit unseren fünf Sinnen wahrnehmen können, auch eine innere Ordnung existiert. Diese innere Ordnung wurde bei den alten Griechen beispielsweise mit der Vorsilbe *my* bezeichnet, wie in *Mysteria. Ma* hingegen bezeichnete die äußere Ordnung, wie in *Materia.*

Auf der Ebene der äußeren Ordnung, deren Erforschung sich ja auch unsere Naturwissenschaften klassischerweise widmen, nehmen wir die Dinge als getrennt wahr. Dort existiert jedes Wesen für sich, auch wenn wir Wechselwirkungen zwischen den Einheiten erkennen können. Es ist das Paradigma der Trennung, und in unseren rational geprägten Kulturen ist es die einzige Wirklichkeit, die wir als real anerkennen. Alles andere ist Mumpitz.

Traditionelle Kulturen erkennen neben der offensichtlichen äußeren Ordnung noch diese zweite, innere Ordnung als ebenso real an. Und diese Ebene ist nicht nur eine nette Geschichte, wie die vom Paradies, wohin gute Menschen am Ende ihrer Tage kommen, sondern sie ist erlebbare Wirklichkeit. Die Rituale, bei Festen und im Alltag, stärken die Fähigkeit der Menschen, mit ihr auf natürliche Weise in Kontakt zu sein. Auf dieser Wahrnehmungsebene ist nicht nur alles miteinander verbunden, sondern alles ist eins, das ganze Universum.

Spätestens hier bekommt der aufgeklärte, rationale Verstand einen Kurzschluss. Alles eins, das ganze Universum? Alles mit allem verbunden und das nicht nur als nettes, philosophisches Konzept, sondern tatsächlich wahrnehmbar? Ja genau, tatsächlich wahrnehmbar, und zwar genauso real, wie es das Paradigma der Trennung für uns ist.

Innere Anbindung bedeutet, mit der inneren Ordnung in Kontakt zu sein. Wenn wir das sind, dann haben wir nicht nur ein Bewusstsein für die Verbundenheit von allem, sondern wir spüren auch, wie sich das Ganze bewegt. Und zwar konkret, in diesem Moment. Das bedeutet auch, dass wir beginnen, uns selbst als Teil des Ganzen zu erleben und im Einklang mit diesen Bewegungen zu handeln.

Konkret äußert sich das in dem, was ich unser inneres Navi nenne. Dieses besteht unter anderem aus unserer Intuition, unserer Inspiration und unserer Herzintelligenz. Durch sie empfangen wir konkrete Handlungsimpulse, Eingebungen und eine natürliche Verbindung mit dem Wahren, Guten und Schönen. Wir hören auf, uns als kleines, abgetrenntes Individuum zu erleben, und beginnen, uns als organischer Teil des Ganzen zu bewegen. Der rationale Verstand kann in einer unterstützenden Rolle seine Begabung einbringen und beginnt, sich von der ständigen Überforderung zu erholen, die mit seiner Übermacht einherging.

Wie entsteht spiritueller Wohlstand?

Das Kultivieren von spirituellem Wohlstand beginnt mit Entschleunigung und Achtsamkeit. Da der Zugang zur inneren Ordnung, die Wahrnehmung von Schönheit, die Liebe, die Weisheit und das Erleben von Sinn sich alle nur im jetzigen Moment erschließen, liegt die erste Übung immer darin, präsent zu sein. Spiritueller Wohlstand erschließt sich weder durch körperliche Anstrengung noch durch intellektuelle Akrobatik. Der Yogi, der seinen Körper in die schönste Brezel formen kann, ist zwar sehr beeindruckend, ob er in sich Zugang zur inneren Ordnung, zum großen Ganzen hat, erschließt sich aus seinem Kunststück nicht. Doch Yoga ist, genau wie Qigong, Tai-Chi und viele andere spirituelle Praktiken, eine wunderbare Möglichkeit, Gegenwärtigkeit zu kultivieren.

Du kannst Gegenwärtigkeit jedoch genauso gut üben, wenn du den Abwasch machst, mit Kindern Zeit verbringst, spazieren gehst, am Computer sitzt, im Garten arbeitest, Auto fährst oder einen Film guckst. Denn egal, was du gerade machst: Du bist immer hier, und du bist immer jetzt. Vielleicht vergisst du das manchmal. Wahrscheinlich vergisst du das fast immer, wenn du dich nicht darin geübt hast, präsent zu sein. Doch es ist wie mit allem im Leben: Übung macht den Meister. Je mehr du trainierst, präsent zu sein, desto einfacher und natürlicher wird es für dich. Es ist nicht schwierig, präsent zu sein. Wir sind es nur nicht mehr gewohnt, da wir jahrelang alles andere trainiert haben.

Gerade zu Beginn der Praxis kann es richtig schwierig sein, diesen Moment überhaupt zu finden. Kaum haben wir ihn, ist er schon wieder vorbei, und wir hängen ihm in Gedanken oder mit unseren Gefühlen hinterher. Doch es gibt einen einfachen Trick: Dein Körper ist dein Anker im Jetzt. Egal wo deine Gedanken herumschwirren, egal wie sehr deine Emotionen Achterbahn fahren: Dein Körper ist immer in diesem Moment. Er war das schon vor deiner Geburt, und er wird es noch sein, wenn du deinen letzten Atemzug getan hast.

Wenn du also feststellst, dass du mal wieder überall bist außer hier und außer jetzt, erinnere dich an deinen Körper als Anker im Jetzt. Nimm dir einen Moment, um deinen Körper bewusst wahrzunehmen, spüre deinen Atem, der von ganz alleine deinen Brustkorb hebt und senkt. Und schon bist du mit deinem Bewusstsein im Jetzt angekommen.

Nimm dir einen Moment, um wahrzunehmen, wie gut sich das anfühlt.

Jetzt.

Und es gibt noch weitere Möglichkeiten, um spirituellen Wohlstand zu kultivieren. Übe dich darin, Schönheit zu sehen und sie zu würdigen. Befasse dich mit Licht und Schatten in deinem Leben und lerne, die Verbindung zwischen beidem anzuerkennen. Experimentiere damit, was es bedeutet, eine Arbeit mit Liebe zu verrichten. Kultiviere deine eigene innere Anbindung, indem du dich darin übst, deine Intuition, deine Inspiration und deine Herzintelligenz wahrzunehmen.

5
Ökologischer Wohlstand

In Fulda steht neben dem großen Dom die älteste Kirche Deutschlands. Es ist ein wunderschöner vorromanischer Bau aus cremefarbenem Naturstein. Als ich ihn das erste Mal besuchte, war ich verblüfft. Er unterscheidet sich grundlegend von allen anderen Kirchen, die ich kenne. Statt eines länglichen Kirchenschiffs, das vorne auf einen Altar zuläuft, hat die Michaelskirche einen runden Grundriss. Ihre Kuppel ist getragen von einem Säulenkreis, in dessen Mitte sich der Altar befindet. Außerhalb des Säulenkreises umschließt eine ebenfalls kreisförmige Wand den Kirchenraum. Entlang der Innenseite dieser Wand stehen Holzstühle dicht an dicht, wodurch sie einen Stuhlkreis um die acht Säulen und damit um den Altar bilden.

Als ich zwischen den Säulen stand und nach oben blickte, erschien vor meinem inneren Auge ein zweites, vertrautes Bild: jene kreisförmig angepflanzten Bäume, die in vorchristlicher Zeit als Kultplätze dienten. Der Säulenkreis erschien mir wie die Stein gewordene Entsprechung dieser Bäume, die sich einst vielerorts in die Höhe streckten und eine natürliche Kuppel aus Blättern formten. Es erschien mir wie ein Gruß aus einer Zeit, in der es noch keine Kirchen gab, in der die Haine, die Felsen, die Quellen und die Berge unsere heiligen Stätten waren.

Wir leben heute in einer Zeit, da die Kirchen für viele Menschen die Bedeutung als heilige Stätten verloren haben. Zugleich scheint eine wachsende Anzahl von Menschen die Natur als einen Ort der Verbindung, der Regeneration, der Innenschau und der Heilung wiederzuentdecken. Ökologischer Wohlstand bedeutet in letzter Konsequenz, uns der Heiligkeit der Natur wieder bewusst zu werden und sie entsprechend zu würdigen. Und es bedeutet auch, uns selbst als untrennbaren Teil der Natur wiederzuerkennen.

Der vermeintliche Gegensatz von Natur und Kultur ist ein Mythos, der genauerer Betrachtung nicht standhält. Traditionelle Kulturen waren immer ein organischer Teil jener Ökosysteme, die sie hervorbrachten und am Leben erhielten. Ihre Lebensweise fügte sich in ihre Umgebung wie die jedes anderen Tieres: der Bau eines Fuchses, der Horst eines Adlers, die Waben eines Bienenvolkes.

Das bedeutet übrigens nicht, dass sich diese Ökosysteme nicht veränderten und anpassten, als sich der Homo sapiens in ihnen niederließ. Jede neue Spezies, die in einem Ökosystem auftaucht, verändert dieses, teilweise sogar dramatisch. Das Gleiche gilt natürlich auch für den Menschen. Die Frage ist: Wie verändert sich das Ökosystem? Durchläuft es einen Anpassungsprozess, um dann eine Organisationsform zu finden, in der die neue Spezies ihren Platz gefunden hat? Oder wird es einfach nur zerstört?

Besitz oder Beziehung

Ökologischer Wohlstand bedeutet nicht, über viele natürliche Ressourcen verfügen zu können. Sonst wären jene ersten Siedler in der Neuen Welt ökologisch sehr wohlhabende Menschen gewesen. Das Land war überreich, es wimmelte von Leben. Doch die Siedler waren nicht fähig, wechselseitig nährende Beziehungen mit diesem reichen Leben aufzubauen, das sie umgab. Stattdessen betrachteten sie es mit genau jenem Blick, mit dem auch wir als Zivilisation die Erde heute noch betrachten: Statt Lebendigkeit und Heiligkeit sahen sie Materie und Besitz. Die indigenen Völker waren in ihren Augen dumm, primitiv und zurückgeblieben, da sie all die kostbaren Ressourcen einfach herumliegen ließen. Sie nutzten sie nicht!

Dieser Prozess ist natürlich längst nicht abgeschlossen. Noch heute kämpfen indigene Stämme im Amazonasgebiet um das Recht auf ihr Land, das sie nie als ihren Besitz betrachtet haben. Sie sehen es als ihre Heimat an und betrachten sich selbst als dessen Hüter. Gegen wen sie kämpfen? Gegen multinationale Ölfirmen, die den Wald roden und das Öl für Milliardengewinne fördern wollen. In deren Augen sind die paar Indianer, die dort nackt herumrennen, nichts als lästige, vielleicht sogar lächerliche Störfaktoren.

Wer jetzt die bösen Ölfirmen beschuldigen will, macht es sich leider zu einfach. Und damit meine ich nicht, weil wir alle dieses Öl verwenden – in den Autos oder Bussen, die wir fahren, den Ölheizungen, die wir betreiben, oder auch in den Produkten, die wir kaufen. Natürlich ist das so, und es ist wichtig, sich dessen bewusst zu werden, bevor man anklagend mit dem Finger auf jemanden »da oben« zeigt. Doch diese Betrachtungsweise bleibt noch zu sehr an der Oberfläche. Sie verkennt die tiefere Ursache unseres Verhaltens: Es ist das Denken in Besitz statt in Beziehung.

Ökologischer Wohlstand hat, genau wie die anderen bereits besprochenen Formen von echtem Wohlstand, nichts mit Besitz zu tun. Wir können ihn nicht anhäufen, wir können ihn lediglich kultivieren. Und genau wie bei den anderen Formen von Wohlstand geht es bei ökologischem Wohlstand um das Kultivieren von Verbindungen.

Objekt oder Geschenk

Wenn ich im Supermarkt einen Apfel kaufe, auch wenn es ein supertoller, regionaler Bioapfel ist, dann habe ich keine Beziehung zu diesem Apfel. Es handelt sich um eine Ware, ein Objekt. Wenn ich hingegen, so wie heute, einen Spaziergang mache und unter einem Apfelbaum ein paar heruntergefallene Früchte aufklaube, dann ist das etwas völlig anderes. Ich bin in Kontakt mit dem Baum, der den Apfel hervorgebracht hat, und dem Umfeld, in dem er steht. Ich sehe, wo er hingefallen ist, und wenn ich ihn aufhebe, bin ich gespannt, ob er wohl schon lange dort gelegen hat. Ich sehe, dass noch andere Äpfel heruntergefallen sind. Einige haben bereits begonnen, sich zu zersetzen, andere sind noch intakt. Jeder Apfel sieht anders aus. Manche sind kleiner – vielleicht werden sie etwas sauer sein, wenn ich hineinbeiße –, andere sind deutlich größer und rosiger.

Wenn ich ein paar dieser Äpfel mit nach Hause nehme, dann weiß ich, dass ich ein Stück von dem Baum geschenkt bekommen habe. Wenn ich sie esse, habe ich ihn vor Augen. Sie sind für mich keine Ware. Sie sind etwas Lebendiges, mit dem ich in Verbindung bin. Der Apfel ist nicht nur ein Stück Obst für mich, er ist ein Ausdruck des Lebens, mit dem ich in Beziehung bin, den ich schmecken und riechen kann, an dem ich mich freuen kann, den ich wertschätzen kann, indem ich ihn lecker zubereite. Ein solcher Apfel ist unbezahlbar kostbar.

Nun musste ich mich in diesem Fall nur bücken und den Apfel aufheben. Er war also wirklich ein Geschenk. Doch wie ist das mit dem wesentlich aufwendigeren Akt, selbst Nahrung anzupflanzen? Ist das nicht ein Segen, dass andere das für uns erledigen? Ist es nicht ganz wunderbar, dass wir zu jeder Jahreszeit alles kaufen können, was unser Herz begehrt? Natürlich ist es das. Doch auch hier zahlen wir offenbar einen hohen Preis, der vielen von uns gar nicht bewusst sein dürfte, da wir gar nicht mehr wissen, was uns fehlt. Um das zu verdeutlichen, möchte ich erneut ein Beispiel aufgreifen, das ich zu Beginn des Buches schon einmal angeführt habe.

Auf dem Lebensfeld

Ich hatte schon lange eine Sehnsucht danach, selbst Gemüse anzubauen. Seit ich vor vielen Jahren bei einem Freund im Tessin zum ersten Mal bewusst eine Tomate gegessen hatte, die genau dort gewachsen war, lebte dieser Wunsch in mir. Ich hatte nie etwas Köstlicheres gegessen! Und es war mehr als das: Etwas in mir spürte eine völlig neue Verbindung zu dem Boden, auf dem ich stand, als ich jene Frucht aß, die genau dieser Ort hervorgebracht hatte.

Doch ich hatte großen Respekt davor, das alleine anzugehen. Ich traute es mir nicht zu und fürchtete mich vor Überforderung. Vor einem Jahr ergab sich dann die Gelegenheit, unweit von unserem Haus einem Verein beizutreten, wo gemeinsam Gemüse angebaut wird: dem Lebensfeld. Auf einem sechs Hektar großen Gelände bauen etwa achtzig Menschen gemeinsam Gemüse an, unter Anleitung natürlich. Einmal die Woche treffen wir uns für zwei oder drei Stunden, bei fast jedem Wetter. Solche Gemeinschaften entstehen derzeit vielerorts, oft werden sie als Solawis bezeichnet, kurz für Solidarische Landwirtschaft. Bei manchen arbeitet man mehr mit als bei anderen. Bei unserer machen wir so gut wie alles selbst.

Die Arbeit auf dem Lebensfeld ist erstaunlich abwechslungsreich. Manchmal ist sie anstrengend, manchmal monoton, manchmal lustig, meistens ist sie einfach nur schön. Es gibt Wochen, in denen ich mich überwinden muss hinzugehen, und andere, da freue ich mich richtig darauf. Doch egal, ob ich mich vorher überwinden musste oder mich darauf gefreut habe: Jedes Mal bin ich froh, dort gewesen zu sein, jedes Mal kehre ich gestärkt, genährt und in gewisser Weise sogar erholt nach Hause zurück. Die Arbeit in der Erde, der Kontakt mit dem Boden, den Pflanzen, dem Wetter sind zutiefst heilsam. Und natürlich tun auch zwei oder drei Stunden Bewegung an der frischen Luft so richtig gut.

Wenn ich mich umblicke und in die Gesichter der Menschen schaue, die mit mir dort arbeiten, dann sehe ich eine zufriedene Ausgeglichenheit. Natürlich wird auch mal geflucht, wenn ein Beet zugewuchert ist und wir daher besonders viel Mühe mit der Pflege haben. Aber auch das tut gut. Und es wird auch viel gelacht. Manche quatschen die ganze Zeit munter vor sich hin, andere sind ganz zufrieden damit, still nebeneinanderher zu arbeiten.

Auf dem Lebensfeld werden wesentlich mehr Bedürfnisse abgedeckt als bloß die Versorgung mit Nahrung. Wie in traditionellen Kulturen ist es ein Gesamtpaket. Es sind vielfältige Beziehungsbedürfnisse, die hier genährt werden: zur Erde, zum Wetter, zu den Jahreszeiten, zu den Pflanzen, zur Nahrung und natürlich auch zu anderen Menschen.

Im Schlaraffenland

Wenn ich hingegen in einem Supermarkt bin und in die Gesichter der Menschen blicke, dann erschrecke ich oft richtig. Selten sehe ich darin Zufriedenheit oder gar Glück. In unseren Supermärkten türmen sich Produktgebirge von unfassbarer, ja überfordernder Vielfalt. Die Fantasien eines Schlaraffenlandes, wie Menschen es sich früher gerne ausmalten, werden hier weit in den Schatten gestellt. Und die Gesichter der Menschen sind unzufrieden, gestresst, gehetzt. Wer jetzt denkt: Ja, sicher, das sind halt die schlecht gelaunten Deutschen, bei den Südländern sieht das sicher ganz anders aus, den muss ich leider enttäuschen. In Italien oder Griechenland ist das Bild nicht anders. Auch in Asien oder in den USA beobachtete ich in den Supermärkten den gleichen Missmut.

Lange dachte ich, es läge an unserer fehlenden Dankbarkeit. Sicher ist das ein Aspekt: Wir haben verlernt, dankbar zu sein. Aber das ist nur ein Symptom für den kompletten Beziehungsverlust, den wir erlitten haben und der in unserer Kultur so normal ist, dass wir gar nicht mehr wissen, was uns fehlt. Die Dankbarkeit, die ich empfinde, wenn ich einen Apfel aufklaube, ist nicht für den Apfelbaum wichtig, sondern für mich. Vielleicht freut sich auch der Apfelbaum darüber, wer weiß, doch eines ist gewiss: Sie nährt mein Herz.

Wenn ich auf dem Lebensfeld eine Karotte aus der Erde ziehe, die ich selbst als Samen dort gepflanzt habe, dann bin ich Zeugin eines Wunders. Ich habe gesehen, wie aus dem Samen ein winziges Pflänzchen wurde, das zu Beginn kaum von einem Grashalm zu unterscheiden war. Ich habe es gehegt und gepflegt, bei Trockenheit gegossen, bei überraschendem Frost zugedeckt. Doch die meiste Zeit habe ich es einfach in Ruhe gelassen. Und ich habe gesehen, wie aus dem zarten Halm im Laufe von Monaten ein starkes Pflänzchen wurde. Diesen Vorgang zu beobachten, zu begleiten und zu unterstützen bedeutet, ein Wunder zu bezeugen. Wir können das nicht herstellen. Auch nicht mit unseren gentechnisch veränderten Hybridpflanzen, unseren perfekt klimatisierten und beleuchteten Gewächshäusern, unseren sogenannten Pflanzenschutzmitteln und Hightech-Traktoren: Wir können das nicht machen. Es ist und bleibt ein Wunder.

Wenn ich in einem Supermarkt einkaufe, dann bin ich mit diesem Wunder nicht in Kontakt. Für wenige Euro kann ich mir eine ganze Tüte voller Lebensmittel kaufen und damit ein Grundbedürfnis stillen, für das unsere Vorfahren hart arbeiten mussten. Doch diese Tüte Lebensmittel ist wie ein Stück weißer Würfelzucker: Alle Nährstoffe und Ballaststoffe, mit denen Lebensmittel in der Natur normalerweise einhergehen, wurden entfernt.

Ich spreche hier jetzt nicht von den physischen Nähr- und Ballaststoffen in den Produkten, auch wenn diese in der industriell verarbeiteten Nahrung oft fehlen. Ich meine genau jenes Gesamtpaket, das wir auf dem Lebensfeld bekommen und das in traditionellen Kulturen selbstverständlich ist: Nahrung kommt in einem Gesamtpaket von Beziehungen – zu einer Gemeinschaft, zur Erde, zu Pflanzen, zu Tieren, zu den Zyklen der Natur. Das könnte man als die Nährstoffe bezeichnen.

Und dann gibt es auch die Ballaststoffe, die eben die Verarbeitung von Zucker verlangsamen. In dieser Analogie mit dem Lebensfeld könnte man die teilweise anstrengende körperliche Arbeit, die Mühe, als Ballaststoffe bezeichnen. Doch genau das, was wir uns sparen, wenn wir zum Supermarkt fahren, ist ein Teil dessen, was die Nahrung vom Lebensfeld so gesund für uns macht. Wir brauchen körperliche Anstrengung, um gesund zu bleiben, genau wie der Körper Ballaststoffe braucht, um die Verarbeitung von Zucker zu verlangsamen.

Natürlich ist es nicht so, dass wir für das Geld, das wir im Supermarkt lassen, nicht gearbeitet hätten. Doch dadurch entsteht lediglich das Gefühl, sich einen Anspruch auf diese Produkte verdient zu haben. Wir müssen gar nicht mehr dafür dankbar sein. Wir haben unseren Teil zur industriellen Wundermaschine beigetragen und dadurch einen Anspruch auf ihre Früchte erworben. Das Bewusstsein, dass das Leben selbst ein Geschenk ist und mit ihm jeder Atemzug, jeder Sonnenstrahl und jeder Wassertropfen, verliert sich in den weiten Gängen zwischen den immer riesiger werdenden Supermarktregalen.

Mehr als nur Gemüse

Natürlich geht es bei ökologischem Wohlstand um weit mehr als um die Frage, wo unsere Nahrungsmittel herkommen. Das ist nur ein Beispiel von vielen dafür, dass unsere Beziehungen zu den Ökosystemen, in die wir eingebettet sind, nicht nur gestört sind, sondern oft schlicht fehlen. Wir leben in der Illusion, getrennt von den Ökosystemen, die uns erhalten, zu existieren. Wir betrachten uns selbst nicht als Teil der Natur. Das Ergebnis ist völlige Beziehungslosigkeit, die zu einer großen Haltlosigkeit führt. Das noch vorherrschende Narrativ unserer Gesellschaft besagt, dass es nicht die Ökosysteme sind, die uns erhalten, sondern das Wirtschaftssystem. Daher betrachtet die Politik es als ihre höchste Pflicht, diese Wirtschaft gesund zu halten, auch auf Kosten der Ökosysteme. Und gesund bedeutet vor allem profitabel und wachsend.

Die Idee dahinter entbehrt natürlich nicht einer gewissen Logik: Wenn die Wirtschaft brummt, sind die Supermarktregale voll mit all den Produkten, die das industrielle System hervorbringt, und die Menschen haben Arbeit. Dadurch verfügen sie über Geld, um diese wunderbaren Produkte zu konsumieren. Dieser Weltsicht zufolge ist das Wunder nicht die Karotte, die aus der Erde kommt – das ist eine Selbstverständlichkeit, die gar nicht wahrgenommen wird. Das Wunder, so die Propaganda, ist die unglaubliche Vielfalt an fantastischen Konsummöglichkeiten, die unser technologischer und wirtschaftlicher Erfolg hervorbringt. Das Wunder sind die Fabriken, die Maschinen und unsere Fähigkeit, fossile Brennstoffe zu Energie zu machen, die uns alle Arbeit abnimmt. Das Wunder, könnte man sagen, machen wir.

Dieser Wunderglaube steckt heute in einer tiefen Krise. Während bis in die 1970er-Jahre ein breiter Konsens in der Gesellschaft herrschte, dass die Welt durch wirtschaftlichen und technologischen Fortschritt immer besser werden würde, bekam dieses Bild mit dem ersten Bericht an den Club of Rome Risse. In den fünfzig Jahren, die seitdem vergangen sind, haben sich diese Risse zu riesigen Gräben ausgeweitet, die mitten durch unsere Gesellschaft gehen. Doch während sich immer mehr Menschen der Tatsache bewusst sind, dass wir so nicht weitermachen können, ist es uns bislang nicht gelungen, den entscheidenden Richtungswechsel zu vollziehen. Im Gegenteil, die Entwicklungen haben sich in nahezu allen Bereichen beschleunigt, und wir rasen offenbar sehenden Auges auf einen Abgrund zu. Statt die Notbremse zu ziehen, zielt der Großteil unserer Anstrengungen absurderweise weiterhin darauf ab, das Tempo noch zu erhöhen. Was ist hier los? Haben wir alle miteinander den Verstand verloren?

Eine falsche Landkarte

Auch wenn es zuweilen so erscheint, ich denke nicht, dass wir alle den Verstand verloren haben, sondern den Kontakt zur Realität. Wir arbeiten mit falschen Landkarten, fehlerhaften Messsystemen und irrigen Grundannahmen. Diese lassen uns immer wieder Entscheidungen treffen, die zu Ergebnissen führen, die wir so nicht beabsichtigt hatten. Keiner von uns steht morgens auf und zerbricht sich den Kopf darüber, wie er die Ökosysteme unseres Planeten möglichst effektiv ruinieren kann. Und dennoch geschieht es, jeden Tag.

Der Historiker Jared Diamond erklärt diesen Realitätsverlust sehr anschaulich mit dem Bild einer Blase. Laut Diamond entstehen Blasen in Zeiten von sehr schnellem Wachstum – nicht nur an der Börse, sondern auch in Zivilisationen. In dieser Expansionsphase bilden sich zwei parallele Wirklichkeiten. Die Realität innerhalb der Blase entkoppelt sich. So entstehen fiktive Wertvorstellungen und eigene Gesetze, die mit der Realität außerhalb der Blase nicht kompatibel sind.[50]

Das Weltbild des industriellen Zeitalters ist eine solche Blase. Sie blendet die Gesetzmäßigkeiten der Ökosysteme, in die das industrielle System eingebettet ist, komplett aus. Diese Gesetzmäßigkeiten bilden die Realität außerhalb der Blase. Diese zweite Wirklichkeit ist die weitaus größere. Der erste Report an den Club of Rome war nichts anderes als eine erste Warnung, dass es eine Realität außerhalb unserer Blase gibt und dass diese nicht mit unserer Realität innerhalb der Blase übereinstimmt. Dummerweise verschwinden diese Gesetzmäßigkeiten jedoch nicht einfach, nur weil wir sie ignorieren. Das haben wir die letzten fünfzig Jahre erfolglos ausprobiert.

Die folgende Illustration stammt aus dem Buch *Die notwendige Revolution* von Peter Senge, Professor an der MIT Sloan School of Management. Sie ist meine Lieblingsdarstellung der unterschiedlichen Realitäten innerhalb und außerhalb der Blase des industriellen Zeitalters. In der Mitte der Abbildung befinden sich fünf Begriffe, die Kernbereiche des Miteinanders bezeichnen: Energie, Nahrung, Material, Vielfalt und Soziales. Links ist die Blase des industriellen Zeitalters grafisch dargestellt, und jeweils ein Wort drückt aus, wie wir aktuell mit diesen fünf Themen umgehen. Rechts auf dem Blatt finden sich analog dazu fünf Begriffe, wie die Realität außerhalb der Blase funktioniert.

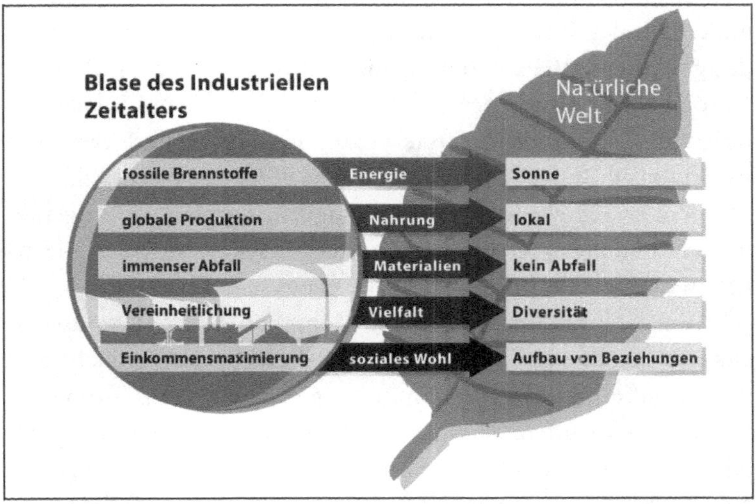

Vergleich zwischen dem industriellen Paradigma und der natürlichen Welt

Unsere Hauptenergiequelle sind fossile Brennstoffe; in der Natur ist es die Sonne. Nahrung beschaffen wir global, wo es eben am günstigsten ist; in Ökosystemen ist Nahrung immer lokal. Material wird in unseren linearen Fertigungsprozessen sehr verschwenderisch eingesetzt. Dadurch entsteht sehr viel Müll – ein Phänomen, das in natürlichen Systemen nicht existiert. Vielfalt wird als ineffizient betrachtet, die Standardisierung von Produkten, Prozessen und Menschen wird angestrebt. Die Natur hingegen diversifiziert ständig, was sie sehr widerstandsfähig macht. Soziales Wohl wird in unserer Gesellschaft durch Wirtschaftswachstum angestrebt, statt durch den Aufbau von Beziehungen.

Ein böses Erwachen?

Die Erkenntnis, dass wir bislang in einer Traumwelt gelebt haben, ist natürlich alles andere als angenehm. Sie ist aber nicht nur schlecht, vor allem wenn uns klar wird, wie viel von dieser Traumwelt sich in den letzten Jahrzehnten zunehmend als Albtraumwelt entpuppt hat. Je früher wir beginnen, uns auf die Realität außerhalb der Blase einzustimmen, desto sanfter wird die Landung, wenn die Blase endgültig platzt. Das zeigte sich auch in der Corona-Krise: Unternehmen, die schon frühzeitig auf lokale Lieferketten, regenerative Energieversorgung, Vielfalt und tragfähige Beziehungen gesetzt haben, erweisen sich als deutlich resilienter. Mit dem Lockdown wurde allen schlagartig bewusst, wie unglaublich anfällig unser Wirtschaftssystem mit seinen globalen Lieferketten und seiner Just-in-time-Taktung ist.

Reflexartig begannen sehr viele Menschen, wieder Gemüse anzubauen, und zwar waren es nicht nur die üblichen Verdächtigen, die schon immer etwas alternativ angehaucht waren.[51] Eine gut betuchte Bekannte erzählte, dass ihre sehr statusbewusste Tochter zu ihrer großen Überraschung plötzlich einen Gemüsegarten auf ihrem herrschaftlichen Anwesen angelegt hatte. Zudem legte sich die Familie eine Ziege für die Milch und ein paar Hühner für die Eier zu. Eine andere Bekannte, die bis zum Lockdown ihr Leben lang rastlos um die Welt gejettet war und nie auch nur einen Kochlöffel in die Hand genommen hatte, schickte mir stolz Fotos von ihrer ersten Gemüseernte vom Balkon. Eine dritte verließ mit ihrer Familie die Stadt, um für ihren chronisch kranken Mann die Ansteckungsgefahr zu minimieren. Sie kamen bei Bekannten auf dem Land unter und begannen auch sofort, einen Gemüsegarten zu kultivieren. Sie wissen nicht, ob sie sich das Leben in der Stadt, das ihnen bis vor Kurzem alternativlos erschienen war, noch einmal vorstellen können. Hippiefreunde in Portugal, die bislang vor allem damit beschäftigt gewesen waren, mit dem Wohnmobil mal hier, mal dort zu sein, berichteten mir stolz von ihrem Gemüsegarten, ebenso Freunde in Israel. Meine Schwiegereltern verwandelten Teile ihres vornehm gepflegten Rasens in einen Kartoffelacker.

Diese Menschen kennen einander nicht, sie sind scheinbar völlig unabhängig voneinander auf diese Idee gekommen. Ohne Corona wäre das nie geschehen. Noch vor wenigen Monaten hätten sie das Ansinnen, sich auch nur ansatzweise selbst mit Nahrung zu versorgen, mit Sicherheit als absurd abgetan. Mein Vater konnte nie wirklich nachvollziehen, warum wir das machen. Er sprach es zwar nicht offen aus, doch ich merkte, dass es ihm wie eine weitere spleenige Idee seiner Tochter erschien. Zwei Wochen nach Beginn des Lockdowns erzählte er mir, wie beruhigt er sei zu wissen, dass wir unser Feld haben.

Die Erfahrungen der Solidarischen Landwirtschaft bestätigen diese Beispiele. Fast drei Viertel der Solawis in Deutschland verzeichneten zwischen März und Juni 2020 einen Anstieg der Anfragen nach einer Mitgliedschaft; bei nur 11 Prozent gingen die Anfragen zurück. 35 Prozent der Solawis waren schon ausgebucht und konnten keine neuen Mitglieder mehr aufnehmen, und über die Hälfte der Solawis erhöhten in dieser Zeit die Anzahl ihrer Mitglieder leicht oder sogar deutlich.[52]

All das ist im Grunde nicht wirklich bemerkenswert, schließlich hatte vor zwei Generationen jede Familie ihren eigenen Gemüsegarten. Beachtlich finde ich, dass jede einzelne Person, von der ich hörte, mit Stolz und Freude von ihren Aktivitäten berichtete. Keine stöhnte, wie schlimm es doch sei, dass wir nun selber Gemüse anbauen müssten. Jede einzelne erlebte es als eine Bereicherung. Sie sind, wie ich auf dem Lebensfeld, wieder mit etwas in Kontakt gekommen, das sie offenbar ihr Leben lang vermisst hatten. Sie haben begonnen, außerhalb der Blase des industriellen Zeitalters Fuß zu fassen. Und sie haben sofort gespürt, wie gut das tut.

Jenseits der Blase

Okay, jetzt sind wir wieder beim Gemüse gelandet. Tut mir leid. Dabei geht es gar nicht um Gemüse, ehrlich, es geht um Beziehung. Wie gesagt: Bei jeder der bislang besprochenen Wohlstandsformen ist ausschlaggebend, dass wir wieder in Verbindung kommen – mit diesem Moment, miteinander, mit unseren Gaben, mit der inneren Ordnung. Das trifft auch auf ökologischen Wohlstand zu, bei dem es darum geht, wieder mit den Ökosystemen in Verbindung zu kommen und uns als einen natürlichen Bestandteil davon zu erleben.

Die Blase des industriellen Systems, in der wir alle unser ganzes Leben verbracht haben, für die unser Bildungssystem uns vorbereitet hat, die in gewisser Weise alles ist, was wir kennen, hat uns von sehr vielem abgeschnitten. Uns dessen bewusst zu werden ist zunächst sehr schmerzhaft. Ja, es geht noch darüber hinaus: Es ist mehr, als die meisten Menschen ertragen können. In den letzten Jahrzehnten hat eine wachsende Anzahl von Filmen, journalistischen Beiträgen, Aktionen und Büchern versucht, uns genau das vor Augen zu führen. Sie haben versucht, unseren Blick auf das zu lenken, was hinter den hübschen Verpackungen und aufwendigen Werbekampagnen steckt: miserable Zustände in Schlachthöfen und Sweat-Shops, Kinderarbeit auf Kakaoplantagen und in toxischen Minen, Mikroplastik in jedem

Organismus auf diesem Planeten, ein neuer Kontinent aus Plastik mitten im Pazifik, Vögel, die daran ersticken, wachsende Wüsten, ein Artensterben, wie es seit der Zeit der Dinosaurier nicht mehr stattgefunden hat, die Überfischung der Meere und so weiter und so fort. Die Liste ließe sich endlos fortsetzen, Schrecken über Schrecken. Jede einzelne Verbindung ist von unsäglichem Leid geprägt.

Es ist unerträglich, sich all dessen bewusst zu werden. Es bricht einem das Herz, wenn man überhaupt die Kraft hat und den Mut findet, es an sich heranzulassen. Kein Wunder, dass wir lieber die Augen davor verschließen und so tun, als wäre nichts. Oder wir flüchten uns in Zynismus, betrachten die Menschheit als Plage, ohne die der Planet ohnehin besser dran wäre.

Aber weißt du was? Es ist nicht deine Schuld. Du wurdest in diese Situation hineingeboren und in ihr sozialisiert. Du hast die Lebensweise deiner Vorfahren übernommen oder hast dich auf den Weg begeben, den das vorherrschende Paradigma dir vorgegeben hat. Damit möchte ich uns nicht von der Verantwortung entbinden, die haben wir, aber ich möchte uns von Schuld freisprechen. Mit Schuld kommen wir hier nicht weiter. Schuld lähmt uns, führt zu Selbstverteidigung oder Selbstverurteilung und zu noch mehr Trennung.

Was uns befreien kann, ist hingegen die Erkenntnis, dass wir alle uns nach etwas anderem sehnen und zwar nach Verbindung. Wir sehnen uns danach, diese Beziehungen wieder zu heilen, denn solange sie von unsäglichem Leid belastet sind, müssen wir sie ausblenden. Und solange wir sie ausblenden, leben wir abgeschnitten in einer bezugslosen Welt. Der erste Schritt in die Verbindung ist zu spüren, wie weh es tut, all unsere Beziehungen verloren oder missbraucht zu haben. Aber das ist nur der erste Schritt.

Bei den indigenen Stämmen Nordamerikas gibt es den Ausspruch »aho mitake oyasin«, was so viel bedeutet wie: »alle meine Verwandten«. Gemeint sind damit nicht, wie wir vielleicht denken würden, die Tante, der Cousin und die Großmutter, sondern alle Bezüge, in die wir Menschen eingebettet sind. Etwa die Beziehung zur Erde, die uns Nahrung schenkt, zum Wasser, das unseren Durst stillt, oder zu den Bäumen, die uns Sauerstoff geben. »Aho mitake oyasin« kann hilfreich sein, um uns dieser Verbindungen wieder bewusst zu werden. Begib dich an einen ungestörten Ort, idealerweise in der Natur, und nimm dir etwas Zeit, um dir der vielfältigen Verbindungen, in die du eingebettet bist, bewusst zu werden. Beginne mit deinem Atem und den Bäumen, die die Luft, die wir atmen, so frisch und sauerstoffreich machen; spüre deinen Körper, der vielleicht gerade Nahrung verdaut, die zuvor durch ein riesiges Beziehungsnetzwerk entstanden ist. Vielleicht kommen dir auch die Mikroorganismen in der Erde in den Sinn oder jene Winde, die den Regen geschickt haben. Vielleicht sind es die Menschen, die diese Nahrung angebaut, sie geerntet und versorgt haben, bis sie zu dir kam. Lenke deine Aufmerksamkeit auf deine Kleidung und werde dir der vielen Verbindungen bewusst, die darin stecken: der Pflanzen oder Tiere, die das Material hervorgebracht haben, der Menschen, die es verarbeitet haben, der Energie, die notwendig war, um es zu dir zu bringen, und vieles mehr. Du kannst diese Verwandtschaft aber auch in ganz alltäglichen Situationen wahrnehmen: im Bett, beim Essen, in der Stadt, bei der Arbeit, beim Einkaufen und so weiter. Mache es dir zur Gewohnheit, dir dieser vielfältigen Verbindungen bewusst zu sein und sie wertschätzend anzuerkennen. Das ist ein wichtiger Schritt, um aus der Blase des industriellen Systems herauszutreten.

Zurück auf Los

Der zweite Schritt besteht darin anzuerkennen, dass wir alles neu denken und neu lernen müssen. Es reicht nicht, ein paar kleine Korrekturen vorzunehmen, etwa beim Discounter ab sofort zu den Bio-Produkten zu greifen oder in der Firma ein paar CSR-Maßnahmen einzuführen. Das ist zwar nicht verkehrt, es wird aber der Tragweite der Veränderungen, die notwendig sind, nicht ansatzweise gerecht.

Wenn du jetzt gleich das Handtuch schmeißen willst, verstehe ich dich. Doch ich möchte dich bitten, mir noch ein bisschen zu folgen, denn es geht bei ökologischem Wohlstand um weit mehr als um die alte Leier von bösem Konsum und Verzicht. Es geht um ein grundlegend neues Verständnis davon, was es heißt, Mensch zu sein. Wir müssen neu lernen, wie im 21. Jahrhundert Menschsein außerhalb der Blase des industriellen Systems funktioniert. Bedeutet das, dass wir alle wieder wie im Mittelalter leben müssen? Hoffentlich nicht. Diese Möglichkeit ist nicht ausgeschlossen. Wir wären nicht die erste Zivilisation, die so gründlich zusammenkracht, dass den Menschen nichts anderes übrig bleibt. Doch noch können wir eine andere Zukunft gestalten, wenn wir den Mut haben, es anzugehen.

Wir können Schritt für Schritt wieder Verbindungen zur Realität außerhalb der Blase aufbauen und dadurch unser industrielles System so weiterentwickeln, dass es sich organisch in die Ökosysteme des Planeten einfügt, indem es beginnt, nach den gleichen Gesetzmäßigkeiten zu arbeiten. Diese Neuorientierung ist bereits in vollem Gange, auch wenn sich weite Teile des Systems noch dagegen sträuben und am Paradigma der Blase festhalten. Doch die Anzahl an Unternehmen, die beginnen, nach den Prinzipien der Kreislaufwirtschaft, der Resilienz, der lokalen Lieferketten, der regenerativen Energien, der wechselseitig tragfähigen Beziehungen und so weiter zu arbeiten, wächst ständig. Und das sind nicht nur die Ökopioniere, die seit den 1980er-Jahren ein neues Wirtschaften vorgemacht haben. Es sind zunehmend auch die ganz großen, weltumspannenden Konzerne, die hier neue Wege einschlagen. Aufgrund ihrer enormen Größe sind sie oft die Ersten, die bemerken, dass es ein größeres System gibt, in das sie eingebettet sind und an dessen Grenzen sie stoßen.

Jenseits von Konsum

Doch was hat das alles mit dir und mir zu tun? Wenn man dem Narrativ eines schönen, neuen grünen Kapitalismus Glauben schenkt, dann besteht unsere Aufgabe vor allem darin, brav jene Produkte zu kaufen, die dieses neue Marktsegment hervorbringt. Leider ist dieses Narrativ alles andere als befriedigend, und es funktioniert auch nicht. Es ist unbefriedigend, weil wir immer noch auf unsere Rolle als Konsumierende reduziert werden. Und es funktioniert nicht, weil wir den notwendigen Kulturwandel weder an die Politik noch an die Wirtschaft delegieren können. So entsteht kein ökologischer Wohlstand. Dieser entsteht, wenn du ganz persönlich beginnst, wieder in Beziehung zu treten mit allem, was du von der Erde empfängst, und mit allem, was du ihr gibst. Aus dem Homo oeconomicus, der stets profitmaximierend, streng auf den eigenen Vorteil bedacht handelt, wird ein Homo oecologicus, der weiß, dass es die Summe seiner gesunden, tragfähigen Verbindungen ist, die ihn erhält. Er oder sie weiß, dass der eigene Vorteil untrennbar mit dem Wohlergehen des Ganzen verwoben ist und dass jede vermeintliche Bereicherung auf Kosten anderer eine Illusion ist.

Solange du dich als Konsumierenden betrachtest, bewegst du dich im Paradigma des Homo oeconomicus. In dieser Blasenrealität empfängst du gar nichts von der Erde, denn alles, was du erhältst, sind Produkte, die du bezahlt hast, mit Geld, das du verdient hast. Und was du ihr gibst, ist vor allem ein Haufen Müll und Abgase. Eine deprimierende Bilanz. Klar, innerhalb der Blase des industriellen Systems bist du vielleicht ein großer Macker: Du leistest viel in deinem Job und trägst damit zum Erfolg dieses Systems bei. Du wirst dafür belohnt mit einem fetten Gehalt oder Profit, und dann kannst du dich ja auch entsprechend bedienen. Wenn du aber die Brille wechselst und dein Geben und Nehmen außerhalb der Blase betrachtest, dann sieht das oft ganz anders aus.

Beginne mit Dankbarkeit

Ein guter Startpunkt ist Dankbarkeit. Werde dir der Tatsache bewusst, dass alles ein Geschenk ist. Und auch wenn du dein Essen in einem Supermarkt kaufst, es von einem Unternehmen supertoll verpackt wurde und du es mit Geld bezahlst, das du verdient hast: Es ist ein Geschenk der Erde, die deine Heimat ist. Auch wenn du Fleisch oder Milchprodukte isst, Kartoffelchips oder Gummibärchen. Wenn du beginnst, dankbar zu sein für alles, was du empfängst, dann verabschiedest du dich von der Anspruchshaltung, die für unsere Kultur normal ist. Dankbarkeit ist in diesem Paradigma ein revolutionärer, fast schon subversiver Akt. Dankbarkeit ist der Beginn einer neuen, notwendigen Demut. Sie ist der Beginn einer neuen Verbindung mit den Gaben der Erde, die dich erhalten.

Viele Menschen haben diese neue Demut und Dankbarkeit auch durch die Corona-Krise erlebt. Vieles, was bislang selbstverständlich erschienen war, wurde neu wertgeschätzt. Menschen freuten sich, gesund zu sein, ein Dach über dem Kopf und genug zu essen zu haben. Doch das war nicht das Einzige, wofür Menschen plötzlich dankbar waren. In Italien kursierten bald Videos von Delfinen in Hafenbecken oder von Enten, die ihren Nachwuchs mitten in der Stadt spazieren führten. Im Hintergrund hörte man Menschen, die völlig außer sich waren vor Freude über diese ungewöhnliche Begegnung. In Neu-Delhi, einer der Städte mit der schlimmsten Luftverschmutzung der Welt, sahen viele Menschen nach wenigen Wochen Lockdown zum ersten Mal in ihrem Leben, wie blau der Himmel ist. Zeitungen berichteten, wie gerne die Bewohner den Himmel betrachteten und sich einfach freuten, dass er blau war. In anderen nordindischen Städten stellten die Einwohner erstaunt fest, dass sie trotz einer Entfernung von mehr als hundertfünfzig Kilometern die schneebedeckten Gipfel des Himalaya sehen konnten.[53] In Orly, wo sich der große Flughafen von Paris befindet, hatten die Vögel schon lange das Singen aufgegeben, da der Fluglärm alles übertönte. Als der Flughafen wegen Corona stillgelegt war, sangen die Vögel wieder, und viele Bewohner von Orly versammelten sich jeden Morgen ganz andächtig, um ihnen zu lauschen.[54]

Und das sind nur drei Beispiele von unzähligen auf der ganzen Welt, in denen Menschen von einem neuen Kontakt mit der sich erholenden Natur beglückt wurden. Schlagartig wurde uns bewusst, an welchen ökologischen Notstand wir uns gewöhnt hatten. Offenbar warten die anderen Lebewesen auf diesem Planeten nur darauf, uns wieder näherzukommen und uns teilhaben zu lassen an ihrer Schönheit. Sie scheinen bereit zu sein, unseren Lebensraum zu teilen, wenn wir bereit sind, diesen Lebensraum etwas lebensfreundlicher zu gestalten.

Verzicht, Verzicht, Verzicht?

Wenn wir über Nachhaltigkeit und die Notwendigkeit eines Kurswechsels sprechen, dreht sich der Diskurs sehr oft um das Thema Verzicht. Wir müssen auf das Auto verzichten und auf das Fliegen sowieso, auf Tomaten im Winter und auf exotische Früchte generell. Wir dürfen keine Kreuzfahrten mehr machen und keine Wasserspültoiletten mehr verwenden. Wegwerfprodukte sind ein No-Go, Mikroplastik auch, genau wie chemische Reinigungsmittel und noch viel mehr. Unser Strom muss grün werden, unser Bankkonto auch, alles wird viel teurer. Einschränkung, Einschränkung, Einschränkung. Es ist erstaunlich, dass die Grünen es trotz dieses weit verbreiteten Bildes jemals über die 5-Prozent-Hürde geschafft haben.

Doch worüber kaum jemand spricht, sind die weitreichenden Einschränkungen, die wir aufgrund unserer derzeitigen Lebensweise in Kauf nehmen. Niemand thematisiert, dass wir auf Städte verzichten, in denen man frei atmen könnte, auf Straßen, in denen man sorglos spazieren, spielen, Feste feiern und Gemüse anbauen könnte. Wir verzichten auf Städte und Landschaften, die für uns selbst und andere Spezies ein artgerechter Lebensraum sind. Dadurch verzichten wir auf den magischen Kontakt mit wild lebenden Tieren in unserer Umgebung. Wir verzichten auf den Vogelgesang am Morgen und den blauen Himmel am Mittag. Wir verzichten auf Nächte, in denen man die Sterne sehen kann. Wir verzichten auf Flüsse, aus denen man trinken kann. Wir verzichten auf so vieles, was das Leben lebenswert, reich und schön macht.

Wenn weniger mehr ist

Seit ich vor vielen Jahren begonnen habe, Stück für Stück all meine Verbindungen zu heilen, ist mir bewusst geworden, dass wir von allem viel zu viel haben. Wir sind evolutionär auf Mangel gepolt, und unser kapitalistisches System spielt meisterhaft auf dieser Klaviatur. Doch unsere Realität ist längst ein Zuviel. Unsere Behausungen quellen über vor Dingen, die wir nicht brauchen. Ein Besuch im Supermarkt ist eine totale Überforderung, weil bei jedem Joghurt zwischen zwanzig Optionen gewählt werden muss. Wir haben zu viele Angebote, zu viele Möglichkeiten, zu viele Themen, die nach unserer Aufmerksamkeit brüllen, zu viele Kanäle, auf denen Menschen uns Nachrichten schreiben, zu viele Informationen, die sich oft widersprechen, und so weiter und so fort. Dabei konnten diverse Studien eindeutig belegen, dass zu viele Optionen uns überfordern und regelrecht unglücklich machen.[55]

Als mir bewusst wurde, mit wie viel Leid und ökologischem Ballast die meisten Produkte belastet sind, begann ich einen radikalen Konsumstreik. Ich entschied mich, keine neuen Dinge mehr zu kaufen. Ich wollte einfach keine Energie mehr in dieses System geben. Erstaunlicherweise wurde mein Leben dadurch viel einfacher, entspannter und schöner, nicht zuletzt, weil es Optionen reduzierte.

Wenn ich etwas brauchte, dann konnte ich nicht einfach in den nächsten Laden rennen und es holen. Ich musste mich auch nicht online mit zweihundert Alternativen herumschlagen. Stattdessen hielt ich die Augen offen, ob jemand vielleicht so etwas übrig hatte. Erstaunlich oft funktionierte das. Oder ich suchte im Internet nach einer gebrauchten Option, was die Auswahl sofort stark eingrenzte und damit vereinfachte. Insgesamt verlangsamte es den Prozess, durch den Dinge in meinen Besitz kamen und auch, wann sie weitergegeben wurden.

Es entstand eine neue Wertschätzung für jeden Gegenstand, eben weil er nicht mehr so leicht zu ersetzen war. Paradoxerweise führte diese Reduzierung des Konsums zu einem neuen Erleben von Wohlstand. Gerade weil jedes Ding nicht so leicht ersetzbar war, wurde es auf eine neue Weise kostbar. Und obwohl es manchmal etwas länger brauchte, bis ich etwas Passendes fand, verbrachte ich durch die starke Reduzierung des Volumens insgesamt viel weniger Zeit mit dem Besorgen von Dingen. Genau wie Entschleunigung zu Zeitwohlstand führt, eröffnete mir der Konsumstreik ein neues Erleben von materiellem Wohlstand. Wenn ich dann etwas fand, freute ich mich riesig. Es war wie die Karotte aus der Erde ein Geschenk, denn es war genau im richtigen Moment zu mir gekommen. Und es kam immer mit einer Geschichte.

Einmal sah ich beispielsweise bei meiner Tante ein ganz entzückendes Teekännchen. Es war aus weißem Porzellan, hatte eine filzgefütterte Haube aus Edelstahl und genau die richtige Größe. Doch getreu meinem Konsumstreik konnte ich mir natürlich kein solches Kännchen besorgen. Leider war meine Tante auch nicht geneigt, sich von ihrem zu trennen. Als ich kurz darauf auf einem Flohmarkt war, entdeckte ich dort genau dieses Kännchen in schwarzem Porzellan. Ich konnte meinen Augen kaum trauen. Als ich es näher untersuchte, sah ich, dass die Haube eine deutliche Delle hatte. Trotzdem war klar: Das ist mein Kännchen. Ich freute mich wie eine Schneekönigin, und wenn ich heute meinen Tee daraus trinke, dann habe ich immer noch eine ganz besondere Beziehung dazu. Die Delle ist eine liebevolle Erinnerung daran, dass dieses Kännchen seinen ganz eigenen Weg zu mir gefunden hat. Es ist einzigartig.

Unser ganzes Zuhause ist voll von solchen Geschichten. Nach über zehn Jahren Konsumstreik hat alles eine Geschichte. Fast jedes Ding wurde uns geschenkt, vererbt, irgendwo gebraucht aufgetrieben oder von uns selbst gebaut. Oft haben wir alte Dinge in neue umfunktioniert und uns darin kreativ ausgetobt. Unser Zuhause ist mit Sicherheit nicht so perfekt wie in einem dieser Hochglanzmagazine, doch wir sind umgeben von Dingen, zu denen wir eine Beziehung haben.

Ähnliche Erfahrungen habe ich mit anderen Formen von Verzicht gemacht. Einmal beschlossen wir, zwei Wochen lang vegan zu essen, um herauszufinden, wie das ist. Aus den zwei Wochen wurden fünf Jahre, weil es uns so gut damit ging. Wir entdeckten eine ganz neue Kreativität in der Zubereitung unserer Mahlzeiten. Heute essen wir nicht mehr komplett vegan, aber es hat unseren Bezug zu tierischen Lebensmitteln stark verändert. Sie sind jetzt etwas Besonderes, das wir viel mehr genießen als früher.

Vor inzwischen einem Jahr fragte sich einer meiner Söhne, wie wohl früher das Leben ohne elektrisches Licht war. Wie schliefen die Menschen? Wie wachten sie auf? Ich schlug vor, dass wir es ja mal ausprobieren könnten. Das Experiment läuft immer noch, weil es sich als eine enorme Bereicherung herausgestellt hat, wenn es abends einfach dunkel wird und morgens hell. Wir sitzen seitdem viel häufiger abends zusammen, manchmal im Dunkeln, manchmal bei Kerzenlicht, kuscheln und unterhalten uns. Und wir schlafen anders. Der Tag hat einen anderen Rhythmus, wenn es langsam dunkel und langsam wieder hell wird.

Keines dieser Experimente startete mit einem erhobenen Zeigefinger. Jeder von uns ist jeden Tag frei, das Experiment abzubrechen oder einfach mal etwas anderes zu machen. Manchmal mache ich Licht an, wenn mir danach ist. Doch es ist nicht mehr wie früher, als alles einfach vereinnahmt wurde von viel zu vielen Dingen und Optionen, lieblos hergestellten Nahrungsmitteln und künstlichem Licht, das die Nacht ungefragt zum Tag machte.

Gelegentlich kaufe ich inzwischen auch mal wieder etwas Neues. Das darf dann auch seinen Preis haben. Ich werde es lange haben. Der höhere Preis ist für mich eine schöne Möglichkeit, Menschen darin zu unterstützen, mit Liebe zu arbeiten und achtsam mit den Ökosystemen umzugehen, in die sie eingebettet sind. All das nährt auch mich. Ich fühle mich dadurch verbunden mit den Menschen, die meine Kleidung genäht oder die Baumwolle dafür gepflückt haben. Es geht dabei um weit mehr als ein gutes Gewissen, eine Ablasszahlung für meine Konsumschuld – diese Sichtweise betrachtet mich immer noch als Konsumentin. Vielmehr geht es um gesunde, geheilte, wechselseitig nährende und tragfähige Beziehungen. Ich empfinde mich als Teil eines neu entstehenden, gesunden Beziehungsgeflechts zwischen Mensch und Natur – jenseits der autistischen Blase des industriellen Systems.

Ähnliche Erfahrungen habe ich mit dem Reisen gemacht. Wie du inzwischen weißt, bin ich quasi in Flugzeugen aufgewachsen. Nicht mehr zu fliegen bedeutete für mich, enge Freunde und Familienmitglieder nicht mehr besuchen zu können. Doch es bedeutete auch, dass ich begonnen habe, eine völlig neue Art des Reisens zu entdecken. Als wir Freunde in Schweden besuchen wollten, fuhren wir über zwanzig Stunden mit dem Zug. Es war sehr aufregend – viel aufregender, als in ein Flugzeug zu steigen. Wir konnten miterleben, wie sich die Landschaft veränderte, begriffen tatsächlich, dass wir unterwegs waren. Ja, es war auch anstrengend, aber das ist Reisen immer gewesen, Mühe ist der Inbegriff des Reisens. Inzwischen sehne ich mich danach, noch langsamer voranzukommen. Ich träume von einer Radtour oder einer Alpenüberquerung zu Fuß. Ich ahne, dass dort noch viele Schätze zu bergen sind, die wir in unserem rastlosen Hin und Her vergessen haben.

Verbindung braucht Langsamkeit. Ich sehne mich nach Verbindung mit den Orten, die ich besuche. Die enorme Geschwindigkeit unserer modernen Verkehrsmittel ermöglicht es mir, binnen ein bis zwei Tagen fast jeden Ort der Welt zu erreichen. Doch meine Seele kommt nicht hinterher. Ich habe eine Ahnung, dass, wenn ich zu Fuß von zu Hause loslaufe, meine Seele gut mitkommen kann. Es ist unser natürliches Tempo, in dem sich unsere Vorfahren Schritt für Schritt die ganze Welt erschlossen haben. Vielleicht ist es auch für uns eine Möglichkeit, die Welt neu zu entdecken.

Ankommen

Lass dir Zeit, überstürze nichts. Es geht nicht darum, irgendwo hinzukommen. Wenn überhaupt, dann geht es darum, endlich da anzukommen, wo du jetzt bist. Ich meine das nicht in dieser irritierenden Doppeldeutigkeit eines Zen-Koans – der pfadlose Pfad, das torlose Tor –, sondern ganz konkret, physisch. Vermutlich bist du nicht so entwurzelt aufgewachsen wie ich. Doch wir sind heute fast alle entwurzelt, leben ohne wirklichen Kontakt oder Bezug zu dem Boden, der uns täglich trägt. Wir sind mehr damit beschäftigt, was im Weißen Haus, an der Frankfurter Börse oder in Wuhan geschieht als in unserer unmittelbaren Umgebung.

Kultiviere ökologischen Wohlstand. Nimm dir Zeit, dein Umfeld neu kennenzulernen. Verbringe Zeit in der Natur. Mache dich mit den Pflanzen und Kräutern vertraut, die dort wachsen – auch in der Stadt. Lerne, welche du essen kannst und wie man sie erntet, ohne ihren Bestand zu gefährden. Finde einen Ort in der Nähe deines Zuhauses, wo du dich mit der Natur verbinden kannst, und verbringe dort täglich Zeit. Schließe mit einem Baum Freundschaft. Übernachte in der Natur. Nimm dabei so wenig Dinge wie möglich mit. Lass deine Uhr zu Hause. Lerne die Tiere kennen, die in deiner Nähe wohnen. Nimm dir Zeit, dich mit ihnen vertraut zu machen, ohne dich ihnen aufzudrängen. Nimm wahr, wie anders die Luft schmeckt, wenn du von Leben umgeben bist. Atme. Übe dich in Dankbarkeit für alles, was du empfängst. Werde dir deiner vielfältigen Verbindungen bewusst. Experimentiere damit, auf Annehmlichkeiten und Dinge zu verzichten, um herauszufinden, ob dein Leben dadurch möglicherweise reicher wird. Heile Schritt für Schritt deine Beziehungen. Sei dabei liebevoll, achtsam und geduldig mit dir und allen anderen. Laufe. Finde Wege, Leben zu fördern: Pflanze Blumen für Bienen, lass eine Ecke deines Gartens unaufgeräumt, um Kleintieren Rückzugsräume zu schaffen, lege ein kleines Biotop an. Verwende einen Teil deines Einkommens, um Bäume zu pflanzen, Ökosysteme zu heilen und dadurch der Erde etwas zurückzugeben.

TEIL III:
MEHR ALS GENUG

Es kann überwältigend sein, sich der vielfachen Armut bewusst zu werden, in der wir leben. Wir bemerken, wie stark wir darauf gepolt sind, das zu maximieren, wovon ohnehin schon viel zu viel da ist: Besitz, Status, Leistung, Konkurrenz, Effizienz, Geschwindigkeit, Erfolg, Profit. Je erfolgreicher wir darin sind, desto mehr leiden jene Dimensionen von echtem Wohlstand, die ich in Teil II skizziert habe. Aber wie kann es uns gelingen, uns neu auszurichten? Wie steigen wir aus dem berühmten Hamsterrad aus und beginnen, jenen Garten zu kultivieren, der ein gutes Leben ausmacht?

Es ist dies zum einen eine ganz persönliche Frage: Wie kannst du in deinem Leben echten Wohlstand kultivieren? Es ist jedoch auch eine gesellschaftliche Frage. Wie können wir uns gemeinsam zu einer echten Wohlstandsgesellschaft entwickeln? Mein Hauptfokus in diesem Buch liegt auf jenen Schritten, die wir als Einzelne gehen können. Zugleich ist mir bewusst, dass weitreichende politische Maßnahmen nötig sind, um andere Wohlstandsformen zu fördern. Die derzeitigen politischen Rahmenbedingungen sind auf nationaler wie auf internationaler Ebene vor allem auf die Maximierung von Wirtschaftswachstum ausgerichtet. Sie fördern die einseitige Jagd nach noch mehr Besitz, Profit, Konsum und technologischem Fortschritt auf Kosten von Beziehungen, Zeit, Sinn, Verbindung, Kreativität und Ökologie. Wer sich tiefer mit den notwendigen Anpassungen befassen möchte, dem sei das Buch *Unsere Welt neu denken* der Politökonomin Maja Göpel ans Herz gelegt.

Nun, im dritten Teil dieses Buches, werde ich auf drei Ebenen beleuchten, was jeder von uns tun kann. Das erste Kapitel befasst sich erneut mit dem lieben Geld, da sich unser Umgang damit grundlegend verändert, wenn wir uns auf echten Wohlstand ausrichten. Im zweiten wende ich mich der Wirtschaft zu und zeige anhand von Beispielen, wie die fünf Dimensionen von echtem Wohlstand schon heute in erfolgreichen Unternehmen kultiviert werden, auch wenn die politischen Rahmenbedingungen nicht unterstützend sind. Im dritten und letzten Kapitel wende ich mich noch einmal an dich ganz persönlich. Ich nehme dich an die Hand und lade dich ein, deine ganz individuelle Reise in ein gutes Leben anzutreten oder weiterzuführen.

Ich lasse hier bewusst viele Themen außen vor, wie zum Beispiel die dringend notwendige Neuausrichtung unseres Bildungssystems auf echten Wohlstand. Meine Hoffnung ist, dass du durch die Lektüre dieses Buches begonnen hast, die Welt mit anderen Augen zu sehen. Du wirst dadurch selbst in der Lage sein zu erkennen, wo echter Wohlstand gefördert wird und wo lediglich ein grünes Mäntelchen über den Raubbau an der Natur – der menschlichen wie der nicht menschlichen – gedeckt wurde. Wenn du beginnst, mit diesem neuen Blick durch die Welt zu gehen, dann wirst du unzählige Bücher, Initiativen, Unternehmen, Organisationen entdecken, die genau daran arbeiten, auch wenn sie vielleicht andere Worte verwenden. Und du wirst hoffentlich auch den noch vorhandenen Reichtum in traditionellen Kulturen neu sehen lernen, der leider oft vorschnell als primitiv, rückständig, unterentwickelt und arm belächelt wird.

1
Echter Wohlstand und Geld

Nachdem wir nun die zentralen Formen echten Wohlstands betrachtet haben, möchte ich erneut das Thema Geld aufgreifen. Es bekommt in einem neuen Wohlstandsparadigma natürlicherweise eine komplett andere Bedeutung. Da in der alten Ordnung Geld und Profit die Messlatte für Erfolg waren, sind wir alle tief von diesem Wertungssystem geprägt. Wie Oscar Wilde es einst so treffend auf den Punkt brachte: »Heute kennt man von allem den Preis, aber von nichts den Wert.«[56]

Auf meinem eigenen Weg zu einem neuen Verständnis von Wohlstand ist mir immer wieder aufgefallen, wie stark sich dieses alte Messsystem einmischt, und zwar sowohl bei großen Lebensentscheidungen als auch bei ganz kleinen, alltäglichen Angelegenheiten. In diesem Kapitel möchte ich daher drei Aspekte von Geld neu beleuchten: Wie wir es bekommen, wie wir es ausgeben und was es macht, wenn es bei uns ist. Alle drei Aspekte verändern sich grundlegend, wenn sich unser Verständnis von Wohlstand wandelt.

Zweigeteiltes Leben

Das industrielle System hat unser Leben in zwei Teile zerschnitten: Arbeit und Freizeit. Der erste Teil dient dem Erwerb von Geld, der zweite dem Konsum von Produkten oder Dienstleistungen. Je fleißiger wir in beiden Bereichen sind, desto besser ist die Bilanz. Die Wirtschaft brummt, alle sind zufrieden. Na ja, so der Mythos. Dass dem nicht so ist, dürfte inzwischen klar sein. Worauf ich hinausmöchte: Diese Spaltung ist zutiefst unnatürlich und hochgradig ungesund. Sie besagt, dass wir einen Teil unseres kostbaren Lebens opfern, wofür wir uns dann im zweiten Teil durch Konsum und Müßiggang entschädigen. Lästige Tätigkeiten wie Kinder großziehen, Alte pflegen, sich um ein Zuhause kümmern und Ähnliches will niemand mehr machen. Sie rauben uns kostbare Zeit, um Konsumanteile (Geld) zu verdienen und diese dann in Entschädigungen einzutauschen. Deshalb werden immer mehr Stimmen laut, dass auch das Großziehen von Kindern bezahlt werden sollte.

Ich kann die Logik dahinter verstehen. Natürlich bin ich total dafür, dem Begleiten von Kindern als einer der wichtigsten Arbeiten in unserer Gesellschaft einen angemessenen Stellenwert zu geben. Doch ich habe meine Zweifel, ob Bezahlung in Form eines Gehalts der richtige Weg ist. Das Problem daran ist, dass es eine grundlegend falsche Haltung bestärkt, was Geld und Arbeit angeht. Um bei dem Kinderbeispiel zu bleiben: Was macht es mit Kindern, wenn sie bewusst oder unterschwellig das Gefühl bekommen, dass Mama auf sie aufpasst, weil Mama dafür bezahlt wird? Im Umkehrschluss bedeutet das: Wenn Mama und Papa nicht dafür bezahlt würden, würden sie sich nicht mehr um mich kümmern. Vielleicht klingt das jetzt weit hergeholt. Aber genau darauf läuft es doch hinaus, wenn Frauenrechtlerinnen Entlohnung für Haus- und Erziehungsarbeit fordern und dies als »ersten Schritt in Richtung Verweigerung, sie zu tun« bezeichnen.[57]

Solche Worte tun mir weh, denn ich weiß, dass keine Mutter der Welt sich um ihr Kind kümmert, weil sie dafür bezahlt wird. Und natürlich steckt hinter diesen Worten ein gigantischer Schmerz. Es ist der Schmerz von Jahrtausenden des Dienens aus Liebe, die genauso unsichtbar waren wie das Wunder der Karotte. Doch ich sehe die Lösung nicht darin, Elternarbeit nun auch zu einer Dienstleistung und damit zu einem Teil des Wirtschaftssystems zu machen. Es funktioniert nicht. Es ist keine Dienstleistung. Auch wenn Ökonomen berechnet haben, dass die Arbeit einer Mutter in entsprechenden Dienstleistungen pro Jahr 120 000 Euro kosten würde:[58] Kein Gehalt der Welt wäre hoch genug. Jedes Gehalt wäre eine Beleidigung. Elternarbeit ist eine der heiligsten Tätigkeiten, weshalb sie unbezahlbar bleiben muss.

Es ist wie die monetäre Berechnung von Leistungen, die Ökosysteme erbringen. 2014 schätzte eine Studie den Wert des weltweiten Beitrags von Wäldern, Steppen, Sümpfen, Korallenriffen und so weiter auf 143 Billionen US-Dollar pro Jahr – mehr als das gesamte »Bruttoinlandsprodukt« der Welt.[59] Doch egal wie hoch diese Berechnungen angesetzt werden, sie gehen am tatsächlichen Wert eines Regenwaldes, eines Sumpfgebietes, eines sich natürlich verwirbelnden, sauberen Flusses vorbei. Es kann sinnvoll erscheinen, solche Berechnungen anzustellen, um das Unsichtbare sichtbar zu machen. Leider suggeriert es indirekt, dass es in Ordnung wäre, das Ökosystem zu zerstören, wenn der Gewinn größer wäre als der Wert der Leistungen, die dieses erbringt.

Genauso ist es mit der unbezahlten Arbeit, die jeden Tag vor allem von Frauen verrichtet wird. Wenn Frauen weltweit für diese Arbeit einen Mindestlohn erhielten, wären das jährlich 10,8 Billionen US-Dollar – mehr als der Gesamtumsatz der fünfzig größten Firmen der Welt.[60] So naheliegend die Forderung ist, all diese ungezählten Stunden endlich finanziell zu würdigen, so problematisch ist sie. Denn sie ist symptomatisch für ein Denken, bei dem Geld das alleinige Maß von Wert ist, wodurch das Wesentliche zunehmend verloren geht. Meines Erachtens braucht es ein komplettes Umdenken, das es uns allen ermöglicht, uns aus der kranken Zweiteilung unseres Lebens zu befreien.

Was ist Arbeit?

Das Konzept der Arbeit, wie wir es haben, ist eine relativ junge Vorstellung. Der Begriff selbst geht auf das germanische Wort *arƀējiðiz* zurück, was »Mühsal« bedeutet. Noch weiter zurückverfolgt, zeigt sich eine Verbindung zu dem Wort »arm« und zu harter Arbeit, der man aus Not nachgehen muss, um zu überleben.[61] Er ist also von Beginn an verbunden mit Plackerei, Not und letztlich Zwang.

Als ich vor Jahren einen Kurs über Permakultur besuchte, nahm auch eine Bäuerin teil. Im Laufe des zweiwöchigen Kurses erfuhr ich, dass sie einen großen Biohof mit Tieren, einem Hofladen und Gartenbau betrieb, Wildkräuterwanderungen anbot, Enkelkinder betreute, Kosmetik herstellte und eine leidenschaftliche Köchin war. Eines Tages zeigte sie uns ein kleines, offenbar handgefertigtes Spielzeugauto aus Grünholz. Sie erzählte uns freudestrahlend, dass sie diese in Serie selbst herstellte und in ihrem Hofladen verkaufte. Als ich staunend fragte: »Wann machst du das denn alles?«, legte sie nach: »Ach, ich stricke auch Schals mit so bunten gehäkelten Blumen dran und …« Ich unterbrach sie: »Ja, aber wann machst du das denn alles?« Sie sah mich verblüfft an und sagte dann, ohne eine Miene zu verziehen: »Ich bin wie ein Huhn, ich scharre die ganze Zeit.«

Dieser Satz ist mir lange im Gedächtnis geblieben. Wie ein Huhn, scharrt die ganze Zeit. Der Satz arbeitete tief in mir. Wir hielten damals selbst Hühner, und ich wusste, sie scharrten wirklich die ganze Zeit. Es liegt offenbar im Wesen des Huhns zu scharren. Das Huhn muss sich nicht dazu zwingen. Man könnte sagen, es ist ihm ein Bedürfnis zu scharren, aber das ist schon zu weit hergeholt. Ich würde eher sagen: Scharren ist sein natürlicher Zustand.

Ist das Scharren für das Huhn Arbeit? In der Permakultur macht man sich das Scharren des Huhns zunutze, indem man es in sogenannten Hühnertraktoren auf Felder oder Beete setzt. Diese Hühnertraktoren sind nichts anderes als große Gehege, die unten offen sind. Dort scharrt das Huhn, pickt alte Samen aus dem Boden und düngt ihn mit seinem Kot. Dadurch wird er aufgelockert und optimal auf die Aussaat vorbereitet. Wenn die Arbeit getan ist, wird der Hühnertraktor auf das nächste Beet versetzt. Das Huhn arbeitet also, doch es ist keine Arbeit aus Not. Es ist keine Plackerei. Es ist Arbeit, die dem Huhn entspricht. Ein Huhn, das nicht scharrt, ist ein krankes Huhn. Wir beuten das Tier nicht aus, indem wir es in unserem Beet scharren lassen. Im Gegenteil: Ein Huhn, das beispielsweise in der Massentierhaltung nicht scharren kann, wird krank und sehr unglücklich.

Bei uns Menschen ist es ähnlich. Ein Mensch, der nichts tut, ist ein kranker Mensch. Oder er wird durch das Nichtstun krank und unglücklich. Doch es geht hier nicht um jene hektische Geschäftigkeit, die wir mit Tun oder Arbeit assoziieren, sondern um ein Tun, das geschieht. Es geht auch nicht um Leistung. Das Huhn scharrt, wie es scharrt, und es weiß, dass das genug ist. Das Scharren selbst ist ihm eine Genugtuung. Bedeutet das, dass das Huhn nichts zu fressen braucht, weil es so glücklich ist, nur zu scharren? Natürlich nicht. Es scharrt, es pickt, es kotet, es ist ein glückliches Huhn.

Ein fauler Hund?

Das vorherrschende Narrativ unserer Gesellschaft besagt, dass der Mensch eigentlich faul ist und nichts tun will. Er ist dann am glücklichsten, wenn er nichts zu tun braucht, ihm alle Arbeit abgenommen wird, er den lieben langen Tag dem Müßiggang frönen und sich jeden Konsumwunsch mit einem Click erfüllen kann. Diesen Mythos propagieren die meisten Werbespots. In ihnen sieht man vorrangig Menschen, die in ihrer Freizeit glücklich konsumieren. Alternativ zeigen sie Menschen, denen irgendeine Arbeit abgenommen oder stark erleichtert wird. Auch in Werbungen für Lotteriespiele sind ausnahmslos Menschen zu sehen, die fortan in ewiger Freizeit glücklich sind. Sie zeigen nie Menschen, die mit dem gewonnenen Geld eine Lebensvision verwirklicht haben.

Diese Bilder machen deutlich, wie verdreht unsere Vorstellungen von einem guten Leben sind. Ein Leben in ewiger Freizeit mit endlosem, mühelosem Konsum ist in Wirklichkeit ein Albtraum, der uns krank und unglücklich macht. Es erscheint so lange attraktiv, wie man sich zu einer Tätigkeit gezwungen sieht, die einem nicht entspricht – also dem gängigen Verständnis von Arbeit folgt. Es ist wie das Schulkind, das entgegen seiner Natur gezwungen wird, stundenlang stillzusitzen und Dinge auswendig zu lernen, die es nicht interessieren und die es nie brauchen wird. Es sehnt sich nach ewigen Ferien. Doch ein Kind, das nicht dieser Form von Zwang unterworfen wird, sehnt sich danach, die Welt zu erforschen und seine Fähigkeiten zu entwickeln – genau das, was Schule idealerweise ermöglichen sollte.

Wenn wir also anerkennen, dass es ein Grundbedürfnis des Menschen ist, zu tun, zu wirken, beizutragen und dafür Anerkennung zu erhalten, dann müssen wir auch grundlegende Annahmen über Geld hinterfragen. Solange Arbeit etwas ist, dem wir unter Zwang nachgehen, ist Geld eine Entschädigung dafür. Könnten wir unseren Bedarf nach Geld auf einem anderen Wege stillen – durch einen Lotteriegewinn, eine Erbschaft oder ein bedingungsloses Grundeinkommen –, würden wir die Arbeit hinschmeißen. Wir arbeiten nicht, weil wir genau das tun wollen, sondern um das Gehalt zu bekommen. Der Zweck der Arbeit ist in dem Fall das Geld und nicht das, was wir mit unserem Einsatz in der Welt bewirken. Natürlich ist die Wirklichkeit nicht immer so schwarzweiß. Doch es ist eine interessante Übung, sich gelegentlich zu fragen: Wenn mein Bedarf an Geld gedeckt wäre, würde ich meiner Arbeit weiterhin nachgehen? Was würde sich verändern?

Der Wunsch nach Wirksamkeit

Wenn du eine Tätigkeit ausübst, weil du etwas Bestimmtes in der Welt bewirken oder dazu beitragen möchtest – und sei es, dass ein Kind gut versorgt ist, ein Bus pünktlich fährt oder es am Morgen frisch gebackenes Brot gibt –, dann ziehst du deine Befriedigung aus der Wirksamkeit deiner Arbeit. Das Gehalt, das du dafür bekommst, ist keine Entschädigung für die Arbeit. Es ist vielmehr eine Voraussetzung dafür, dass du tun kannst, was du tun möchtest. Das Gehalt ermöglicht dir zu arbeiten, da es sicherstellt, dass deine materiellen Bedürfnisse gedeckt sind, während du deiner Tätigkeit nachgehst. Im Grunde genommen wirst du nicht für die Arbeit bezahlt, sondern damit du sie tun kannst.

Das mag sich nach Haarspalterei anhören, doch wenn du es tief in dich hineinsinken lässt, verändert es alles. Geld wird dann endlich wieder zu einem Mittel, statt ein falscher Zweck zu sein, dem nie Genüge getan ist. Und so betrachtet ergibt ein Elterngehalt auch wieder Sinn: Mama wird nicht bezahlt, um auf mich aufzupassen. Mama bekommt ein Gehalt, damit sie sich um mich kümmern kann, weil es ihr ein tiefes Bedürfnis ist, für mich da zu sein. Oder Papa, klar.

Arbeitsteilung neu denken

Vor Jahren hörte ich einen Vortrag von Niko Paech, Professor für Plurale Ökonomik an der Universität Siegen, der mich sehr beeindruckt hat. Paech ist einer der wichtigsten Vordenker einer Postwachstumsökonomie im deutschsprachigen Raum. In seinem Vortrag plädierte Paech für maximal zwanzig Stunden Erwerbsarbeit pro Woche. Dadurch würden mehr Arbeitsplätze geschaffen, da die Arbeit auf mehr Menschen verteilt würde. Außerdem hätten alle Menschen Zeit, sich neben der Erwerbsarbeit noch anderen Arbeiten zu widmen: Zeit mit Kindern, Alten und Kranken zu verbringen, einen Garten anzupflanzen, sich politisch zu engagieren, künstlerisch tätig zu sein, sich ehrenamtlich einzubringen und vieles mehr.

Mir wurde durch den Vortrag klar, dass wir anderen Menschen die Arbeit wegnehmen, wenn wir mehr arbeiten. Hören wir auf, durch Hyperkonsum und endloses Wirtschaftswachstum künstlich Arbeitsplätze zu schaffen, die wir eigentlich nicht brauchen, dann gibt es nicht mehr so viel zu tun. Im Moment ist es so, dass sich Teile der Bevölkerung mit sechzig oder mehr Wochenstunden in den Burn-out arbeiten, während es für eine wachsende Anzahl von Personen keine Jobs gibt.

John Maynard Keynes, einer der bedeutendsten Ökonomen unserer Geschichte, sah genau diese Entwicklung übrigens schon vor neunzig Jahren voraus. Er schätzte, dass im Jahr 2030 pro Person fünfzehn Stunden Erwerbsarbeit genügen würden, um die Versorgungssicherheit zu gewährleisten. In der verbleibenden Zeit, so auch Keynes' Idee, würden wir unsere Potenziale entfalten, unsere Beziehungen pflegen und künstlerisch tätig sein.[62]

Arbeitsteilung im Sinne eines echten Wohlstands bedeutet, die vorhandene Arbeit auf alle zu verteilen und dadurch allen Freiräume zu ermöglichen, um echten Wohlstand zu kultivieren. Sie bedeutet nicht, wie bisher, dass Menschen sich nur noch auf eine Tätigkeit spezialisieren und an ihrer Einseitigkeit verdummen. Diese Problematik der Verdummung durch Spezialisierung beschäftigte übrigens schon Adam Smith, der ja als Vater der modernen Arbeitsteilung gilt.[63] Der bereits zitierte buddhistische Gelehrte Tashi Rapkis formuliert es wie folgt: »Die Menschen wollen Spezialisten werden, Experten eines Faches. In diesem Feld ist ihr Verstand oder ihr Gehirn ziemlich klar, voller Licht. Aber der Rest ihres Verstandes liegt komplett im Dunkeln.«[64]

In der Erwerbstätigkeit ergibt es natürlich Sinn, sich zu einem gewissen Grad zu spezialisieren. Doch es tut uns allen gut, wenn wir neben der Erwerbsarbeit noch vielfältigen anderen Beschäftigungen nachgehen können. Und auch im Beruf sieht man einen Trend hin zur Entfaltung vielfältiger Interessen und Begabungen. Die Vorstellung, dass sich ein Mensch für einen Beruf qualifiziert, dem er dann ein Leben lang nachgeht, deckt sich immer seltener mit der Realität.

Die Kehrseite der Zuckerproblematik

Im Laufe des Buches habe ich immer wieder auf das Zuckerproblem aufmerksam gemacht, welches besagt, dass uns wertvolle Nährstoffe und Ballaststoffe fehlen, da uns nur der pure Stoff zugeführt wird. Die Corona-Krise hat in besonderem Maße auf die hässliche Schattenseite des Zuckerproblems aufmerksam gemacht: In unserem jetzigen System delegieren wir die Ballaststoffe an einzelne Bevölkerungsgruppen oder ganze Nationen, während die Nährstoffe einfach nur verloren gehen.

Was ich damit meine: Die geschlossenen Grenzen während der Corona-Krise haben in allen reichen Industrienationen deutlich gemacht, dass es viele Arbeiten gibt, die keiner von uns Privilegierten mehr zu tun bereit ist, zumindest nicht unter den gegebenen Bedingungen. In Europa delegieren wir diese Arbeiten an osteuropäische Erntehelferinnen, Schlachthofmitarbeiter, Altenpflegerinnen, um nur ein paar Beispiele zu nennen. Diese arbeiten für einen geringen Lohn, sind teilweise in Massenunterkünften untergebracht und leisten fern von ihren Familien Schwerstarbeit. In Nordamerika sind es illegale Einwanderer, meistens aus Mexiko, die absurderweise von genau jenem System kriminalisiert werden, das ohne sie gar nicht mehr funktionieren würde. Diese Menschen fehlen in ihren Herkunftsländern, und uns fehlt die Arbeit, die sie verrichten. Natürlich fehlt sie uns nicht in dieser Form, sonst würden wir sie ja selbst machen. Aber sie fehlt uns in Form eines stimmigen Gesamtpakets.

Neun oder zehn Stunden gebückt Spargel zu stechen oder hinter einer Erntemaschine irgendeine andere Monokultur im Akkord abzuernten ist pure Arbeit im ursprünglichen Sinne des Wortes. Es sind reine Ballaststoffe, die für den Körper unverdaubar sind und keinen Nährwert haben, obwohl sie für unsere Gesundheit enorm wichtig sind. Den ganzen Tag eng getaktet alte Menschen in Vereinsamung zu wickeln, zu baden und zu füttern, ohne Zeit zu haben, mit ihnen zu reden oder eine Beziehung zu ihnen aufzubauen, ist unmenschlich. Oder auf einer Säuglingsstation auf diese Weise Kinder zu betreuen. Oder in den vielen anderen Institutionen, in denen Kinder heute zunehmend den Großteil ihrer Zeit verbringen, da wir mit wichtigeren Dingen beschäftigt sind: Die geballte Energie einer Altersgruppe in dieser konzentrierten Form ist sehr anstrengend für alle Beteiligten und total unnatürlich. Ebenso ist es extrem anstrengend, als einziger Erwachsener mit einem oder mehreren Kindern viele Stunden zu verbringen. Kein Wunder, dass viele Eltern ihre Kinder heute regelmäßig »wegorganisieren«.

Doch jeden Tag einige Stunden in Gesellschaft mit Kindern zusammen zu sein ist ein Lebenselixier. Als wir beide bereits Mütter geworden waren, nahm meine balinesische Freundin Nyoman Siti mich eines Tages zur Seite und sagte: »Wir verstehen die Ausländer nicht. Sie bezahlen uns, um auf ihre Kinder aufzupassen. Wir Balinesen sind gerne mit Kindern zusammen.« Ich wusste sofort, was sie meinte. In balinesischen Großfamilien ist immer ein Pulk Kinder da, der gemeinsam herumrennt. Die Großen tragen die Kleinen, und es sind stets genügend Erwachsene da, die sich freuen, wenn sie mal ein Baby auf den Arm bekommen. Die Kinder sind ihr Sonnenschein. Ständig wird wohlwollend über sie gelacht und sich an ihrer unbändigen Energie gefreut. Ein Balinese würde nie auf die Idee kommen, jemandem Geld zu geben, damit er Zeit mit einem Kind verbringt.

Das Gleiche gilt für viele andere Ballaststoffe. Ich habe ja schon vom Lebensfeld erzählt: Seit ich dort bin, frage ich mich, wie die Welt aussehen würde, wenn wir alle jede Woche einige Stunden an der frischen Luft Feldarbeit verrichten würden, statt dafür Billigarbeiter aus dem Osten zu bezahlen. Oder nehmen wir die Altenpflege: Es fehlt uns, in innigem Kontakt mit jener Lebensphase zu sein. Es fehlt uns, dass die Alten wie früher in der Ecke sitzen, unserer Geschäftigkeit zusehen und uns daran erinnern, dass alles endlich ist. Und es fehlt den Alten, dass man ihnen mal eine Schüssel Kartoffeln hinstellt, die sie schälen können oder sie bittet, einen Säugling zu halten.

Neue Verteilungsstrukturen

Natürlich ist mir bewusst, dass wir nicht einfach zu der Lebensweise unserer Vorfahren zurückkehren können. Viele Familien sind sich so entfremdet, dass sie sich ein Zusammenleben unmöglich vorstellen können. Doch wir können beginnen, neue Strukturen zu schaffen, die unseren wahren Bedürfnissen mehr entsprechen. Ein wunderbares Beispiel ist die Humanas-Altenwohnanlage in Darlingerode am Rande des Ost-Harzes. Die

Bewohnerinnen und Bewohner werden durch die ungewöhnliche Architektur mit vielen Gemeinschaftsräumen, aber auch durch ein Konzept, das Selbstständigkeit und Miteinander fördert, gezielt mobilisiert. Die selbstständige Bewältigung des Alltags wird, soweit möglich, aufrechterhalten. Gegenseitige Unterstützung und der Aufbau von Beziehungen unter den Mieterinnen wird bewusst ermutigt. Professionelle Unterstützung kann selbstbestimmt nach Bedarf abgerufen werden. Die Wohnanlage ist, genau wie alle anderen des Pflegeanbieters Humanas, eng mit den dörflichen und kleinstädtischen Strukturen seiner Region verbunden. Dadurch bleiben bestehende Beziehungen erhalten, und Angehörige sind jederzeit willkommen sich einzubringen, wodurch auch das Personal entlastet wird.

Das Ergebnis ist ein geselliger Lebensort, an dem es allen gut geht – den Mitarbeitern genau wie den Bewohnerinnen und deren Angehörigen. Sophia Stricker, die Hauswirtschafterin der Einrichtung, schwärmt von »unbeschreiblichen Momenten, in denen man sieht und fühlt, was man nur mit dem Herzen sehen kann«.[65] Hier wurde offenbar ein Ort geschaffen, wo Menschen in der Altenpflege mit Liebe arbeiten können und wo diese Arbeit dadurch schön wird. Abgerechnet wird alles ganz normal mit der Pflegekasse zu den üblichen Sätzen und das, obwohl die Angestellten überdurchschnittlich gut bezahlt werden.

Solche neuen Strukturen – zu denen auch die Solawis zählen – ermöglichen es uns, bewusst wieder mehr Ballaststoffe zu uns zu nehmen, zum Beispiel in Form von Feldarbeit, Pflegearbeit oder Betreuungsarbeit. Wenn wir Gehalt neu denken, dann erkennen wir, dass es diese Gesamtheit ermöglichen muss, damit ein gutes Leben gelingen kann. Es reicht nicht, dass es die Miete zahlt und die Kita – es muss eine Vielfalt an Arbeit mitfinanzieren, die nicht Erwerbsarbeit ist, die jedoch bis in die jüngste Vergangenheit immer ein selbstverständlicher Teil unseres Lebens war. Ihn zu delegieren, die Ballaststoffe von den schnell verfügbaren Kohlehydraten zu trennen, lässt die Nährstoffe verloren gehen. Weder die eng getakteten Altenpfleger, Kinderbetreuerinnen oder Erntehelfer noch die Nutznießer dieser Dienstleistungen kommen in deren Genuss. Und gerade sie sind es, die in unserer Gesellschaft fehlen. Uns fehlen jene unbeschreiblichen Momente, in denen man sieht und spürt, was nur mit dem Herzen sichtbar ist.

Wofür arbeiten wir eigentlich?

Wenn 2 Prozent der Bevölkerung genug Nahrung für alle anderen erzeugen, dann könnten theoretisch 98 Prozent der Bevölkerung den lieben langen Tag dem Müßiggang frönen. Moment – wir haben ja noch andere Bedürfnisse außer Nahrung. Klar, aber wenn wir ehrlich hingucken: Die meisten Bedürfnisse, die unser Wirtschaftswundersystem uns erfüllt, müssen heute mittels geplanter Obsoleszenz und aufwendigen Tricks erst künstlich hergestellt werden, weil sie gar keine echten Bedürfnisse sind.

Wenn sich alle Menschen auf das Kultivieren von echtem Wohlstand ausrichten würden, wäre dies das Ende von unserem Wirtschaftssystem in seiner jetzigen Form. Das war ja eine der großen Gefahren des Lockdowns und der Corona-Krise: Wir haben gemerkt, was wir alles *nicht* brauchen. Deshalb wurden schon bald Rufe nach einem Konjunkturprogramm laut, um bloß den Konsum wieder anzukurbeln. Die Logik dahinter: Nur wenn Menschen Dinge konsumieren, die sie eigentlich nicht brauchen, können andere Menschen dafür bezahlt werden, diese Dinge herzustellen. Es interessiert niemanden, ob irgendjemand ein neues Auto braucht. Allein dass es Arbeitsplätze schafft, rechtfertigt seine Herstellung. Nüchtern betrachtet ist es ein gigantisches Beschäftigungsprogramm, das uns in diesem ungesunden Kreislauf gefangen hält und nebenbei unsere eigentliche Lebensgrundlage zerstört. Die Frage, ob wir unsere Zeit und Energie nicht besser nutzen könnten, liegt auf der Hand.

Gratis Geld für alle?

Verfechter des bedingungslosen Grundeinkommens werden jetzt schreien: »Ja, natürlich! Wir brauchen eine neue Verteilung! Jeder sollte eine Grundsicherung bekommen!« So reizvoll ich den Gedanken finde, dass jeder Mensch unabhängig von seiner Tätigkeit eine Grundsicherung zugesprochen bekommt, so sehr hat er in meinen Augen auch Schwächen, die mir in der Diskussion oft zu kurz kommen.

Doch beginnen wir mit den Vorteilen: Was ich daran mag, ist die Tatsache, dass es jedem Menschen eine Basis schenkt, auf der er sein Leben frei und würdevoll gestalten kann. Das hat theoretisch das Potenzial, der Entstehung von echtem Wohlstand in der Gesellschaft einen riesigen Anschub zu geben. Leute, die nur irgendeinen Job machen, den sie eigentlich hassen, um über die Runden zu kommen, könnten einfach kündigen. Arbeitgeberinnen und Arbeitgeber, die ihre Mitarbeiter nicht anständig behandeln, hätten ihre liebe Mühe, jemanden zu finden, der für sie arbeiten möchte. Die leidige Diskussion um ein Gehalt für Eltern hätte auch ein Ende, da es eben keine Bezahlung für Elternarbeit wäre. Es wäre eine Grundsicherung, die Freiräume für was auch immer schafft: Elternarbeit, kreative Entfaltung, Altenpflege, Sozialarbeit, Aktivismus, politisches Engagement und so weiter. Zweifellos hätten all diese Faktoren das Potenzial, unsere Gesellschaft tiefgreifend zu transformieren und viele alte Machtstrukturen auszuhebeln. Geld wäre kein Machtinstrument mehr, sondern ein Verteilungsinstrument.

So weit, so gut. Doch nun zu den Schattenseiten. Die klassischen Gegenargumente – es sei nicht bezahlbar oder die Leute würden dann nichts mehr tun – sind in der entsprechenden Literatur ausführlich widerlegt.[66] Meine Bedenken gehen eher in eine andere Richtung: Ich halte den Wunderglauben, den Verfechtern des bedingungslosen Grundeinkommens in Bezug auf seine Wirkung hegen, für überzogen. Ich denke nicht, dass es magischerweise zu einer neuen Wohlstandsgesellschaft führen würde. Im Gegenteil, es könnte die Verarmung in vielen Bereichen sogar noch verstärken.

Was Kreativitätswohlstand betrifft, könnte es in weiten Teilen der Gesellschaft die Botschaft zementieren: Eure Gaben werden nicht gebraucht, ihr habt nichts beizutragen, Hauptsache, ihr konsumiert brav. Was Beziehungswohlstand betrifft, würden noch mehr Anreize wegfallen, verbindliche Beziehungen aufzubauen, denn nun braucht ja wirklich niemand mehr irgendjemanden für gar nichts. Was Zeitwohlstand betrifft: Dieser ist nur in Verbindung mit Beziehungswohlstand und Kreativitätswohlstand genießbar. Ohne diese beiden Faktoren könnten weite Teile der Bevölkerung in ewigem Zeitvertreib stecken bleiben. In allen drei Bereichen könnte es, drastisch gesprochen, zu noch mehr Vereinzelung, noch weniger Verbindung und somit zu einer noch stärkeren Verarmung führen. Auch was den ökologischen und den spirituellen Wohlstand betrifft, habe ich meine Zweifel, dass der Effekt positiv wäre, da alle fünf Wohlstandsformen untrennbar miteinander verwoben sind.

Worauf ich hinaus möchte: Es genügt meines Erachtens nicht, Menschen nun auch noch aus dem Arbeitsmarkt zu entkoppeln, nachdem sie schon aus allen anderen Sozialstrukturen entkoppelt wurden. Totale Freiheit und Unverbindlichkeit ist ein pubertärer Traum, der unseren wirklichen Bedürfnissen nicht gerecht wird. Wir brauchen Beziehung und Verbindlichkeiten; es ist uns ein tiefes Bedürfnis, einander zu brauchen und gebraucht zu werden. Ja, wir benötigen dringend ein neues System von Teilhabe und Verteilung. Doch es muss darin auch Anreize geben, dass Menschen mehr von ihren Gaben mit der Welt teilen als bisher und nicht weniger.

Aus Jobcentern müssten echte Potenzialentfaltungscenter werden. Jeder, der Unterstützung für eine Idee, ein Projekt oder einen Beitrag für das Gemeinwohl braucht, sollte sie – nicht nur finanziell – bekommen, unabhängig davon, ob sein Projekt jemals Aussicht darauf hat, sich wirtschaftlich zu tragen. Es muss nach den ganzheitlichen Kriterien eines neuen Wohlstands betrachtet werden statt durch die einseitige Brille der finanziellen Profitmaximierung. Warum nicht ein Leben lang einen Teil der Gesellschaft für Zivildienst bezahlen und damit einen Überfluss an genau jener Ressource schaffen, die heute so rar ist: Menschen, die Zeit haben für das, was wirklich wichtig ist?

Das Ende des Homo oeconomicus

Nach dieser genaueren Betrachtung dessen, wie wir neu darüber nachdenken können, wo wir Geld herbekommen, möchte ich nun beleuchten, wo es hingeht. Dem alten Wohlstandsverständnis des Homo oeconomicus zufolge tun wir gut daran, möglichst wenig Geld auszugeben und dafür am meisten rauszuholen. An allen Ecken und Enden heißt es: Schnäppchen!, Sonderangebot!, Hier bekommst du mehr für dein Geld! und so weiter. Klug ist, wem es in einer Transaktion gelingt, weniger zu geben, als er bekommt, was bei genauer Betrachtung eine Form des Diebstahls oder zumindest der Ausbeutung ist. Oder warum sollten sich Leute darauf einlassen, mehr zu geben, als sie bekommen, wenn sie es nicht müssen?

Den meisten Menschen, die das heute tun, bleibt keine andere Wahl. Sie haben ihre traditionellen, bäuerlichen Dorfstrukturen verlassen und sind auf der Suche nach einem besseren Leben, das ihnen Fernsehen und Werbung vorgemacht haben, in die Städte gezogen. Dort sind sie abgeschnitten von allen Beziehungen, die ihnen bislang Halt gaben, und darauf angewiesen, zu geringen Löhnen unter unwürdigen Bedingungen zu arbeiten. Auch die Ökosysteme der Erde behandeln wir wie einen Selbstbedienungsladen ohne Kasse. Ein richtig guter Deal, das ultimative Schnäppchen!

Interessant ist, dass bei dieser Sichtweise gar nicht geguckt wird, wo das Geld hingeht. Wir achten nur darauf, dass wir möglichst wenig davon ausgeben und möglichst viel dafür bekommen.

Das ergibt Sinn, solange wir uns als getrennte Individuen betrachten, die komplett unabhängig vom Rest der Welt existieren. Sobald wir aber verstanden haben – und zwar nicht nur intellektuell, sondern auf einer gefühlten Ebene –, dass wir Beziehungswesen sind, deren Wohlergehen untrennbar mit dem Wohlergehen des großen Ganzen verbunden ist, ergibt diese Betrachtungsweise keinen Sinn mehr. Dann tauchen auf einmal neue Fragen auf: Was macht eine Transaktion mit der Beziehung, und was ermöglicht mein Geld dort, wo es hingeht?

Die erste Frage – was macht eine Transaktion mit einer Beziehung? – ist vor allem dann wichtig, wenn es sich um eine fortdauernde Verbindung handelt. Kehren wir noch mal zu dem Beispiel meiner Nachbarin zurück, die mir in einer Notsituation ihr Auto überlassen hat. Wenn ich die Transaktion rein durch die Brille des Homo oeconomicus betrachte, kann ich mich freuen, dass ich mir die zwanzig Euro für das Taxi gespart habe. Und wenn meine Nachbarin nichts dafür verlangt, dann habe ich einen richtig guten Deal gemacht. Doch wenn ich langfristig mit meiner Nachbarin ein gutes Verhältnis haben möchte und dieses Verhältnis mir vielleicht sogar wichtiger ist als die Gratisautofahrt, dann wird es mir ein Anliegen sein, Geben und Nehmen in Ausgleich zu bringen.

Traditionelle Schenkkulturen haben immer nach genau diesem Prinzip der Beziehungspflege funktioniert – auf ein Geschenk folgte ein Gegengeschenk, wodurch die Beziehungen genährt und das gemeinschaftliche Gleichgewicht gewahrt wurden. Je mehr es mir also ein Anliegen ist, alle meine Beziehungen zu heilen und in ein Gleichgewicht zu bringen, desto stärker wird mein Bedürfnis sein, Geben und Nehmen immer wieder auszugleichen. Das gilt zunächst ganz natürlich für die Menschen, mit denen ich ständig zu tun habe. Doch je mehr ich ein Bewusstsein dafür gewinne, dass wir alle miteinander verbunden sind, desto mehr gilt es auch für all jene Wesen, denen ich nie begegnen werde.

Vom Bekommen zum Ermöglichen

Die zweite Frage, die auftaucht, wenn wir uns aus der beschränkten, isolierten Sichtweise des Homo oeconomicus befreien, ist jene, was unser Geld dort macht, wo wir es hingeben. Was ermöglichen wir dadurch, dass wir jemandem Geld geben? Wenn wir in einem Discounter einkaufen, dann unterstützen wir es, dass Menschen zu unwürdigen Bedingungen arbeiten, Erzeuger in erbarmungslosen Preiskämpfen gegeneinander ausgespielt werden und Ökosysteme durch intensive Bewirtschaftung ausgebeutet werden. Wenn wir bei einem Anbieter von Biokisten Gemüse beziehen, ermöglichen wir Menschen – unter Berücksichtigung von natürlichen Kapazitätsgrenzen –, regional und saisonal Nahrung zu erzeugen. Wir geben ihnen Planungssicherheit und befreien sie aus dem unfairen Wettbewerb mit Billiganbietern, die ihre Ware aus den Gewächshauswüsten Spaniens beziehen. Solange wir durch die Brille des Homo oeconomicus blicken, ergibt es keinen Sinn, Bioprodukte zu kaufen: Alles ist viel teurer, und ob die Qualität wirklich so viel besser ist, wird immer wieder angezweifelt. Doch wenn wir die gesamte Bilanz betrachten und sehen, was biologische Landwirtschaft und ethisch wirtschaftende Betriebe ermöglichen, dann ist völlig klar, dass Bio die bessere Wahl ist.

Und das ist natürlich nur ein Beispiel von unzähligen. Wenn du ein teures Luxusmarkenteil kaufst, dann sagt das leider gar nichts darüber aus, wie es produziert wurde. Oft sind die Bedingungen genauso miserabel wie bei einem Billigprodukt. Du bezahlst für die Marke, für die Werbung und für die Gewinne, die an Aktionäre ausgeschüttet werden. Natürlich zahlst du auch für die Produktentwicklung und vieles mehr. Doch selten zahlst du für die Menschen, die dein Produkt tatsächlich hergestellt haben, von den Ökosystemen, aus denen die Rohstoffe entnommen wurden, ganz zu schweigen.

Je mehr sich dein Bewusstsein in Richtung Ermöglichung verschiebt, desto mehr bekommst du Freude an der Gestaltungskraft von Geld. Natürlich ist es schön, wenn du für dein Geld auch eine leckere Biokiste bekommst. Doch noch viel schöner ist das, was du dadurch ermöglichst. Du wirst feststellen, dass es Transaktionen gibt, bei denen der Hauptnutzen im Ermöglichen liegt, wie bei einer Spende. Bei anderen Transaktionen halten sich Bekommen und Ermöglichen die Waage, wie bei der Biokiste oder einem fair hergestellten Kleidungsstück. Und natürlich gibt es auch immer wieder Transaktionen, bei denen du viel mehr bekommst, als du ermöglichst. Doch das liegt dann daran, dass dir jemand etwas schenkt oder ermöglicht, und nicht an einem Trick oder an Diebstahl wie bei den klassischen Schnäppchen.

Lohnt es sich oder rechnet es sich?

Ein Seminarteilnehmer fasste dieses Prinzip einmal ganz wunderbar in der Frage zusammen, ob sich etwas lohnt oder ob es sich rechnet. Als Musiker bekam er, genau wie ich als Vortragsrednerin, immer wieder Anfragen, bei denen es kaum Budget für ein Honorar gab. Er hatte es sich daher zur Angewohnheit gemacht zu reflektieren, ob sich etwas lohne und ob es sich rechne. Wenn er beides mit Ja beantworten konnte, war es eindeutig ein super Angebot. Sein Herz wusste, es lohnt sich, da es das Wahre, Gute und Schöne in der Welt mehren würde. Zugleich erkannte sein Verstand, dass es sich auch finanziell rechnete. Wenn hingegen die Antwort lautete, dass es sich zwar nicht rechnen, aber sehr wohl lohnen würde, stellte er sich eine weitere Frage: Kann ich es mir leisten, den Auftrag anzunehmen, obwohl es sich nicht rechnet?

Er hatte damit gekonnt auf den Punkt gebracht, was sich auch in mir schon länger entwickelt hatte. Es gibt Aufträge, die nehme ich gerne an, obwohl kein Cent Honorar gezahlt werden kann. Sie lohnen sich, da sie echten Wohlstand in der Welt fördern. Und es gibt andere, die lohnen sich nicht, obwohl das Honorar sehr üppig ist – oder sie lohnen sich nur, wenn ich mir überlege, was ich anderswo mit diesem Geld ermöglichen kann.

Ein anderes Beispiel: Du bekommst eine Anfrage, Geld zu spenden. Das rechnet sich nicht. Aus Sicht des Homo oeconomicus ist das der Inbegriff eines schlechten Deals. Na gut, man kann es von der Steuer absetzen, aber trotzdem verliert man hier mehr, als man gewinnt. Doch wenn das, was durch deine Spende ermöglicht wird, dem entspricht, was du in der Welt mehren möchtest, dann ist es eine sehr lohnende Investition. Dann kannst du dich glücklich schätzen, dass du die Möglichkeit hast, dazu beizutragen. So ging es mir mit »Bäume für den Wandel«: Seit ich erfuhr, dass man mit einem Euro zehn Bäume pflanzen kann und dadurch für Menschen in den ärmsten Regionen der Welt sinnvolle, faire Arbeitsplätze schafft, konnte ich mir schwer vorstellen, einen Euro irgendwo anders lohnender auszugeben.

Die Magie des Schenkens

Wenn du beginnst, dich bei Transaktionen nicht nur zu fragen, ob sich etwas rechnet, sondern auch, ob es sich lohnt, dann beginnst du Geben und Nehmen mit dem Herzen zu betrachten. Der Verstand ist die Instanz, die feststellen kann, ob sich etwas rechnet, manchmal gilt das auch für die Intuition, wenn sie genügend Erfahrungswerte hat. Sie befrage ich zum Beispiel sehr gerne, um herauszufinden, welche Summe in einer Transaktion stimmig sein könnte. Doch es ist unser Herz, das weiß, ob sich etwas lohnt. Und das Herz weiß um die Magie des Schenkens.

Anders als der Verstand und die Logik des Homo oeconomicus dich glauben machen wollen, ist Schenken nämlich etwas, das dich reich macht. Wenn du beginnst zu schenken, dann ist das ein klares Signal, dass du nicht nur genug hast, sondern mehr als genug. Deshalb ist diese Haltung gerade unter Menschen, die sehr wenig haben, weit verbreitet. Meine Mutter erzählt oft, dass sie sich auf ihren Reisen durch Anatolien und Marokko in den 1970er-Jahren geradezu beschämt fühlte von der Großzügigkeit der Nomaden, die sie in ihre Zelte zum Tee einluden. Ich kenne das aus meiner

Kindheit auf Bali: Wann immer mich Nyoman zu sich nach Hause mitnahm, bestand ihre Familie darauf, dass ich aus ihrem winzigen Warung, einer Art Kiosk am Straßenrand, einen dieser pappsüßen amerikanischen Softdrinks trank. Sie ließen sich durch nichts davon abbringen, auch wenn diese für sie so teuer waren, dass ich sie selbst nie einen trinken sah.

Schenken macht dich reich. Schenken sagt: Ich habe nicht nur genug, ich habe so viel, dass ich davon geben kann. Und wenn es nur eine kleine Summe ist, die du übrig hast, es gibt kein effektiveres Mittel gegen ein Gefühl von Mangel als zu schenken.

Was macht dein Geld, wenn es bei dir ist?

Nachdem wir nun betrachtet haben, wo dein Geld herkommt und wo es hinfließt, bleibt noch ein dritter Aspekt unbeleuchtet: Wo ist dein Geld, wenn es bei dir ist? Vielen Menschen ist leider immer noch nicht bewusst, dass Geld, das einfach nur herumliegt, auch wirksam ist. Na gut, wenn du es in einem Sparstrumpf unter deiner Matratze hast, ist es nicht wirksam. Aber wenn du es auf einem Konto hast, dann liegt es bei einer Bank, die damit arbeitet. Das Gleiche gilt für Geld, das in Fonds liegt, in eine Altersvorsorge oder in andere Versicherungen eingezahlt wird. Die meisten Banken sehen es als ihre Aufgabe an, es so zu investieren, dass möglichst viel dabei herauskommt – also exakt nach den Prinzipien des Homo oeconomicus. Und so werden von deinem Geld Dinge unterstützt, die du vermutlich gar nicht unterstützen möchtest – zum Beispiel Waffen, Pestizide, Nahrungsmittelspekulation und so weiter.

Einer der wichtigsten Schritte, um deine Wirksamkeit in Richtung echten Wohlstand auszurichten, ist daher der Wechsel zu einer Bank, die nach ethischen Prinzipien investiert und Kredite vergibt. Inzwischen gibt es auch eine wachsende Anzahl an Versicherungen und anderen Finanzdienstleistern, die diese boomende Nische bedienen. Und es zeichnet sich ab, dass auch die ganz Großen zunehmend unter Zugzwang geraten. Besonders bemerkenswert ist in diesem Zusammenhang eine Stellungnahme des Blackrock-Chefs Larry Fink während des Corona-Lockdowns, die weltweit für Schlagzeilen sorgte.

Blackrock ist eine der größten Vermögensverwaltungen der Welt, die 6,7 Billionen Euro verwaltet und weltweit in über 15000 Unternehmen investiert, unter anderem in alle Dax-Konzerne Deutschlands. Bislang wurden die Investitionen nach dem vertrauten Schema getätigt: Profit, Profit, Profit. In einem Brief an die Aktionäre des Unternehmens gab Larry Fink im Frühjahr 2020 ganz neue Töne von sich: »Wenn wir diese Krise überstanden haben, wird die Welt eine andere sein. Die Psychologie der Anleger wird sich verändern. Das Geschäftsleben wird sich verändern. Der Konsum wird sich verändern.« Die Pandemie könnte zu einem Katalysator für Angebote werden, die Umweltschutz, Soziales und gute Unternehmensführung berücksichtigen. Sie »führt uns vor Augen, wie fragil die Welt ist und welcher Wert in nachhaltigen Portfolios steckt. Wenn wir diese Krise überstanden haben und Anleger ihre Portfolios anpassen, haben wir die Möglichkeit, eine nachhaltigere Welt zu schaffen.«[67]

Natürlich ist es noch ein langer Weg von einer solchen Stellungnahme bis zum ganz großen Umschwung. Und natürlich wird es Blackrock auch in Zukunft vor allem um finanziellen Profit gehen. Doch noch vor wenigen Jahren, vielleicht sogar Monaten, hätte ich eine solche Aussage von einem Mann in seiner Position nicht für möglich gehalten. Sie ist für mich eines von unzähligen Zeichen des Wandels, die sich vor wenigen Jahren schemenhaft zeigten und nun zunehmend unübersehbar werden: Wir könnten uns tatsächlich auf dem Weg in eine neue Wohlstandsgesellschaft befinden.

2
Wirtschaft für echten Wohlstand

Wenn wir echten Wohlstand für alle wollen, kommen wir nicht umhin, Wirtschaft neu zu denken. Unser bisheriges Verständnis von Wirtschaft ist nicht rein an monetären Faktoren ausgerichtet. Es basiert auch auf Grundannahmen, die sich bei genauerer Betrachtung als absurde Hirngespinste erweisen. Einige davon habe ich im Laufe dieses Buches bereits infrage gestellt, wie etwa das Menschenbild des Homo oeconomicus. Eine weitere Annahme ist der Mythos vom grenzenlosen Wachstum auf einem begrenzten Planeten; ohne ein solches Wachstum ist Wohlstand für alle angeblich nicht möglich. Eine dritte Grundannahme ist das Märchen von der »unsichtbaren Hand des Marktes«. Letztere soll dermaßen magische Kräfte besitzen, dass sie uneingeschränkten Egoismus, völlige Rücksichtslosigkeit und blindes Profitstreben in Wohlergehen für alle verwandeln kann. Übrigens befürwortete selbst der Erfinder dieses Konzepts, Adam Smith, regulierende Gesetze und ging zu keinem Zeitpunkt davon aus, dass der Markt alles von alleine regeln würde, wie ihm heute unterstellt wird.[68]

Mythen unseres Wirtschaftssystems

- Homo oeconomicus
- ohne Wachstum kein Wohlstand
- die unsichtbare Hand des Marktes

Sogenannten Gutmenschen wird gerne Naivität unterstellt, wenn sie die Auffassung vertreten, dass eine Welt, in der es allen gut geht, tatsächlich möglich ist. Ich finde es ehrlich gesagt viel naiver, davon auszugehen, dass der Kuchen auf einem begrenzten Planeten immer größer werden kann oder dass rücksichtsloses Gewinnstreben das Gemeinwohl fördert. Dennoch wirtschaften unsere Institutionen nach genau diesen Annahmen; unsere Politik betrachtet es als ihre primäre Aufgabe, sie zu bestätigen; und an den Fakultäten der Wirtschaftswissenschaften wird dies als alternativloses Erfolgsmodell gelehrt.[69]

Eine ausführliche Analyse dieser Zusammenhänge würde den Rahmen dieses Buches sprengen und ist auch nicht meine Absicht. Es gibt genügend Autoren, darunter sehr namhafte Ökonomen, die sich seit Jahrzehnten ausführlich mit diesen Themen befassen. Ich möchte an dieser Stelle lediglich einige Punkte ansprechen, die im Kontext einer Neuausrichtung der Wirtschaft auf echten Wohlstand für alle zu bedenken sind.

Wirtschaft und Bedürfnisse

Die eigentliche Aufgabe von Wirtschaft war es schon immer, Bedürfnisse zu decken. Gewinnstreben als Ziel der Wirtschaft macht das Mittel zum Zweck: Geld wird von einem Verteilungsinstrument zu einem Machtinstrument. Wirtschaft neu zu denken bedeutet, sich auf die Deckung von Bedürfnissen zurückzubesinnen.

Die Auseinandersetzung mit den fünf Dimensionen von echtem Wohlstand, wie ich sie in diesem Buch definiert habe, macht deutlich, dass wir bei der Deckung von Bedürfnissen weit mehr berücksichtigen müssen als Konsum. Mit anderen Worten: Eine Wirtschaft, die nur in Produkt, Dienstleistung und Profit denkt, geht an den wahren Bedürfnissen des Menschen vorbei. Viele unserer wichtigsten Bedürfnisse können nicht durch Produkte, Dienstleistungen oder Profit gestillt werden. Genau das haben wir jedoch durch die stetige Beschleunigung, Effizienzsteigerung und Optimierung mittels Industrialisierung, Globalisierung und Digitalisierung erreicht: Wir haben inzwischen viel zu viele Produkte, viel zu viele Dienstleistungen, und einige wenige machen viel zu viel

Profit. Zugleich haben wir zu wenig Zeit, zu wenig Beziehungen, zu wenig gesunde Ökosysteme, zu wenig sinnstiftende, erfüllende Arbeit und zu wenig Kontakt zur Heiligkeit des Lebens. Mit anderen Worten: Wir maximieren und minimieren die falschen Dinge.

Das ist weder Zufall noch ein Versehen, sondern es ist das direkte Ergebnis eines Wirtschaftsmodells, das genau darauf abzielt. Wie ein Bekannter von mir, der früher einmal Banker in London war, es gerne formuliert: »Ich kündigte meinen Job, als mir klar wurde, dass die Probleme, die ich in der Welt sah, nicht das Ergebnis eines Systemversagens waren, sondern eines Systemerfolgs.« Deshalb werden kleine Korrekturen hier und da das Problem auch nicht lösen. Deshalb scheitert ein Klimaschutzabkommen nach dem anderen. Es braucht einen grundlegenden Systemwandel, ein tiefes Umdenken, was Wirtschaft eigentlich ist und wie sie so gestaltet werden kann, dass sie unseren Bedürfnissen wirklich gerecht wird.

Die wahren Ökonomen

Kehren wir noch einmal nach Ladakh zurück. Die Ökonomie der traditionellen Lebensweise lässt sich mit unseren Bilanzen nicht erfassen. Das liegt natürlich daran, dass dort so gut wie kein Geld fließt, obwohl alle Bedürfnisse von allen Menschen gedeckt werden. Dies gelingt, ohne die Tragfähigkeit der Ökosysteme zu überschreiten, also ohne die Bedürfnisse anderer Spezies zu missachten. Der buddhistische Gelehrte Tashi Rapkis nennt die Ladakhis daher die wahren Ökonomen: »Die Menschen in Ladakh verschwenden nichts. Ob es Holz ist, ob es Steine sind, ob es Gras ist, ob es Wasser ist. Sie verschwenden es nicht, sie kümmern sich darum. Daher könnte man sagen, dass die Ladhakis die wahren Ökonomen sind. Nicht wie die modernen Ökonomen, die ständig die Produktion steigern und alle natürlichen Ressourcen zerstören. Nicht so, sondern sie kümmern sich um die natürlichen Ressourcen sowie darum, wie sie entwickelt werden können.«[70]

Unser derzeitiges Wirtschaftssystem ist trotz oder gerade wegen des ständigen Bestrebens, Effizienz zu steigern, hochgradig verschwenderisch. Durch seine linearen Fertigungsprozesse nimmt es kostbare Rohstoffe aus der Erde und verwandelt sie in Müll. Dabei verbrennt es Unmengen an Energie, verschmutzt die Ökosysteme und zwingt unzählige Menschen, Dinge zu tun, die sie nicht gerne tun. Natürlich kommen dabei auch jede Menge schicke Dinge raus, die wir kurzzeitig nutzen. Doch je schneller wir sie entsorgen und durch neue ersetzen, desto besser für die Wirtschaft nach ihren derzeitigen Messsystemen für Erfolg.

Wer wie die Ladakhis wirtschaftet und nichts verschwendet, genau wie die Natur es tut, schreibt in dieser Bilanz eine glatte Null. Wenn wir auf wahren Wohlstand gucken, sehen wir bei ihnen jedoch eine sehr gute Bilanz: Die Menschen haben Zeit; sie sind eingebettet in erfüllende Beziehungsnetzwerke; sie können ihre Gaben entfalten und mit anderen teilen; sie stillen ihre Bedürfnisse so, dass sie ein Teil der ökologischen Kreisläufe ihrer Umgebung sind, und sie sind in Kontakt mit der Heiligkeit des Lebens.

Doch wie lassen sich solche Abläufe in unsere moderne Welt übersetzen? Ist es Unternehmen überhaupt möglich, ihre Tätigkeit auf die Mehrung von echtem Wohlstand auszurichten, statt auf die Maximierung von Profit, Produkten und Dienstleistungen? Gehen wir die einzelnen Aspekte von echtem Wohlstand durch und betrachten wir, welche Anpassungen es bräuchte. Exemplarisch werde ich auch Best-Practice-Beispiele nennen. Denn tatsächlich beschreibe ich hier keine Utopie, sondern eine Bewegung, die bereits seit Jahrzehnten in vollem Gange ist. Eine wachsende Anzahl von Unternehmen hat begonnen, sich auf ein lebensbejahendes Wirtschaften auszurichten, das den Menschen genauso zugute kommt wie den Ökosystemen, die uns erhalten.

Wirtschaft und Zeitwohlstand

Im Jahr 2003 provozierte der brasilianische Unternehmer Ricardo Semler mit dem Buch *The Seven Day Weekend*. Er erzählt darin ausführlich von der Transformation der Firma Semco, die er 1980 von seinem Vater übernommen hatte. Da Semler bei sich selbst festgestellt hatte, dass das Büro oft der Ort war, wo er am wenigsten arbeiten konnte, führte er Vertrauensarbeitszeit für alle ein. Das bedeutete so ziemlich den Albtraum des klassischen Managers: Jeder konnte arbeiten wann, wo und wie viel er wollte. Es interessierte Semler nicht, wo jemand arbeitete und wie lang er für etwas brauchte. Lediglich was dabei herauskam war in seinen Augen relevant. Um zu verhindern, dass kontrollbesessene Manager des Unternehmens doch heimlich überprüften, wer wie viel im Büro war, schaffte er auch alle festen Sitzplätze ab. So konnte niemand wissen, ob jemand im Büro arbeitete und wie lange. Besonders bemerkenswert ist, dass diese Form der Selbstbestimmung auch den Mitarbeitenden in der Produktion zugestanden wurde. Auch wenn es unter Semlers Kollegen bei der Einführung große Vorbehalte gab, verlief der Übergang reibungslos. Die flexiblen Arbeitszeiten ermöglichten es den Mitarbeitenden São Paulos notorische Staus zu vermeiden und ihre beruflichen Verpflichtungen besser mit privaten Bedürfnissen in Einklang zu bringen. Besonders berührt hat mich als Mutter die Geschichte eines Großvaters, der überglücklich war, seinen Enkel fortan vom Kindergarten abholen zu können. Dies war ihm bei seinen eigenen Kindern nie möglich gewesen.

Semler selbst teilte seinen Tag so ein, wie es seinem Biorhythmus und seiner Familie entsprach: Er stand morgens früh auf, begab sich auf einen Hometrainer und arbeitete dort einen Schwung E-Mails ab, die schon bald bekannt für ihre Tippfehler waren. Wenn sein kleiner Sohn aufwachte, hatte Semler schon eineinhalb Stunden Fitness und die wichtigsten E-Mails absolviert, sodass er sich dann ganz dem Junior widmen konnte. Im Laufe des Tages arbeitete er wahlweise zu Hause, im Büro, in einem Café oder wo es ihm sonst gefiel.

Wer jetzt denkt, dass Semler eben ein verrückter Hippie sei und dass bei dieser Arbeitshaltung sicher nichts Vernünftiges herauskommt, wird überrascht sein zu hören, dass viele namhafte Wirtschaftsfakultäten die Firma Semco studiert haben. Und zwar nicht als Negativbeispiel für totalen Kontrollverlust, sondern wegen ihrer sensationellen Wachstumsraten von bis zu 40 Prozent pro Jahr. Diese waren natürlich nicht nur auf die Vertrauensarbeitszeit zurückzuführen, sondern auch auf Semlers sonstige Bereitschaft, die Mitarbeitenden einfach machen zu lassen. So war es ihm beispielsweise selbst nicht möglich zu sagen, in welchen Branchen das Unternehmen überall tätig war, da die Mitarbeitenden einen hohen Freiheitsgrad besaßen, selbst neue Geschäftsideen zu entwickeln und diese auch umzusetzen.[71]

Doch Zeitwohlstand hat ja nicht nur etwas damit zu tun, wie wir unsere Arbeitszeit gestalten, sondern vor allem damit, wie wir unsere gesamte Lebenszeit verbringen. Um unser Wirtschaftssystem auf Zeitwohlstand für alle auszurichten, müssten die Löhne so kalkuliert sein, dass zwanzig Stunden Erwerbsarbeit pro Woche ausreichen, um unsere materiellen Bedürfnisse abzudecken. Wem das utopisch erscheint: Noch vor ein bis zwei Generationen war es normal, dass ein Mann mit seinem Gehalt eine ganze Familie ernährte. Heute müssen in vielen Familien beide Eltern arbeiten, um über die Runden zu kommen. Was als Emanzipation der Frau dargestellt wurde, wirkt so betrachtet eher wie eine Mogelpackung.

Im gleichen Zeitraum sind die Gehälter der Spitzenverdiener im Vergleich zu denen der Niedriglöhner im selben Unternehmen explodiert. Noch Anfang der 1970er-Jahre lag die Spanne bei eins zu zehn oder eins zu zwanzig: Wenn der niedrigste Stundenlohn bei zehn Mark lag, betrug der höchste Stundenlohn im gleichen Unternehmen hundert oder zweihundert D-Mark. Heute liegt die Spanne in vielen multinationalen Konzernen bei eins zu zweihundert bis vierhundert – bei diesem Beispiel stünden den zehn Mark eines Niedriglöhners zweitausend bis viertausend Mark eines Topverdieners gegenüber.[72] In Deutschland sind die DAX-Konzerne Volkswagen, Metro, Adidas und die Deutsche Post Spitzenreiter in Sachen Einkommensungleichheit. Bei der Nummer eins, VW, verdienen die Vorstände 170 Mal so viel wie die Mitarbeiter in der Produktion.[73] Ebenso sind die Profite explodiert, die Investierende aus ihren Anteilen abschöpfen, während die Löhne der Mitarbeitenden stagnieren. Mit anderen Worten: Das Geld wäre theoretisch da, es wird nur falsch verteilt.

Doch nicht nur die Ungleichheit ist explodiert, das Gleiche gilt für unsere Ansprüche. Vor allem in den Ballungszentren sind die Mieten in astronomische Höhen gestiegen. Das liegt nicht nur an der enormen Nachfrage, sondern noch viel mehr an unkontrollierter Spekulation. Dennoch ist es gut, sich bewusst zu machen, dass wir heute völlig andere Vorstellungen als noch vor ein oder zwei Generationen davon haben, wie viel Platz ein Mensch braucht.

Ihr erinnert euch an die schicke Hochhauswohnung, in die meine Mutter Anfang der 1950er-Jahre mit ihren Eltern zog? Sie hatte 75 Quadratmeter, bestand aus einem Wohnzimmer mit Essecke, einem Elternschlafzimmer, einer kleinen Küche und einem kleinen Bad. Mein Onkel schlief in einem winzigen Zimmerchen, das heute bestenfalls als begehbarer Kleiderschrank durchgehen würde, meine Mutter in der Essecke auf einem Ausziehsofa hinter einem Vorhang. Und das war luxuriös. Mein Großvater gehörte als Zahnarzt mit einer gut laufenden Praxis sicher zu den Besserverdienenden.

Von einer befreundeten Familie weiß ich, dass sie zur gleichen Zeit mit drei Töchtern auf 65 Quadratmetern lebten und zwar, bis diese aus dem Haus waren. Die Eltern schliefen auf einer Ausziehcouch im Wohnzimmer, die Mädchen teilten sich ein Zimmer. Der Vater war ein renommierter Architekt und Stadtplaner. Das war keine Notlösung, das war normal.

Worum es mir geht: Zwanzig Stunden Erwerbsarbeit pro Woche müssten reichen, um unsere materiellen Grundbedürfnisse abzudecken. Ein anderes Thema sind unsere ständig steigenden

Ansprüche, die natürlich nicht nur unsere Vorstellungen vom Wohnen betreffen. Auch die Autos werden immer größer; die Anzahl der Fernseher und elektronischen Geräte pro Haushalt nimmt zu; die Idee, dass jeder ein eigenes Badezimmer braucht, scheint auch immer salonfähiger zu werden, um nur ein paar Beispiele zu nennen. Wir sind als Gesellschaft gefangen in einer nie endenden Steigerung, die der griechische Philosoph Epikur wie folgt beschrieb: »Wem genug zu wenig ist, dem ist nichts genug.«[74] Meine Einladung an dich lautet, neu zu erforschen, was deine materiellen Grundbedürfnisse wirklich sind, und deine Erwerbstätigkeit daran auszurichten. Dadurch schaffst du Raum für andere Formen von Wohlstand.

Wenn zwanzig Stunden Erwerbsarbeit ausreichen sollen, braucht es dafür nicht nur einen Wertewandel in der Gesellschaft, auch in den Unternehmen muss vieles neu gedacht werden. Zwanzig Stunden müssten als Vollzeit gelten, sodass auch Führungspositionen damit möglich sind. Modelle wie geteilte oder rotierende Führung, mehr Augenhöhe und Eigenverantwortung machen das möglich. Das ist auch bei Semco der Schlüssel zum Erfolg der Vertrauensarbeitszeit.

Der Zugewinn an Zeit, die nicht direkt der Erwerbsarbeit dient, wäre auch für die Unternehmen ein Plus. Männer, die viel Zeit mit kleinen Kindern verbringen, entwickeln Fähigkeiten, die gemeinhin als weiblich betrachtet werden: Einfühlungsvermögen und emotionale Kompetenz nehmen zu; heute werden diese in aufwendigen Trainings geübt. Burn-out wäre kein Thema mehr. Die Menschen könnten sich in ihrer freien Zeit weiterbilden, ihre Talente entfalten, sich sozial oder politisch engagieren – und all das würde mit Sicherheit auch dem Unternehmen zugutekommen.

Wirtschaft und Beziehungswohlstand

Für viele Menschen ist die Qualität des Miteinanders am Arbeitsplatz ausschlaggebend für ihre Zufriedenheit im Job. Wenn wir beginnen, Unternehmen als lebendige Systeme zu betrachten, dann verstehen wir, dass diese Beziehungen das System zusammenhalten. Ohne diese Verbindungen haben wir es mit lauter Einzelkämpfern zu tun, die zwar jeder für sich Höchstleistungen erbringen mögen, jedoch nicht in der Lage sind, diese sinnvoll zusammenzufügen. Das führt in Unternehmen zu großen Reibungsverlusten durch offene oder verdeckte Machtkämpfe, Statusgerangel bis hin zu Mobbing.

Beziehungen brauchen Zeit, um zu wachsen, und sie benötigen Pflege. Unternehmenskulturen, die auf Kooperation und ein Miteinander auf Augenhöhe ausgerichtet sind, begünstigen gesunde Beziehungen. Die vielerorts anzutreffenden totalitären Machtstrukturen, bei denen Mitarbeitende gegeneinander konkurrieren, um ihren Platz nicht zu verlieren oder ihre Position nach Möglichkeit noch zu verbessern, sind toxische Umstände für die Entwicklung von gesunden Beziehungen.

Vor diesem Hintergrund ist es nicht verwunderlich, dass Unternehmen mit einer größeren Ungleichheit zwischen Topverdienern und Niedriglöhnern eine schlechtere Performance haben als jene, in denen diese Spanne geringer ausfällt. Mit anderen Worten: je besser die ganz oben bezahlt werden im Vergleich zu denen ganz unten, desto schlechter ist die Performance. Das sage nicht ich, das sagen die Daten der 429 größten US-amerikanischen Firmen über einen Zeitraum von zehn Jahren.[75] Ähnliches gilt übrigens für Mitglieder des gleichen Teams. Eine Untersuchung in Indien hat gezeigt, dass Teams, in denen alle gleich bezahlt wurden, wesentlich produktiver waren und weniger Abwesenheiten verzeichneten als jene, in denen es Ungleichheit in der Bezahlung gab.

Doch Beziehungswohlstand in der Wirtschaft geht weit über Vergütungsmodelle, die Kooperation und Miteinander begünstigen, hinaus. Es geht auch darum anzuerkennen, dass Beziehungen zu den zentralen Motiven zählen, weshalb Menschen arbeiten wollen. Wir wollen ein Teil von etwas sein, wir wollen gemeinsam mit anderen etwas bewirken, herstellen, erreichen.

Beziehungen sind kein Nebeneffekt oder ein Mittel zum Zweck. Sie sind ein Grundbedürfnis, das unter anderem durch gemeinsame Arbeit gestillt wird. Wenn wir das verstanden haben, dann können wir beginnen, dem Miteinander im Arbeitsalltag einen angemessenen Stellenwert einzuräumen. Wir können uns Zeit nehmen herauszufinden, wie es dem anderen wirklich geht. Das Schwätzchen an der Kaffeemaschine ist dann nicht mehr verschwendete Zeit, die man besser in Produktivitätssteigerungen stecken sollte, sondern ein wichtiger und zentraler Bestandteil dessen, was unsere Arbeit lohnend macht. Man könnte sagen, dass die Beziehungen Teil des Lohns sind.

Unter dem Schlagwort »Augenhöhe« hat sich in den letzten Jahren eine Bewegung von Unternehmen etabliert, die genau diesem Miteinander einen zentralen Stellenwert beimessen. Der gleichnamige Film porträtiert diese Unternehmen und zeigt, dass Menschen vollkommen anders arbeiten, wenn sie in kooperative, unterstützende Beziehungen eingebettet sind. Die zentrale Aufgabe der Führungskräfte in diesen Unternehmenskulturen ist es, die Mitarbeitenden dabei zu unterstützen, ihr Potenzial zu entfalten.

Natürlich ist der oben skizzierte Zeitwohlstand auch ein zentraler Faktor, der Beziehungswohlstand ermöglicht. Wenn alle nur noch zwanzig Stunden pro Woche erwerbsmäßig tätig sind, haben wir auch außerhalb der Arbeit endlich wieder Zeit füreinander. Wir könnten wieder Kinder bekommen, ohne diese ständig wegorganisieren zu müssen. Die Idee, dass die Kita ein Ersatz für die Familie ist, hat sich spätestens seit dem Lockdown als nicht haltbar erwiesen. Doch auch schon davor hat dieses Modell nicht wirklich funktioniert. Mal ganz abgesehen davon, dass die gemeinsame Zeit fehlt: Kinder werden krank und brauchen dann ihre Eltern. Das bedeutet in der Realität heutiger Familien, dass es immer noch einen Elternteil gibt, der die eigene

Karriere zurückstecken muss, und drei Mal dürft ihr raten, wer das in der Regel ist.

Wieder kommen mir die Bilder aus Ladakh in den Sinn. Zahlreiche Aufnahmen zeigen Menschen jeden Alters bei der Arbeit. Manche Arbeiten wirken anspruchsvoll, wie das Spinnen von Wolle, deren Verarbeitung zu Tuch am Webstuhl oder der Bau eines Hauses. Andere wirken eher körperlich anstrengend, wie die Vorbereitung des Bodens für die Aussaat des Getreides oder die Ernte im Hochsommer. Dennoch ist dort alles durchdrungen von einer stillen Heiterkeit. Unablässig wird gesungen, der Takt der Gesänge gibt den Rhythmus der Arbeit vor. Es gibt eigene Lieder für jeden Arbeitsschritt. Die Alten beobachten die Arbeiten und geben aus ihrer Erfahrung Ratschläge, während sie die kleinen Kinder auf dem Arm halten. In den großzügigen Pausen wird viel gescherzt und gelacht. Man spürt beim Zusehen, wie schön es ist, gemeinsam an etwas zu arbeiten, dessen Sinn offenkundig ist.

Wirtschaft und Kreativitätswohlstand

Die Industrialisierung hat nicht nur enorme Produktivitätssteigerungen mit sich gebracht, sie hat uns auch unfassbar viel Arbeit abgenommen. Was automatisiert werden konnte, wurde automatisiert. Heute stehen wir vor der nächsten großen Automatisierungswelle, teilweise sind wir schon mittendrin. Mithilfe von künstlicher Intelligenz lassen sich nicht nur mechanische Tätigkeiten automatisieren, sondern auch geistige Aufgaben. Das hat, wie bei der mechanischen Automatisierung, zweifellos Vorteile. Wir können eintönige Arbeiten, die sowieso niemand machen will, einfach an Maschinen abgeben. Schon heute finde ich es klasse, dass eine Software Rechnungen meinen Kontobewegungen automatisiert zuordnen kann und mir die Buchhaltung erleichtert. Das war keine Tätigkeit, die ich jemals als erhebend oder sonst wie erfüllend empfunden habe.

Zugleich hat diese Automatisierung auch Schattenseiten. Wir machen uns selbst zunehmend überflüssig. Zwar werden milliardenschwere Konjunkturpakete damit legitimiert, dass Arbeitsplätze gesichert werden müssen – dennoch sind unsere Wirtschaftsprozesse komplett darauf ausgerichtet, menschliche Arbeit zu minimieren. Das ist ein absurder Widerspruch: Wir wollen Arbeit für alle, und doch sind alle Anreizsysteme so gestrickt, dass Automatisierung bevorzugt wird. Klar: Maschinen haben den großen Vorteil, dass man sie besitzen kann und dass sich niemand beschwert, wenn man an ihrer Arbeit verdient, obwohl man sie nicht selbst gemacht hat. Menschen sind da viel unpraktischer. Sie lassen sich nur ungern für den Profit anderer einspannen, und wenn, dann muss man sie mit allen möglichen Maßnahmen bei Laune halten.

Worauf ich hinausmöchte: Wenn wir begriffen haben, dass Arbeit ein Grundbedürfnis des Menschen ist, und wenn es in der Wirtschaft darum geht, Bedürfnisse zu erfüllen, dann muss es ihr Ziel sein, möglichst viele Menschen in die Arbeitsprozesse mit einzubinden, und nicht möglichst wenige. Wie wäre es, wenn Produktionsprozesse und andere Abläufe nicht mehr mit den sehr einseitigen Zielen der Kostenminimierung und Produktivitätsmaximierung konzipiert würden? Könnten wir ein mindestens so großes Augenmerk darauf legen, dass möglichst viele Menschen an dem Prozess beteiligt werden, und zwar auf eine Weise, die freudvoll ist? Also nicht nur die Anzahl der Arbeitsplätze wäre entscheidend, sondern auch deren Qualität.

Erinnern wir uns noch mal an Ladakh: Die Menschen dort empfinden ihre Tätigkeiten offenbar als erfüllend. Das sieht man an ihren Gesichtern, das spürt man an der Art, wie sie arbeiten. Es geht dabei nicht um die Tätigkeit an sich. Natürlich wird es Menschen geben, denen die Verarbeitung von Wolle, der Bau eines Hauses oder das Hüten von Tieren mehr liegt als anderen. Doch die Bilder zeigen auch, dass es nicht vordergründig darum geht, worin die Arbeit besteht, sondern wie sie gemacht wird. Sind die Menschen verbunden mit dem, was sie tun? Sind sie mit sich selbst, untereinander und mit der Heiligkeit ihres Tuns verbunden? Haben sie die Möglichkeit, sich als wirksam zu erleben?

Ich führe diese Beispiele an, um deutlich zu machen, dass es bei Kreativitätswohlstand, wie ich ihn begreife, nicht um jene Egonummer geht, die wir oft mit Kreativität assoziieren. Es geht um die ursprüngliche Wurzel von Kreativität: *creare*, etwas erschaffen. Die Menschen in Ladakh erleben sich durchgehend als wirksam, und zwar jeder einzelne, die Klugen wie die weniger Klugen, die Starken wie die Schmächtigen, die Jungen wie die Alten. Es wird nicht aussortiert, sodass sich nur die Besten als wirksam und ihre Arbeit als erfüllend erleben dürfen. Vielmehr wird die Arbeit so gestaltet, dass jeder einen Beitrag leisten kann und alle zusammen wirksam sind.

Ein Beispiel für ein modernes Unternehmen, das seine Prozesse nach dem Prinzip der Teilhabe maximiert hat, ist die österreichische Biomarke Sonnentor. Ich durfte ihren rebellischen Gründer Johannes Gutmann einmal bei einem Vortrag erleben. Wie jeden seiner öffentlichen Auftritte hielt er diesen in seiner uralten Lederhose. Er erzählte, dass er im Waldviertel Land fand, das niemand wollte, Kräuter, die niemand wollte, und Menschen, die niemand wollte. Er beschloss, all das sinnvoll zusammenzuführen. Statt seine Kräutertees maschinell in Beutel abzufüllen, wie es überall gemacht wird, beauftragte er damit die Alten. Sie hatten dadurch wieder eine Aufgabe und waren froh, wirksam zu sein. Vielleicht ist es teurer, eine Omi zu bezahlen, damit sie von Hand Kräutertees abfüllt, als eine Maschine dafür anzuschaffen. Doch wenn die gestiegene Lebensqualität der Großmutter in unsere Bilanz mit einfließt, dann lohnt es sich trotzdem.

Ein weiteres Beispiel ist die Produktion der Outdoor-Marke Vaude, die ich vor einigen Jahren besuchen durfte. CEO Antje von Dewitz hat das gesamte Unternehmen in den letzten zehn Jahren zu einem Vorzeigebetrieb umgebaut, der Erfolg ganzheitlich misst – mithilfe einer Gemeinwohlbilanz, aber auch anhand der Ziele für nachhaltige Entwicklung der Vereinten Nationen. Ich besuchte die Produktion in Tettnang mit einer Gruppe von

Führungskräften. Bei der Werksführung waren wir verblüfft zu sehen, dass in Deutschland von Hand Taschen gefertigt werden.

Uns begegneten Menschen, die stolz auf ihre Arbeit waren. Besonders in Erinnerung geblieben ist mir eine Frau, die mit einem einfachen Gerät Schnallen an Fahrradtaschen befestigte. Sie nahm eine Tasche, setzte die zweiteilige Schnalle an die Lasche und betätigte dann einen Hebel, der beides ineinanderrasten ließ. Sie saß so, dass sie dabei mit anderen reden konnte, und erlebte sich eingebunden in den Gesamtprozess, wodurch sie ihre Tätigkeit offenbar als sinnvoll erlebte. Freudig erklärte sie uns genau, wie es funktionierte und worauf zu achten war. Ich bin mir sicher, es wäre möglich, eine Maschine zu bauen, die diese Arbeit übernimmt, und vermutlich wäre es auch günstiger. Aber wer würde davon profitieren?

Natürlich geht es nicht darum, auf jede Form von Mechanisierung zu verzichten. Doch unsere Kriterien müssten sich ändern. Statt alles zu automatisieren, was automatisiert werden kann, und nur nach dem profitmaximierenden Kosten-Nutzen-Prinzip abzuwägen, könnten wir Maschinen und Geräte so konzipieren, dass sie uns die Arbeit erleichtern oder sie freudvoller machen, statt sie zu ersetzen. Dann würden wir uns selbst nicht mehr auf das Bedienen von Maschinen reduzieren, und die Freude an der eigenen Wirksamkeit würde wieder ein natürlicher Teil unseres Lebens. Diese Idee ist übrigens keinesfalls neu. In seinem bahnbrechenden Bestseller *Die Rückkehr zum menschlichen Maß* plädierte der bereits erwähnte Ökonom E. F. Schumacher schon 1975 genau für diese Neuausrichtung unserer Wirtschaft.

Wirtschaft und spiritueller Wohlstand

Arbeit ist heilig. Durch Arbeit geben wir unsere Energie in die Welt, und durch Arbeit erleben wir uns angebunden. Eine Wirtschaft, die spirituellen Wohlstand fördert, ist sich dieser Dimension unseres Wirkens bewusst. Sie achtet die Heiligkeit des Lebens und damit die Heiligkeit unserer Lebenszeit. Diese ist zu kostbar, um sie mit lieblosen, sinnentleerten, seelenlosen Tätigkeiten zu verbringen, die wir nur verrichten, um einen Lohn zu erhalten oder um sie erledigt zu haben.

Das Wort »erledigen« ist an sich ein aggressives, martialisches Wort. Auch »Strategie« ist ein militaristischer Begriff. Diese Wortwahl verrät viel über unsere Haltung zur Arbeit und zur Wirtschaft. Unsere derzeitige Form der Arbeit und des Wirtschaftens ist eine Form der Kriegsführung gegen das Leben. Wir kämpfen gegen die To-dos, die sich auf unseren Listen anhäufen. Wir kämpfen gegen die Konkurrenz um Marktanteile. Wir kämpfen um unser Überleben. Und wir kämpfen unablässig gegen die Natur, auch unsere eigene.

Wirtschaft für spirituellen Wohlstand ist Wirtschaft *für* das Leben und *mit* dem Leben. Ihr Erfolg basiert nicht auf einem permanenten Kampf gegen die Natur des Menschen und gegen die Welt, sondern auf der Entfaltung des menschlichen Potenzials und der Kooperation mit dem Leben. Sie basiert auf einem Bewusstsein der Einheit und Verbundenheit von allem, weshalb der Erfolg des Einzelnen nur durch den Erfolg aller möglich wird.

Spirituell angebundene Unternehmer haben eine Mission, die sie als heilig empfinden. Vielleicht würden sie nicht diese Worte wählen – spirituell oder heilig –, doch sie spüren in ihrem Herzen, dass das, was sie mit ihrem Unternehmen anstreben, dem Leben dient. Ein Beispiel ist der Reinigungsmittelhersteller Sonett. Dessen Mission ist es, das Wasser zu heilen. Ja, ich weiß, das hört sich abgefahren an, und das ist es auch. Statt wie die meisten Hersteller von Wasch- und Putzmitteln darauf abzuzielen, gut sauber zu machen und irgendwie die Umweltstandards einzuhalten, strebt Sonett danach, einen Beitrag zur Heilung der Welt zu leisten.

Das bedeutet, dass bei der Produktentwicklung und -herstellung genau das im Mittelpunkt steht: Wie können wir Reinigungsmittel produzieren, die heilsam auf den Wasserorganismus der Welt wirken? Natürlich sollen sie auch sauber machen und gut riechen – aber das leisten ja alle Reinigungsmittel. Ihre eigentliche

Mission erfüllen die Produkte von Sonett, wenn sie entsorgt werden und positiv im Wasser wirken.

Sonett ist nur ein Beispiel inmitten einer wachsenden Anzahl von Unternehmen, die sich der Heiligkeit ihres Wirkens bewusst werden und beginnen, dies zu leben. Gekoppelt mit dem erwachenden Bewusstsein in der Gesamtbevölkerung entsteht hier eine völlig neue Grundlage für Erfolg. Der Marketing-Guru Philip Kotler beschrieb dies schon 2010 in seinem Buch *Marketing 3.0*. Für alle, die Kotler nicht kennen: Er ist quasi der Erfinder des modernen Marketings. Um zu erklären, was mit »Marketing 3.0« gemeint ist und was das mit spiritueller Wirtschaft zu tun hat, muss ich kurz ausholen.

Vor Kotler gab es quasi nur Marketing 1.0, bei dem das Produkt im Mittelpunkt stand. Wir alle kennen noch diese alten Werbeplakate, die sich manche Nostalgiker gerne aufhängen. Zu Beginn der Industrialisierung reichte es zu sagen: »Kauf dieses Produkt, das ist toll.« Ein netter Reim, ein sexistisches Bild dazu, fertig war die Marketingkampagne. Aber irgendwann reichte das nicht mehr. Es gab so viele Produkte, die alle von sich behaupteten, die tollsten zu sein, und der Markt war gesättigt. Dann kam Kotler und erfand Marketing 2.0. Dabei steht der Kunde mit seinen emotionalen Bedürfnissen im Mittelpunkt. Er kauft nicht mehr ein Produkt, sondern eine emotionale Kompensation. Aufgabe des Marketings war es nun, Produkte emotional aufzuladen und dem Kunden weiszumachen, dass emotionale Bedürfnisse durch Konsum gestillt werden können. Noch heute basiert das meiste Marketing auf dieser Masche.

Doch die Zukunft liegt laut Kotler im Marketing 3.0. Das Wertangebot ist hier nicht nur materiell (1.0) oder emotional (2.0), sondern spirituell. Die Kundin kauft mehr als ein Produkt oder eine emotionale Kompensation, sie trägt zu einer besseren Welt bei. Was Marketing 3.0 grundlegend von Marketing 1.0 oder 2.0 unterscheidet, ist die Tatsache, dass es auf radikaler Transparenz basiert. Während Werbung in der Regel das Blaue vom Himmel verspricht, funktioniert Marketing 3.0 nur, wenn das, was verkauft wird, vom Anbieter auch durch und durch gelebt wird.

Kotler spricht hier von Wertеallianzen: Kundinnen und Kunden suchen sich Unternehmen, die ihren eigenen Werten entsprechen und diese konsequent leben. Genauso suchen sich Unternehmen Geschäftspartner, die ihren Werten entsprechen und diese leben. Solche Unternehmen können auf kostspielige Werbekampagnen weitgehend verzichten. Sie generieren allein durch ihre Integrität und Mission die kostbarste Form von Marketing: Mund-zu-Mund-Propaganda. Menschen erzählen anderen davon, weil sie von der Mission begeistert sind und sie verbreiten wollen – genau wie ich hier von Sonett erzählt habe. Medien berichten darüber, weil die Arbeit dieser Unternehmen einzigartig ist, so wie die *New York Times* über die Kosmetikmarke Dr. Hauschka schrieb, ohne dass ein Cent dafür bezahlt wurde.

Kehren wir noch einmal zu der Prämisse zurück, dass die Aufgabe der Wirtschaft das Stillen von Bedürfnissen ist. Spirituell betrachtet ist es unser Bedürfnis, in einer Welt zu leben, in der es allen gut geht. Deshalb schließt spirituelles Wirtschaften die Dimensionen der sozialen Gerechtigkeit und der ökologischen Nachhaltigkeit mit ein. Spirituell angebundenes Unternehmertum weiß um dieses Bedürfnis des Menschen und richtet sich auf eine Mission aus, die damit im Einklang ist, indem sie in irgendeiner Weise zur Heilung der Welt beiträgt. Da alles mit allem verbunden ist, achtet sie dabei bestmöglich die Bedürfnisse aller Menschen und aller Spezies.

Wirtschaft und ökologischer Wohlstand

Das Bewusstsein für die Notwendigkeit, Ökologie und Ökonomie in Einklang zu bringen, wächst. Zugleich sind die Erfolge, die bislang in dieser Richtung zu verzeichnen sind, bescheiden. Klar, der ICE hat jetzt grüne Streifen, und auch McDonald's macht einen auf Weltrettung, doch gemeinhin bedeutet grünes Wirtschaften heute bestenfalls, weniger Schaden anzurichten. Das ist kein Einklang von Ökologie und Ökonomie. Das ist eine Fortsetzung unseres lebenszerstörenden Kurses, in dem wirtschaftlicher Erfolg gleichbedeutend ist mit Naturzerstörung. Wenn dann hier und da ein bisschen recycelt wird oder ein paar Solarpaneele auf das Firmengebäude montiert werden, macht das den Kohl nicht fett.

Wirklich ökologisches Wirtschaften richtet seine Prozesse nach dem Vorbild der Natur aus. Diese arbeitet immer in lokalen Kreisläufen, wobei der Abfall des einen die Nahrung des anderen ist. Müll gibt es nicht. Energie wird ausschließlich von der Sonne generiert und von lebendigen Organismen umgesetzt. Wie die Ladakhis, die Tashi Rapkis als die wahren Ökonomen bezeichnet hat, verschwendet die Natur nichts.

Ein faszinierendes Beispiel dafür, wie diese Prinzipien in einem industriellen Fertigungsbetrieb umgesetzt werden können, ist die Kalundborg Symbiose in Dänemark. Es handelt sich hierbei um einen Zusammenschluss von elf Produktionsstätten, die so ineinandergreifen, dass der Müll der einen der Rohstoff der anderen ist. Abwärme, die in einem Fertigungsprozess entsteht, wird anderswo eingesetzt, statt sie dort erst aufwendig neu zu erzeugen. Das Ergebnis sind geschlossene Kreisläufe, die mit deutlich weniger Energie und Rohstoffen wirtschaften als herkömmliche, linear konzipierte Betriebe.[76]

Doch das ist nur ein Beispiel von vielen. Grundsätzlich geht es darum, alle linearen Prozesse in Kreislaufprozesse umzufunktionieren. Hierbei kann es sich um technische Kreisläufe handeln, wie bei der Kalundborg Symbiose, oder um organische. Produkte müssten von Anfang an so konzipiert sein, dass sie am Ende ihres Lebenszyklus in einem neuen technischen Kreislauf komplett als Rohstoff verwendet werden können oder als organisches Material verrotten. Es gibt mehrere Organisationen und Institute, die sehr intensiv zu diesem Thema forschen und an dessen Umsetzung arbeiten, wie die Ellen MacArthur Stiftung oder die EPEA in Hamburg.

Wirklich ökologisches Wirtschaften bedeutet, Verantwortung für den gesamten Lebenszyklus eines Produkts zu übernehmen und nichts auszublenden. Unser derzeitiger Take-Make-Waste-

Ansatz blendet hingegen sehr vieles aus. Es beginnt damit, dass die Verfügbarkeit unbegrenzter Rohstoffe vorausgesetzt wird. Niemand sieht genau hin, wo sie herkommen, oder fragt, ob sie auch in fünfzig Jahren zur Verfügung stehen werden. Das Gleiche gilt für die verwendete Energie. Es wird auch nicht beachtet, wo die Abgase, Abwässer und Abfälle hingehen, die während des Fertigungsprozesses entstehen. Klar, inzwischen müssen da irgendwelche lästigen Grenzwerte eingehalten werden, aber ansonsten interessiert es niemanden. Und genauso wird ausgeblendet, wo das Produkt, das idealerweise so schnell wie möglich durch ein neues ersetzt werden soll, anschließend entsorgt wird. Deshalb exportieren wir schon jetzt Unmengen Müll nach sonst wohin. Hauptsache weg damit.

Doch wie die Umweltaktivistin Julia Butterfly Hill es einmal gekonnt auf den Punkt brachte: »weg« gibt es nicht. Weg ist eine Illusion, und der Preis dafür, diese Illusion aufrechtzuerhalten, ist ein Leben in Trennung. Denn das, was wir da ausblenden, sind unsere Verbindungen zu den lebenserhaltenden Ökosystemen des Planeten. Was wir ausblenden ist, dass wir ein Teil dieser Systeme sind, ob wir uns dessen bewusst sind oder nicht. Alles, was wir empfangen, kommt aus diesen Systemen, und alles, was wir weggeben, kehrt in sie zurück.

Echter Wohlstand und Wirtschaftlichkeit

Die hier skizzierten Beispiele und Vorschläge, Wirtschaft anders zu gestalten, sodass sie mehr unseren wahren Bedürfnissen entspricht, haben alle eines gemeinsam: Sie schmälern im jetzigen System den Erfolg im monetären Sinne. Die derzeitigen Rahmenbedingungen der Wirtschaft belohnen konsequent Rücksichtslosigkeit, Eigennutz und Kurzsichtigkeit. Wer gemeinwohlorientiert wirtschaftet, wird bestraft. Er kultiviert echten Wohlstand in der Gesellschaft, wovon alle profitieren, doch die Kosten hierfür muss er selbst tragen. Wer hingegen Kosten auf die Ökosysteme und

Sozialsysteme auslagert, wird mit fetten Gewinnen belohnt. Diese externalisierten Kosten tragen wir alle, ungefragt.

Worauf ich hinausmöchte: Es genügt nicht, auf den Bewusstseinswandel, Idealismus und guten Willen einiger weniger zu setzen, um eine echte Wohlstandsgesellschaft zu ermöglichen. Das ist nett. Wir brauchen veränderte Rahmenbedingungen, die gemeinwohlorientiertes Wirtschaften belohnen statt betrafen. Wir brauchen Anreizsysteme, die denjenigen Wettbewerbsvorteile verschaffen, die echten Wohlstand kultivieren; das Externalisieren von Kosten muss unattraktiv werden.

Ein Vorschlag für solche veränderten Rahmenbedingungen ist das Modell der Gemeinwohlökonomie. Es sieht vor, dass Unternehmen Gemeinwohlbilanzen erstellen. Diese messen anhand von 16 ökologischen und sozialen Kriterien, inwieweit eine Firma zum Gemeinwohl beiträgt. Die Bewegung der Gemeinwohlökonomie fordert entsprechende Steuererleichterungen, sodass die Diskrepanz zwischen unseren Anreizsystemen und unseren Werten aufgehoben wird. Konkret würde das bedeuten, dass externalisierte Kosten in Form von Steuern wieder eingeholt würden und als solche der Gesellschaft zugutekämen. Investitionen in ökologische und soziale Innovation würden sich von selbst rechnen. Faire und nachhaltige Produkte würden günstiger als jene, die auf Ausbeutung basieren.

Die Gemeinwohlökonomie ist einer von mehreren alternativen Ansätzen, die derzeit unter dem Sammelbegriff plurale Ökonomik an verschiedenen Universitäten erforscht werden. Sie ist außerdem eine Bewegung von engagierten Unternehmerinnen und Unternehmern, die schon jetzt zeigen, dass ein anderes Wirtschaften möglich ist. Um diesen Korrekturen unseres Systems zum Durchbruch zu verhelfen, braucht es Bürger, die sich für die Umsetzung der notwenigen Rahmenbedingungen auf politischer Ebene einsetzen. Mit anderen Worten: uns alle.

3 Ein gutes Leben

Die Suche nach einem guten Leben dürfte so alt sein wie die Menschheit. In unzählbaren Kulturen hat es unendlich viele Formen von Armut und Wohlstand gegeben. Doch ungeachtet der vielfachen Ausprägungen – echter Wohlstand ist immer der, der die Bedürfnisse der Menschen bestmöglich erfüllt hat. Ebenso wie Armut immer durch Formen des Mangels gekennzeichnet ist, sodass elementare Bedürfnisse unzureichend oder gar nicht gedeckt werden können.

Wenn wir uns also nun, auf Basis der Reflexionen in diesem Buch, auf den Weg in eine echte Wohlstandsgesellschaft machen wollen, kommen wir um eine ehrliche Bestandsaufnahme nicht herum. Das gilt für uns als Kollektiv genauso wie für jeden Einzelnen, der nach einem guten Leben strebt. Welche Formen von Mangel erleiden wir? Welche Bedürfnisse sind nicht oder nur unzureichend gedeckt? Wo sind wir wirklich satt und erfüllt? Wovon haben wir möglicherweise viel zu viel?

Ein solcher Blick in den Spiegel ist nicht immer einfach. Wir alle haben geschickte Strategien entwickelt, um dem Schmerz des Mangels in unserem Leben auszuweichen. Doch die Begegnung mit diesem Schmerz ist unabdingbar, wenn wir an einer wirklichen Veränderung interessiert sind. Erst dann können wir uns der Frage zuwenden, wie diese neue Form von Wohlstand kultiviert werden kann, was wir in unserem Leben ändern könnten, um erfüllter und mehr im Einklang mit unseren wahren Bedürfnissen zu leben.

Sehr viele Menschen wissen gar nicht, was ihnen fehlt. Sie haben sich so an das diffuse Gefühl von Mangel, Unerfülltheit und Unzufriedenheit gewöhnt, dass sie gar nicht mehr an eine wirkliche Veränderung glauben. Ein Leben mit unzähligen Ablenkungen und Ersatzbefriedigungen ist heute normal. Auch Spiritualität oder innere Arbeit wird oft als eine Strategie missbraucht, mit dem Unerträglichen irgendwie zurechtzukommen. Die Idee, dass ein anderes, wirklich gutes Leben möglich wäre, erscheint vielen völlig utopisch. Sich für diese Möglichkeit zu öffnen bedeutet, dem Schmerz darüber zu begegnen, wie es jetzt ist. Genau dazu möchte ich dich in diesem letzten Kapitel einladen und dich ein Stück auf diesem Weg an die Hand nehmen.

Würdige deine Sehnsucht

Jede ungelebte Sehnsucht in deinem Herzen ist mit einem Schmerz verbunden. Das ist auch der Grund, weshalb wir unsere Sehnsüchte oft nicht zulassen. Es erscheint leichter, das eigene Herz zu verschließen und die Welt in ihrer Hässlichkeit als unabänderlich hinzunehmen. Doch dieser Schmerz kann ein heilsamer Schmerz sein, wenn wir uns für ihn öffnen und ihn fühlen. Dann hat er das Potenzial, uns wieder mit der Welt und miteinander zu verbinden. Mache dir bewusst, dass du ihn fühlen kannst, und beobachte, wie gut es tut, die Sehnsüchte deines Herzens zu würdigen, auch wenn du (noch) nicht weißt, wie sie gestillt werden können. Folgende Bestandsaufnahme kann uns dabei unterstützen, diese inneren Bilder zu konkretisieren und unser Leben zunehmend auf sie auszurichten.

Bestandsaufnahme: Wie geht es dir?

Nimm dir etwas Zeit, um dein jetziges Leben zu reflektieren. Ideal ist es, wenn du dir hierfür eine kleine Auszeit nehmen kannst, weg von deinem Alltag, irgendwo in der Natur. Natürlich kannst du diese Reflexion auch gemeinsam mit einem vertrauten Menschen machen. Das funktioniert aber nur, wenn ihr euch wirklich nichts vormachen müsst. Sonst ist es besser, wenn du deine Bestandsaufnahme zunächst alleine vornimmst.

Folgende Fragen können dich dabei unterstützen, die verschiedenen Formen von Wohlstand in deinem Leben genauer in Augenschein zu nehmen. Gib dir für die Beantwortung ausreichend Zeit. Vielleicht nimmst du jeden Tag einen Bereich genauer unter die Lupe. Sprich mit einer Freundin oder einem Freund darüber oder schreibe Tagebuch dazu. Lausche dabei gut auf dein Herz.

Was wünscht dein Herz sich in den verschiedenen Wohlstandsbereichen? Wonach sehnt es sich? Fokussiere dich dabei nicht nur auf dich selbst und dein eigenes Leben, sondern auf alle Menschen. Was wünschst du allen Menschen? Wie könnte die Welt sein, wenn alle Menschen mehr echten Wohlstand leben würden?

Fragen zu Zeitwohlstand

- Hast du ausreichend Zeit für die wirklich wichtigen Dinge im Leben? Für wen oder was hättest du gerne mehr Zeit?
- Weißt du manchmal nicht, was du mit deiner Zeit anfangen sollst? Vertreibst du dir die Zeit oft mit Unterhaltung oder Ablenkung? Was passiert, wenn du das nicht tust?
- Wie viel deiner Lebenszeit investierst du in die Anhäufung von materiellem Wohlstand oder in die Erhöhung deines Status? Was würde geschehen, wenn du das nicht mehr tun würdest?
- Wie viele Dinge hast du in deinem Zuhause, für die dir die Zeit fehlt? Wie wäre es, diese zu verschenken?
- Verbringst du deine Tage, Wochen, Monate und Jahre in einem Rhythmus, der dir entspricht? Gibt es regelmäßige Pausen, Auszeiten, Offline-Zeiten? Schläfst du ausreichend? Hast du Zeit, nichts zu tun?
- Kannst du deine Arbeit, Erwerbsarbeit oder sonstige Tätigkeiten ohne Hast verrichten?
- Erlaubst du es dir, regelmäßig innezuhalten und den Moment zu genießen? Wie wäre es, das öfter zu tun?
- Gibt es in deinem Leben Raum für das Unvorhergesehene, Spontane, Ungeplante?

Fragen zu Beziehungswohlstand

- Bei wem kannst du nackt sein? Bei wem bemühst du dich nicht, klüger, schöner, erfolgreicher, interessanter oder sonst irgendwie besser zu wirken, als du bist? Für wen musst du nicht aufräumen, wenn die Person zu Besuch kommt? Wer könnte so ein Mensch in deinem Leben werden? Wem könntest du dich mehr als bisher zumuten und offenbaren?
- Wer ist immer für dich da? Auf wen kannst du zählen, wenn es hart auf hart kommt – materiell oder emotional?
- Für wen bist du ein Anker in der Not, sowohl materiell als auch emotional? Wem gibst du Sicherheit?
- Mit wem kannst du schweigen, ohne dich unwohl zu fühlen?
- Hast du genügend Körperkontakt? Lebst du deine Sexualität auf eine Weise, die erfüllend ist?
- Wem kannst du alles anvertrauen?
- Nimmst du Hilfe in Anspruch? Lässt du zu, dass andere dich unterstützen?
- Bietest du Hilfe an? Bist du für andere da?

Fragen zu Kreativitätswohlstand

- Bei welchen Tätigkeiten vergisst du die Zeit? Erlebst du häufig Flow-Zustände?
- Kennst du deine Talente, und hast du Freude daran, sie mit anderen zu teilen?
- Empfindest du deine Arbeit als erfüllend und sinnvoll?
- Lebst du Kreativität um ihrer selbst willen – durch Musik, Kunst, Tanz, Handwerk, Gestaltung –, ohne Leistungsanspruch oder Verwertungsgedanken?
- Ist dein Leben durchdrungen von Lebendigkeit?
- Konsumierst du viel die Kreativität von anderen? Wenn ja, in Form von Massenprodukten oder im kleinen Rahmen?

- Weißt du, wie du mit deinen Mitmenschen freudvoll einige Stunden verbringen kannst, ohne nur zu reden, gemeinsam zu konsumieren – Essen, Trinken, Unterhaltung – oder konkurrenzbasierte Spiele zu spielen?
- Weißt du, wie du alleine einige erfüllende Stunden verbringen kannst, ohne zu konsumieren?

Fragen zu spirituellem Wohlstand

- Wie viel bist du im Alltag mit der Heiligkeit und Schönheit des Lebens in Kontakt?
- Gibt es Momente und Situationen, in denen du die Verbundenheit von allem direkt erlebst? Kultivierst du dieses Erleben bewusst?
- Erlebst du deine Arbeit als heilig? Arbeitest du mit Liebe?
- Erlebst du dein Leben als sinnvoll?
- Ist dein Leben von Schönheit durchdrungen?
- Kannst du der Weisheit des Lebens auch bei Rückschlägen und in Krisenzeiten vertrauen?
- Hast du einen guten Zugang zu deinem inneren Navi?
- Liebst du das Leben in seiner Gesamtheit, mit allen Herausforderungen und aller Schönheit?

Fragen zu ökologischem Wohlstand

- Erlebst du dich als Teil der Natur? Verbringst du regelmäßig Zeit in intensivem Kontakt mit der Natur?
- Wie vertraut bist du mit den anderen Spezies, die in deiner Umgebung leben? Kennst du ihre Gewohnheiten und Bedürfnisse?
- Erlebst du die Natur als heilig? Erlebst du die Natur als Ort der Heilung und Regeneration? Nährt dich der Kontakt mit der Natur?
- Hast du ein Bedürfnis, zur Heilung und Regeneration der Öko-

systeme beizutragen? Fühlst du dich für die Heilung der Erde verantwortlich?

- Bist du dir all der Geschenke bewusst, die du jeden Tag von der Natur empfängst? Übernimmst du Verantwortung für das, was du der Natur jeden Tag überlässt?
- Fühlst du dich für das Wohlergehen der Ökosysteme, in die du eingebettet bist, verantwortlich?
- Ist dir bewusst, dass dein eigenes Wohlergehen und das der Ökosysteme, die dich erhalten, untrennbar miteinander verbunden sind?
- Erlebst du intakte Ökosysteme als eine Form von Reichtum in deinem Leben?

Würdige deine Gefühle

Diese Fragen ehrlich zu beantworten kann mitunter sehr schmerzhaft sein. Sie können uns tiefsitzende Mängel in unserem jetzigen Leben bewusst machen. Vielleicht haben wir diese immer irgendwie gespürt, ohne wirklich zu wissen, was uns fehlt. Sie klar zu sehen und zu benennen kann heilsam und befreiend sein, obwohl oder gerade weil es wehtut.

Reflektiere deine Antworten auf die Fragen zu den einzelnen Wohlstandsformen und beobachte, welche Gefühle das in dir auslöst. Der folgende Gefühlskompass kann helfen, sich mit jedem einzelnen Gefühl auseinanderzusetzen – entweder alleine oder zusammen mit einer Vertrauensperson.

Widerstehe der Versuchung, dich in Selbstmitleid oder Selbstvorwürfen zu verlieren. Das bringt nichts. Du wurdest in diese Kultur hineingeboren. Wie wir alle hast du diese Lebensweise so oder so ähnlich von deinen Eltern und der Gesellschaft übernommen. Du bist nicht der Einzige, der darunter leidet, und es ist nicht deine Schuld, dass es so ist. Ebenso sinnlos ist es, deinen Eltern, deinen Lehrerinnen und Lehrern oder sonst jemandem die Schuld dafür zu geben. Auch sie sind alle Erbinnen und Erben einer Le-

Gefühlskompass

Wut: Was macht dich wütend? Benenne klar, was dich an deinem Leben oder der Gesellschaft wütend macht. Nimm dir Zeit, es zu artikulieren und die Wut dazu zu fühlen. Was empfindest du als falsch? Was möchtest du ändern?
Trauer: Was macht dich traurig? Nimm dir Zeit zu spüren, was es ist, und es zu benennen. Was findest du in deinem Leben oder in unserer Gesellschaft schade? Was hättest du gerne anders, siehst aber gerade keine Möglichkeit, wie du darauf Einfluss nehmen kannst?
Angst: Was macht dir Angst? Womit weißt du nicht umzugehen, in deinem Leben und in der Gesellschaft? Was lähmt dich? Was steht wie ein großes Fragezeichen vor dir? Wo ist das Unbekannte, vor dem du Respekt hast, das dich jedoch zugleich anzieht? Fühle deine Angst.
Scham: Wofür schämst du dich? Was an deiner Lebensweise oder von uns als Gesellschaft macht es dir schwer, in den Spiegel zu blicken? Was würdest du gerne ändern, an dir selbst und an unserer Gesellschaft? Spüre deine Scham und nutze sie, um ehrlich mit dir zu sein.
Freude: Was findest du schön? Was entspricht dir in deinem Leben und in unserer Gesellschaft? Was möchtest du wertschätzen, feiern, stärken oder noch mehr genießen? Nimm dir auch hier Zeit, die Freude zu fühlen und zu genießen.

bensweise, die eben nur bedingt erfüllend ist. Das können wir nicht ändern. Doch wir können uns den schwierigen Gefühlen zuwenden und jetzt Verantwortung übernehmen. Dabei sollten wir nicht versuchen, alles auf einmal umzustülpen, sondern eins nach dem anderen angehen.

Dein Leben als Garten

Ich finde das Bild eines Gartens hilfreich, wenn es um das Kultivieren von echtem Wohlstand geht. Betrachte dein Leben als einen Garten. Wie sieht dieser aus? Wenn du magst, male ein Bild davon. Welche Farben dominieren? Gibt es Vielfalt in den Farben, Formen und Düften? Gibt es gesellige Plätze und besinnliche Lauben? Gleicht er möglicherweise einer dieser modernen, pflegeleichten Steinwüsten, die in den letzten Jahren zunehmend in Mode gekommen sind? Oder ist er total verwildert und verwahrlost? Dominiert ein penibel gepflegter Golfrasen, der von einem fleißigen Mähroboter in Schach gehalten wird? Oder ist das Ganze eher eine Schutthalde, die noch darauf wartet, als Garten erkannt zu werden?

Wenn alles leblos und zubetoniert ist, braucht es vielleicht wirklich einen Bagger, der Raum für Lebendigkeit schafft. Doch meistens ist es bei der Umgestaltung eines Gartens sinnvoll, an Bestehendes anzuknüpfen. Welche alten Bäume und Sträucher sind da? Vielleicht muss ja der eine oder andere etwas zurückgeschnitten werden, um Platz für Sonne und neues Leben zu schaffen. Und manchmal muss auch ein alter Baum gefällt werden, da er von innen schon ganz morsch ist.

Was in diesem Buch und den verschiedenen Aspekten von Wohlstand hat eine Sehnsucht in deinem Herz berührt? Welche neuen Pflanzen, Farben und Düfte möchtest du in deinem Garten ansiedeln? Wo, mit wem oder was möchtest du neue Verbindungen knüpfen?

Den großen Sprung wagen

Natürlich ist es genauso möglich, dass dich die Lektüre dieses Buches in einer schon lange anstehenden Entscheidung bestärkt hat und es in deinem Leben wirklich Zeit für den großen Sprung ist. Doch auch dieser große Sprung will mit Bedacht angegangen werden. »Hauptsache alles neu und anders« ist als Plan selten von Erfolg gekrönt.

Nimm dir also Zeit, gut in dich zu lauschen und zu spüren, was jetzt für dich ansteht, wo es dich hinzieht und wie die fünf Dimensionen von Wohlstand dabei berücksichtigt werden können. Dein Herz ist dabei ein wichtiger Kompass; die Intelligenz des Herzens weiß um das Wahre, Gute und Schöne. Um das zu ermitteln, ziehe dich an einen ungestörten Ort zurück und spüre in deinen Körper hinein, nimm deinen Atem bewusst wahr und werde ganz präsent. Lenke deine Aufmerksamkeit auf deinen Herzraum, in der Mitte der Brust, und lege eventuell eine Hand dorthin, um diesen Bereich bewusster wahrzunehmen. Sobald du spürst, dass du gut mit deinem Herzen in Kontakt bist, kannst du es fragen: »Was wünschst du dir? Was ist deine tiefste Sehnsucht? Wozu möchtest du beitragen?« Und dann lausche auf die Bilder oder Worte, die aus deinem Herzen auftauchen. Hilfreich ist es, sich dazu Notizen zu machen oder das, was sich zeigt, aufzusprechen. Wenn du dich auf diese Weise mit deinem Herzen verbindest, kann es dir oft sehr genau sagen, wonach es sich sehnt. Allerdings ist es möglich, dass du dies über einen längeren Zeitraum mehrfach wiederholen musst, um mit deiner Sehnsucht in Kontakt zu kommen.

Und ja, auch die Befriedigung der materiellen Bedürfnisse nach dem großen Sprung muss bei diesen Überlegungen eine Rolle spielen. Magisches Denken nach dem Motto: »Das Leben wird sich schon um mich kümmern, wenn ich meinem Herzen folge« geht leider oft nach hinten los. Das Leben hat uns nicht umsonst auch einen Verstand gegeben. Ja, Vertrauen in das Leben ist wichtig, Eigenverantwortung auch. Die Kombination aus Herz und Verstand, Vertrauen und Verantwortung ist der Schlüssel zum Erfolg.

Langsamer, tiefer, näher

Die Maxime des alten Wohlstandsparadigmas wird gerne mit den drei Begriffen »schneller, höher, weiter« zusammengefasst. Eine einfache Möglichkeit, sich auf ein neues Wohlstandsverständnis auszurichten, ist die Umkehrung dieser Begriffe. Statt nach Beschleunigung zu streben, werden wir bewusst langsamer. Durch diese Umkehr erschließen wir uns Zeitwohlstand und schaffen Raum für Kreativität, Beziehungen und bewusstes Leben. Genauso sind die langsameren Lösungen oft die ökologischeren.

Statt in die Höhe zu streben, wenden wir uns der Tiefe zu. Die Jagd nach immer neuen Rekorden und Superlativen, um unserem Tun Bedeutung zu verleihen, weicht der Suche nach einer tieferen Verbindung mit uns selbst, miteinander, mit der Natur und der Heiligkeit des Lebens. Diese Tiefe lässt uns die einfachen Dinge wertschätzen, da wir neu lernen, mit ihnen verbunden zu sein. Wir lernen, das Wunder des Lebens zu schätzen. Dadurch schwindet unser Interesse an den vermeintlichen Wunderwerken technologischen Fortschritts. Wir beginnen, diese nüchterner zu betrachten. Wir erkennen sie als Werkzeuge, die an sich weder gut noch schlecht sind, deren Wirkung jedoch von dem Bewusstsein bestimmt wird, mit dem sie gelenkt werden. Solange wir als Menschheit nicht fähig sind, mit der Macht, die sie uns verleihen, verantwortungsvoll umzugehen, wird keine noch so fantastische technologische Innovation unsere Situation verbessern.

Als letzter Wendepunkt bleibt die Abkehr vom Streben nach Weite und die Hinwendung zur Nähe. Das gilt sowohl für unsere Beziehungen, in denen wir Nähe neu lernen, als auch für unsere Versorgungsstrukturen. Relokalisierung ist durch die Corona-Krise zu einem breit diskutierten Thema geworden, als plötzlich offensichtlich wurde, wie labil eine global vernetzte Wirtschaft ist. In der Alternativszene hingehen wird schon seit Jahrzehnten im Stillen daran gearbeitet, regionale Versorgungsstrukturen zu erhalten oder neu entstehen zu lassen. Sie sind nicht nur ökologisch verträglicher, sie sind resilienter und ermöglichen einen direkten Bezug zwischen den Menschen, die in einer Region leben und wirtschaften. Diese Nähe gibt Halt – emotional, aber auch ganz praktisch.

Verantwortung für das Ganze übernehmen

Da echter Wohlstand auf einem Erleben von Verbundenheit basiert, können wir ihn nicht als Individuen anstreben. Echter Wohlstand ist ein Wir-Phänomen. Kein Einzelner kann echten Wohlstand leben, genau wie eine einzelne Blume in der Wüste keine Überlebenschance hat. Sie ist, genau wie der Mensch, auf vielfältige Beziehungen und Verbindungen angewiesen, um zu gedeihen.

Unser persönliches Streben nach Wohlstand ist daher untrennbar verwoben mit dem Wohlergehen aller anderen. Bei genauerem Hinsehen erkennen wir, dass auch eine rein materiell orientierte Wirtschaft schon immer nach diesem Prinzip funktioniert hat. Nur wenn es vielen Menschen gut geht, können ausreichend Waren und Dienstleistungen zirkulieren, sodass alle versorgt sind. Eine Welt, in der einige wenige astronomische Summen kontrollieren, ist auch für die Wirtschaft nicht gut. Das System kommt zum Stillstand und zerlegt sich selbst. Wie bereits erwähnt, wurden daher nach der Weltwirtschaftskrise 1929 Spitzensteuersätze von 70 Prozent in Deutschland und in den USA sogar von 90 Prozent eingeführt. Die Eliten akzeptierten dies, da es ihnen als alternativlos erläutert wurde: Nur so könne der soziale Zusammenhalt aufrechterhalten werden. Kapitalismuskritiker monieren, dass diese Maßnahmen den Kapitalismus vor sich selbst gerettet hätten, da der im Marxismus vorhergesagte Kollaps des Systems dadurch hinausgezögert wurde.

Heute haben wir eine noch größere Konzentration von Geld in den Händen einiger weniger als in den Jahren vor der Weltwirtschaftskrise 1929. Diese Ballung stellt eine sehr gefährliche Machtkonzentration dar, die in den letzten Jahren und Jahrzehnten weltweit Demokratien unterwandert, destabilisiert oder sogar korrumpiert. Aus der Geschichte wissen wir, wie gefährlich das ist. Schon jetzt gibt es eine wachsende Anzahl von Menschen, die kein Vertrauen mehr in jene demokratischen Prozesse haben, für die Generationen vor uns erbittert gekämpft haben. Sie fühlen sich nicht repräsentiert, da immer deutlicher wird, wie stark Lobbyisten die Politik beeinflussen und wie häufig nicht im Interesse der Menschen entschieden wird. Wahlen, die durch Social-Media-Kampagnen manipuliert wurden, zeigen, wie angreifbar das System geworden ist.

Warum erzähle ich dir das alles? Weil ich denke, dass es nicht ausreicht, wenn du persönlich dein Leben etwas mehr auf echten Wohlstand ausrichtest. Wenn wir wirklich an einer Welt interessiert sind, die für alle funktioniert, können wir Politik nicht den Reichen und Mächtigen überlassen. Sie sind gefangen in den Diktaten ihrer eigenen Rollen und spielen nach den Regeln des Homo oeconomicus, der jedoch ein Mensch ohne Herz, ohne Gewissen und ohne Anstand ist. Ich will damit nicht sagen, dass sie böse sind. Sie sind es meines Erachtens nicht mehr als du oder ich. Doch sie sind genauso gefangen in dem Hamsterrad des einseitigen Strebens nach materiellem Wohlstand wie unzählige andere Menschen, vielleicht sogar noch mehr. Wir können nicht darauf warten, dass Veränderung von oben geschieht – das war in der Geschichte noch nie der Fall. Es waren immer ganz normale Menschen wie du und ich, die an bestimmten Punkten feststellten, dass es einer Veränderung bedarf, und die begannen, sich dafür einzusetzen, ohne zu wissen, ob sie jemals Erfolg haben würden.

Wir stehen heute erneut an einem solchen Scheideweg der Geschichte. Lassen wir zu, dass die Interessen einiger weniger gegen das Wohl aller ausgespielt werden? Geben wir uns damit zufrieden, Konsumierende zu sein, oder übernehmen wir Verantwortung als Gestaltende unserer Gesellschaften? Denn auch das sind wir. Ob es uns bewusst ist oder nicht und ob es uns gefällt oder nicht: Wir gestalten die Gesellschaften in denen wir leben, jeden Tag. Je nachdem, womit wir unsere Zeit verbringen, worauf wir unsere Aufmerksamkeit richten, was wir als selbstverständlich erachten, wo wir Einspruch erheben und wo wir schweigen. Wenn wir unseren Gestaltungsraum nicht bewusst nutzen, tun andere dies für uns.

Das Private ist politisch

Dieser Satz war die Maxime der Achtundsechziger-Studentenrevolte. Es war ein Aufbegehren gegen überholte Strukturen, die Ausdruck überholter Kulturen waren. All das geschah fünf Jahre, bevor der Club of Rome seine düstere Warnung aussprach. Damals gab es noch keine offenkundige äußere Notwendigkeit, alles neu zu denken. Die Achtundsechziger protestierten aus einer inneren Notwendigkeit heraus, einer Sehnsucht nach einer besseren Welt.

Heute ist diese innere Notwendigkeit dringlicher als je zuvor, wie ich in diesem Buch versucht habe darzulegen. Doch zur inneren Notwendigkeit sind sehr konkrete, nicht von der Hand zu weisende äußerliche Zwänge gekommen. Dafür gehen die Jugendlichen von heute auf die Straße. Es geht ihnen nicht um eine bessere Welt. Klar, das wäre nett. Leider haben sie ganz andere Probleme. Sie kämpfen darum, in Zukunft überhaupt einen lebenswerten und lebenserhaltenden Planeten bewohnen zu können.

Dieses Ziel werden wir nicht durch ein paar CO_2-Maßnahmen erreichen oder indem wir alle ab und zu auch mal bio einkaufen. Wenn wir wirklich an einer lebenswerten Zukunft für unsere Kinder und Enkel interessiert sind, kommen wir um einen grundlegenden Kulturwandel nicht umhin. Es ist paradox: Unzählige Menschen arbeiten weltweit hart, um ihren Kindern ein besseres Leben zu ermöglichen. Leider tun sie dies innerhalb eines Systems, das die Lebensgrundlage genau dieser Kinder verspielt, denen sie ein besseres Leben wünschen.

Indigene und traditionelle Kulturen haben hier einen anderen Fokus. Sie streben nicht danach, ihren Kindern ein besseres Leben zu ermöglichen, als die derzeitige Generation es hat. Ihr Fokus liegt darauf, so zu wirtschaften, dass auch sieben Generationen in der Zukunft die gleiche Lebensqualität möglich ist. Warum etwas besser machen, was gut ist? Wenn wir ein Leben haben, das reich ist an Zeit, Beziehungen, Kreativität, Spiritualität und Kontakt mit der Natur: Warum sollten wir danach streben, dass unsere Kinder es einmal besser haben als wir?

Das wünsche ich dir und uns allen: ein Leben, das so reich ist an dem wirklich Wesentlichen, dass wir uns nichts weiter wünschen können, als dass unsere Kinder und Kindeskinder es einmal genauso gut haben werden wie wir.

Danksagung

An erster Stelle möchte ich meiner lieben Freundin Nyoman Siti und ihrer Familie danken, durch die ich so unendlich viel über das gute Leben und echten Wohlstand lernen durfte. Ich danke meinen Eltern, deren Suche nach einem guten Leben uns in verschiedene Länder geführt hat und es mir ermöglichte, das Leben der Superreichen genauso kennenzulernen wie das Dorfleben auf Bali. Meiner Mutter danke ich für die vielen Geschichten, die uns immer wieder daran erinnern, dass das Leben auch ganz anders sein kann. Ich danke allen Menschen, die sich mir in den letzten Jahrzehnten anvertraut haben und mir dadurch intime Einblicke in ihre Lebensrealitäten ermöglichten. Ihr habt mir geholfen, dieses Puzzle zusammenzufügen. Meinem Mann und meinen Söhnen danke ich für das gemeinsame Erforschen, wie echter Wohlstand hier und heute lebbar sein könnte. Caroline Colsman vom Kailash-Verlag danke ich für die Ermutigung, dieses Thema jetzt zu Papier zu bringen, und ihre Verfügbarkeit als Resonanzraum. Antje Korsmeier danke ich für das einfühlsame, wohlwollend kritische Lektorat. Meinem Freund Felix Gronau danke ich für jenen Ort tief in unseren Herzen, wo wir wissen, dass eine schönere Welt möglich ist. Meiner Freundin Chiara Jana Greber danke ich für das gemeinsame tiefe Ringen mit den Schmerzen, die unsere derzeitige Lebensweise mit sich bringt. Charles Eisenstein, Christian Felber, Helena Norberg-Hodge, Maja Göpel und Boniface Mabanza danke ich für ihre visionäre Fähigkeit, so vieles zu formulieren, das auch in mir lebt. Christian Felber danke ich außerdem für die Durchsicht des Manuskripts und die wertvollen Hinweise. Ciara Gutierrez-Ascanio danke ich für ihre Bereitschaft, mir den Rücken freizuhalten, mit was auch immer es braucht.

Literaturverzeichnis

Bigelow, Bill / Peterson, Bob (Hg.), *Rethinking Globalisation. Teaching for Justice in an Unjust World*, Milwaukee: Rethinking Schools, 2002.

Bohm, David, *Die implizite Ordnung. Grundlagen eines ganzheitliches Weltbilds*, Amerang: Crotona, 2018.

Bregmans, Rutger, *Im Grunde gut. Eine neue Geschichte der Menschheit*, Hamburg: Rowohlt, 2020.

Constanza, Robert et al., »Changes in the Global Value of Ecosystem Services«, *Global Environmental Change 26* (Mai 2014), S. 152–158.

Diamond, Jared, *Kollaps. Warum Gesellschaften überleben oder untergehen*, Frankfurt am Main: Fischer, 2014.

Dittmar, Vivian, *Das innere Navi. Wie du mit den fünf Disziplinen des Denkens Klarheit findest*, München, Verlag VCS Dittmar, 2014.

Dittmar, Vivian, *Gefühle & Emotionen - eine Gebrauchsanweisung. Wie emotionale Intelligenz entsteht*. München, Verlag VCS Dittmar, 2014.

Dittmar, Vivian, *Der emotionale Rucksack. Wie wir mit ungesunden Gefühlen aufräumen*, München: Kailash, 2018.

Dunbar, R. I. M., »Neocortex Size as a Constraint on Group Size in Primates«, *Journal of Human Evolution* (1992), Vol. 20, S. 469–493.

Eisenstein, Charles, *Ökonomie der Verbundenheit. Wie das Geld die Welt an den Abgrund führte - und sie dennoch jetzt retten kann*. München: Scorpio, 2013.

Felber, Christian, *This is not Economy. Kritik der Wirtschaftswissenschaften*, Wien: Deuticke, 2019.

Fellmer, Raphael, *Glücklich ohne Geld. Wie ich ohne einen Cent besser und ökologischer lebe*, München: Redline, 2014.

Göpel, Maja, *Unsere Welt neu denken. Eine Einladung*, Berlin: Ullstein, 2020.

Kast, Bas, *Der Ernährungskompass. Das Fazit aller wissenschaftlichen Studien zum Thema Ernährung*, München: C. Bertelsmann, 2018.

Kast, Bas, *Ich weiß nicht, was ich wollen soll. Warum wir uns so schwer entscheiden können und wo das Glück zu finden ist*, Frankfurt am Main: Fischer, 2013.

Kotler, Philip / Kartajaya, Hermawan, et. all: *Die neue Dimension des Marketings. Vom Kunden zum Menschen*, Frankfurt am Main: Campus, 2010.

Norberg-Hodge, Helena, *Ancient Futures. Learning from Ladakh*, London: Rider, 2000.

Raworth, Kate, *Doughnut Economics. Seven Ways to Think Like a 21st-Century-Economist*, London: Random House Business, 2017.

Saez, Emmanuel / Zucman, Gabriel, *The Triumph of Injustice. How the Rich Dodge Taxes and How to Make Them Pay*, New York: Norton & Company, 2019.

Saint-Exupéry, Antoine de, *Der Kleine Prinz*, Düsseldorf: Rauch, 2012.

Schumacher, E. F., *Small is Beautiful. Economics as if People Mattered*, New York: Harper Perennial, 2010.

Semler, Ricardo, *The Seven Day Weekend,* London: Random House Business, 2004.

Senge, Peter M.: *Die notwendige Revolution. Wie Individuen und Organisationen zusammenarbeiten, um eine nachhaltige Welt zu schaffen*, Heidelberg: Carl-Auer Verlag, 2011.

Slater, Philip, *Wealth Addiction*, New York: E.P. Dutton, 1980.

Smith, Adam, *Wealth of Nations*, hg. von Edwin Cannan, Modern Library Editions, 1994.

Vicker, Adrian, *Bali. A Paradise Created*, Rutland: Tuttle Publishing, 2012.

Wakefield, J. C. et al., »Extending the Bereavement Exclusion for Major Depression to Other Losses: Evidence From the National Comorbidity Survey«, *Arch Gen Psychiatry* 2007; 64 (4), S. 433–440.

Walker, R. / Kyomujendo G. B. / Chase, E. et. al., »Poverty in Global Perspective: Is Shame a Common Denominator?«, *Journal of Social Policy* 2013, 42 (2), S. 215–233.

Werner, Götz / Goehler, Adrienne, *1000 € für Jeden. Freiheit Gleichheit Grundeinkommen*, Berlin: Ullstein, 2010.

Wilde, Oscar, *Lady Windermere's Fan. A Play About a Good Woman*, 1892.

Wilkinson, Richard / Pickett, Kate, *The Spirit Level. Why Equality is better for Everyone,* London: Allen Lane, 2009 (deutsch: *Gleichheit ist Glück: Warum gerechte Gesellschaften für alle besser sind*, Zürich: Haffmanns & Tolkemitt, 2010).

Wilkinson, Richard / Pickett, Kate, *The Inner Level. How More Equal Societies Reduce Stress and Improve Everyone's Wellbeing*, London: Allen Lane, 2018.

Wolf, Stewart / Bruhn, John G., *Roseto Story: An Anatomy of Health*, Norman: University of Oklahoma Press, 1979.

Wolf, Stewart / Bruhn, John G., *The Power of Clan. The Influence of Human Relationships on Heart Disease*, Taylor & Francis, 1993.

Wolff, Edward N., »Household Wealth Trends in the United States, 1962 to 2016: Has Middle Class Wealth Recovered?«, Working Paper 24085, National Bureau of Economic Research, Cambridge, November 2017.

Quellen

1. https://www.coolfunnyquotes.com/author/henny-youngman/ abgerufen am 15.7.2020 um 15:11 Uhr.
2. Raphael Fellmer, *Glücklich ohne Geld*, München: Redline Verlag, 2014.
3. https://www.cnbc.com/2014/02/05/is-wealth-accumulation-an-addiction-occupy-wall-street-bonuses-inequality.html abgerufen am 3.9.2020 um 15:55 Uhr.
4. https://www.forbes.com/sites/neilhowe/2019/05/03/millennials-and-the-loneliness-epidemic/#22a1ae5e7676 abgerufen am 13.4.2020 um 16:17 Uhr.
5. https://www.psychologytoday.com/us/blog/what-mentally-strong-people-dont-do/201901/can-you-die-loneliness, abgerufen am 13.4.2020 um 16:02 Uhr.
6. https://www.addictioncenter.com/news/2019/08/gen-z-loneliest-generation/, abgerufen am 13.4.2020 um 16:09 Uhr.
7. Richard Wilkinson / Kate Pickett, *The Inner Level. How More Equal Societies Reduce Stress and Improve Everyone's Wellbeing*, London: Penguin Books, 2019, S. 9.
8. https://www.cnbc.com/2014/02/05/is-wealth-accumulation-an-addiction-occupy-wall-street-bonuses-inequality.html abgerufen am 14.4.2020 um 20:06 Uhr.
9. Ebd.
10. Philip Slater, *Wealth Addiction*, New York: E.P. Dutton, 1980.
11. Wilkinson / Pickett, *The Inner Level*, S. 44.
12. J.C. Wakefield et al., »Extending the Bereavement Exclusion for Major Depression to Other Losses: Evidence From the National Comorbidity Survey«, *Arch Gen Psychiatry* 2007; 64 (4), S. 433–440. doi:10.1001/archpsyc.64.4.433.
13. Edward N. Wolff, »Household Wealth Trends in the United States, 1962 to 2016: Has Middle Class Wealth Recovered?«, Working Paper 24085, National Bureau of Economic Research, Cambridge, November 2017, S. 46, www.nber.org/papers/w24085, abgerufen am 15.8.2020 um 13:19 Uhr.
14. Wilkinson, Pickett, 2019: S. 36.
15. *Gleichheit ist Glück: Warum gerechte Gesellschaften für alle besser sind*, von Kate Pickett und Richard Wilkinson, Haffmans & Tolke-

mitt; 4. Auflage (14. Dezember 2012), Kindle Edition, Position 2991. Dies.; »Inequality: an unacknowledged source of mental illness and distress«, *British Journal of Psychiatry* 2010; 197: 426-8.

16. Wilkinson, Pickett, 2019: S. xix.
17. Kate Pickett / Richard Wilkinson, *Gleichheit ist Glück: Warum gerechte Gesellschaften für alle besser sind*, Zürich: Haffmans & Tolkemitt; 4. Auflage; (14. Dezember 2012), Kindle Edition, Position 5114.
18. https://www.theguardian.com/commentisfree/2019/jan/29/bill-gates-davos-global-poverty-infographic-neoliberal, abgerufen am 3.9.2020 um 15:56 Uhr.
19. Ebd.
20. R. Walker / G. B. Kyomujendo / E. Chase et. al., »Poverty in global perspective: is shame a common denominator?«, *Journal of Social Policy* 2013, 42 (2), S. 215–233.
21. Ebd.
22. Emmanuel Saez / Gabriel Zucman, *The Triumph of Injustice, How the Rich Dodge Taxes and How to Make Them Pay*, New York: Norton & Company, 2019.
23. Ebd.
24. Wilkinson / Pickett, *The Inner Level*, S. 23.
25. Ebd., S. 34.
26. https://www.oecd.org/statistics/measuring-well-being-and-progress.htm, abgerufen am 3.9.2020 um 12:29 Uhr.
27. https://www.spiegel.de/wissenschaft/natur/artensterben-uno-bericht-beschreibt-dramatischen-verlust-der-artenvielfalt-a-1265482.html, abgerufen am 16.7.2020 um 14:44 Uhr.
28. https://albert-schweitzer-stiftung.de/aktuell/schlachtzahlen-2019-gesunken, abgerufen am 16.7.2020 um 14:56 Uhr.
29. https://ec.europa.eu/knowledge4policy/foresight/topic/diversifying-inequalities/rich-poorgap_en, abgerufen am 16.7.2020 um 14:58 Uhr.
30. R. I. M. Dunbar, »Neocortex size as a constraint on group size in primates«, *Journal of Human Evolution* (1992), Vol. 20, S. 469–493.
31. Helena Norberg-Hodge, *Ancient Futures*, London: Rider, 2000, S. 125.
32. https://www.spiegel.de/wissenschaft/natur/artensterben-uno-bericht-beschreibt-dramatischen-verlust-der-artenvielfalt-a-1265482.html, abgerufen am 16.7.2020 um 14:44 Uhr.
33. Maja Göpel, *Unsere Welt neu denken*, Berlin: Ullstein Verlag, 2020, S. 50.

34. https://www.dasgehirn.info/denken/motivation/sucht-motivation-zu-schlechten-zielen, abgerufen am 12.11.2020 um 17:14 Uhr.
35. Kast, Bas, *Der Ernährungskompass. Das Fazit aller wissenschaftlichen Studien zum Thema Ernährung*, München: C. Bertelsmann, 2018.
36. Helena Norberg-Hodge, *Ancient Futures. Learning from Ladakh*, Dokumentarfilm, 1996.
37. E. F. Schumacher, *Small is Beautiful, Economics as if People Mattered*, New York: Harper Perennial, 2010, S. 157.
38. https://www.chicagotribune.com/news/ct-xpm-1996-10-11-9610110254-story.html, abgerufen am 3.9.2020 um 18:10 Uhr.
39. Stewart Wolf / John G. Bruhn, *The Power of Clan. The Influence of Human Relationships on Heart Disease*, Taylor & Francis, 1993.
40. Ebd.
41. https://www.chicagotribune.com/news/ct-xpm-1996-10-11-9610110254-story.html, abgerufen am 3.9.2020 um 18:01 Uhr.
42. Stewart Wolf / John G. Bruhn, *Roseto Story: An Anatomy of Health*, Norman: University of Oklahoma Press, 1979.
43. Adrian Vicker, *Bali. A Paradise Created*, Rutland: Tuttle Publishing, 2012.
44. Wilkinson / Pickett, The Inner Level, S. 27.
45. Ebd., S. 35.
46. Für eine ausführlichere Darstellung s. Vivian Dittmar, *Der emotionale Rucksack. Wie wir mit ungesunden Gefühlen aufräumen*, München: Kailash, 2018.
47. Rutger Bregmans, *Im Grunde gut. Eine neue Geschichte der Menschheit*, Hamburg: Rowohlt, 2020.
48. https://wissenschaft-und-spiritualität.de/symposien/, abgerufen am 05.10.2020 um 10.30 Uhr.
49. Antoine de Saint-Exupéry, *Der Kleine Prinz*, Düsseldorf: Rauch, 2012.
50. Jared Diamond, *Kollaps. Warum Gesellschaften überleben oder untergehen*, Frankfurt am Main: Fischer Verlag, 2014.
51. https://bnn.de/karlsruhe/seit-dem-corona-lockdown-bauen-mehr-menschen-gemuese-an
52. https://www.solidarische-landwirtschaft.org/aktuelles/news/news-detail/resilienz-von-solawis-in-zeiten-von-corona.
53. https://edition.cnn.com/travel/article/himalayas-visible-lockdown-india-scli-intl/index.html, abgerufen am 18.11.2020 um 11:18 Uhr.
54. »Die Anstalt«, ZDF, Mai 2020.

55. Bas Kast, *Ich weiß nicht, was ich wollen soll*, Frankfurt am Main: Fischer Verlag, 2013. S. 19–50.
56. Oscar Wilde, *Lady Windermere's Fan. A Play About a Good Woman*, 1892.
57. Kim Brooks, »Forget Pancakes. Pay Mothers«, *New York Times*, 8.5.2020.
58. Kate Raworth, *Doughnut Economics. Seven Ways to Think Like a 21st-Century-Economist*, London: Random House Business Books, , 2017, S. 80.
59. Robert Constanza et al., »Changes in the global value of ecosystem services«, *Global Environmental Change 26* (Mai 2014), S. 152–158.
60. https://assets.oxfamamerica.org/media/documents/FINAL_bp-time-to-care-inequality-200120-en.pdf, abgerufen am 17.8.2020 um 16:16 Uhr.
61. https://www.dwds.de/wb/Arbeit, abgerufen am 1.7.2019, um 12:21 Uhr.
62. Göpel, *Unsere Welt neu denken*, S. 113.
63. Adam Smith, *Wealth of Nations*, Modern Library Editions, hg. von Edwin Cannan, S. 734–735.
64. Helena Norberg-Hodge: *Ancient Futures*, 55:10–55:30.
65. *Bankspiegel – Das Magazin der GLS Bank*, Ausgabe 1/2020, Heft 238, S. 9.
66. Götz Werner / Adrienne Goehler, *1000 € für Jeden. Freiheit Gleichheit Grundeinkommen*, Berlin: Ullstein Buchverlage, 2010.
67. https://www.spiegel.de/wirtschaft/unternehmen/blackrock-chef-larry-fink-wenn-wir-diese-krise-ueberstanden-haben-wird-die-welt-eine-andere-sein-a-476ef7ea-8275-4cb2-b4e8-a408e366adec, abgerufen am 3. September 2020 um 18:50 Uhr.
68. Göpel, *Unsere Welt neu denken*, S. 64.
69. Christian Felber, *This is not Economy. Kritik der Wirtschaftswissenschaften*, Wien: Deuticke, 2019.
70. Bill Bigelow / Bob Peterson (Hg.), *Rethinking Globalisation. Teaching for Justice in an Unjust World*, Milwaukee: Rethinking Schools, 2002 S. 310–311.
71. Ricardo Semler, *The Seven Day Weekend, London: Random House Business, 2004.*
72. Wilkinson / Pickett, *The Inner Level*, S. 244.
73. https://www.wiwo.de/erfolg/management/gehaelter-im-vergleich-dax-chefs-verdienen-53-mal-mehr-als-ihre-mitarbeiter/9827396.html, abgerufen am 3.9.2020 um 14:42 Uhr.

74. https://www.zitate.eu/autor/epikur-zitate/5393 abgerufen am 4.9.2020 um 11:04 Uhr.
75. Wilkinson / Pickett, *The Inner Level*, S. 246
76. www.symbiosis.dk/en/, abgerufen am 15.8.2020 um 12:45 Uhr.

Register

Bäume für den Wandel